受 **浙江大学文科高水平学术著作出版基金** 资助
**中央高校基本科研业务费专项基金**

"社会科学方法论：跨学科的理论与实践"译丛

丛书主编　应　奇

社会科学方法论
跨学科的理论与实践译丛

丛书主编 应 奇

# 解释规范

*Explaining*
*the Normative*

[美] 斯蒂芬·P.特纳（Stephen P. Turner）◎著

贺敏年◎译

ZHEJIANG UNIVERSITY PRESS
浙江大学出版社

谨此书献给查尔曼·梅乌,以及教会我
悲悯情怀的苏格拉底、克莱本和贝利

# 总　序

　　主要由马克斯·韦伯的同名工作确立其卓著声誉和研究传统的社会科学方法论问题,其学理层面的渊源其实应当追溯到新康德主义者在一个多世纪之前对于自然科学与精神科学之异同的方法论辨析,而其规范层面的驱动力则是由早期现代性向晚期现代性过渡中呈现的社会科学地位问题所折射出来的现代社会对于社会和人之想象的转换。就这个研究传统在 20 世纪下半叶的展开而言,从实证主义向后实证主义的转变是特别值得重视的,正是这个转变及其产生的持续效应,不但破坏了人文科学和自然科学之间固有的、本质主义的区分,而且推动了社会科学之研究逻辑从聚焦于行动、理由和原因到聚焦于规则、合理性和说明的转化。如果说,后实证主义转变所促成的历史和实践的转向已经把社会科学置于当代科学认识论和科学哲学的中心,那么居今而言,社会科学方法论这个本是由跨学科的问题意识所衍生的理论问题本身却已经泛化成了一种跨学科的实践,一个只有通过与社会科学的合作才能完成的计划。

　　社会科学方法论这个论题下的著述,国内学界多年来一直都不乏关注,例如,新康德主义者李凯尔特的《文化科学与自然科学》,韦伯的《社会科学方法论》,温奇的《社会科学的观念及其与哲学的关系》,都已经有了中译本,有的还不止一个译本。但是迄今为止,还没有一套大型的译丛,能够按照这个研究传统本身的脉络,系统地呈现其发展演变至今各个阶段和流派最有代表性的著作。本译丛将紧紧围绕这个论题的跨学科特质,甄选以下三个层次或方向上的重要著述,请国内学有专长的成熟译者精心翻译成中文出版:一是在元理论层次的工作,我们将遴选近百年来社会科学方法论上的经典之作,同时将把目光投注于当代最前沿的工作;二是跨学科意识和方法论在某一门或若干门具体人文社会科学中得到集中体现的成果,例如行为主义与后行为主义之于政治学形态的变化,理性选择理论之于社会学和经济学的适用性,交往行动理论在伦理学和法学上的运用;三是具体的跨学科实践,这方面的重点将是那些无论在方法论上还是在规范含义上都具有示范作用的具有广泛影响的个案研究。

目前入选的著作旨在集中展现后实证主义转向对社会科学方法论问题的塑造性影响,这是长期以来国内西学译介中的一个巨大盲点。从理论基础而言,后实证主义发端于 20 世纪 50 年代美国哲学家奎因对于经验论之两个教条的著名批判,而其基本的理论信条实际上可以追溯到维特根斯坦的后期哲学。这种转变明显地影响到了社会科学方法论的探讨路径,例如目前几乎已经成为经典作品的温奇的《社会科学的观念及其与哲学的关系》就是把维特根斯坦的后期哲学观念推广到社会科学方法论研究上的一个典范。就社会科学哲学这个领域而言,温奇的著作得风气之先。正是在上述转向和潮流之下,社会科学方法论这个理论问题本身逐渐衍化成了一种跨学科的实践,这不仅是指,后实证主义所传递的方法论意识迅速辐射和渗透到各学科例如伦理学、政治学、经济学研究当中,超越和突破了实证主义的藩篱和局限;而且是指,社会科学方法论问题(其核心部分就是所谓社会科学哲学)本身成了凝聚和整合跨学科研究成果的一个平台。

多年来,浙江大学在跨学科研究上做出了持续的投入,也获得了相当的声誉。得到浙江大学文科高水平学术著作出版基金的支持，目前设计的这个译丛既真实地反映了我们对于跨学科研究之重要性的认识，也希望能够自觉地回应已经蓬勃开展的跨学科实践。更为重要的是，我们还试图通过这个译丛努力呈现跨学科理论与实践背后真实的问题意识，使得社会科学方法论这个看似边缘的论题成为人文社会科学最新进展的聚焦点；同时也将通过这个译丛自身的立意、宗旨和品质，塑造和确立它在国内蓬勃开展的西学译介事业中的独特地位。

应　奇

2016 年 3 月

# 目　录

# 导　论

我的《实践社会理论》(*The Social Theory of Practices*)一书与
罗伯特·布兰顿(Robert Brandom)的《使之清晰》(*Making It Ex-plicit*)一道出版于 1994 年,前者是一本旨在解构的小册子,而后者
则是一部有建设性的皇皇巨著。《实践社会理论》讨论并拒斥了那种
被称为集体对象(collective object)的诉求,并以一种适度的富有建
设性韵味的仿真性作为其替代的解释;《使之清晰》则解释了语言的
规范性,其中对"it"的澄清即是集体对象的一个典型范例,不过,它忽
略了该解释如何切中世界这一难题。我认为《实践社会理论》的讨论
适用于布兰顿并且原则上契合于当时关于"规范性(normativity)"的
思考热流。乔·劳斯(Joe Rouse)曾在给我的信里反对这一点,因为
他和布兰顿所探讨的结构乃是"规范的(normative)"。考虑到世界
的因果性,我们的认识过程,社会关系的日常性,以及在与世界打交
道的过程中所得到的反馈,这一说法无疑将这些讨论从《实践社会理
论》所衍生的如下问题中解救出来,即集体对象如何按设想中的那样
发挥作用?

劳斯的论断让人深感困惑,尤其是文本所涉及的那些规范论者
的许多讨论均诉诸某些直接——或稍加修正过的——源自社会科学

尤其是古典社会理论的观念。比如，威尔弗里德·塞拉斯（Wilfrid Sellars）就借用了涂尔干式（Durkheimian）的观念。人们无法绕过涂尔干来阅读诸如菲利普·佩迪特（Philip Pettit）这类哲学家的著作，比如佩迪特关于共识（common knowledge）的诉求。索尔·克里普克（Saul Kripke）关于维特根斯坦（Wittgenstein）遵守规则的讨论最终回到了社会理论中一个颇具争议的概念，即共同体（community）。另外一些著作则明显从古典社会科学中获得了养分，比如玛格丽特·吉尔伯特（Margaret Gilbert）在其《论社会事实》（*On Social Facts*，1989）一书中关于格奥尔格·齐美尔（Georg Simmel）的讨论。

这一困惑延续至我自己早期的文本中。我自己的那些讨论——那些出现在我业已出版的《作为翻译的社会学解释》（*Sociological Explanation as Translation*，1980）一书中（维特根斯坦式的）论题中的观点、出现在我的［更为蒯因式（Quinean）的］《仪式信仰解析》（*Translating Ritual Beliefs*，1979）一文中的观点，以及我对"强纲领（Strong Programme）"的批判（1981）——均与有关规范论的讨论保持着强烈的关联。的确，在布兰顿的《源自规范的自由与约束》（*Freedom and Constraint by Norms*，1979）一文中有两页（190 页末尾至 191 页开头）可以被看作是我在这些文章中所讨论主题的一个概括——尽管在稍后布兰顿便将其移至《使之清晰》的理路上，这是我所不能苟同的，因为在他的论证中社会理论是不彰不自明的，尤其是他对共同体这一观念的青睐。我早期有关翻译和规范论的文章与关于科学社会学中的"强纲领"的讨论密切相关，就此而言，我可以自称为是一个规范论者，尽管这更多的是在戴维森式（Davidsonian）的意义上而言的。

显而易见，我们需要解决一些问题，这既是哲学要处理的事情，同时也是社会理论要予以关切的。对我来说，这还涉及我的庞大的读者群。在《实践社会理论》出版后的十几年间，我写了大量的文章和论文从不同侧面讨论了规范性［绝大多数收录在《大脑、实践与相对主义：后认知科学的社会理论》(*Brains/Practices/Relativism：So-cial Theory after Cognitive Science*，2002，74-107)一书中]，在各种不同的场合看到了布兰顿发表他的见解，并且就这些话题在布兰顿所在的 NEH 暑期学院发表了我自己的一些较为笼统的见解。贯穿在这些讨论中的核心主题便是法律的规范性(legal normativity)。布兰顿那时候就暗示我这是一个值得深究的话题，的确如此。在很多哲学场合里，乔·劳斯亦陪伴着我左右，我阅读了他的一些作品(1989，2005a)，并且就他所谓"实践是一个规范概念"(2007a)这一观念做了一些评论。本书即是这些交流的产物，尽管它自身的形式在于力图将这些话题置于一个更为广阔和多样的历史图景中：并非是人们所说的某种关于观念论和康德的辩护，而是一部关于历经 19 世纪末哲学与社会科学友好却也不堪的分道扬镳后重归故土的史话。汉斯·凯尔森(Hans Kelsen)是这一分离的典型代表，因而在本书中　　ix他占有核心地位。

　　作为讨论的一部分，这些材料在很多场合均被提到过。能够有机会讨论诸位所提出的评论、反驳，以及困惑，我深感荣幸。同时，我由衷地感谢南佛罗里达大学哲学系的学生们的回应，他们对上述困惑进行了我所无法预料的艰苦卓绝的探索。同时，我还要感谢一些老友，比如保罗·罗斯(Paul Roth)，他们为这些问题提供了清晰易懂的哲学刻画；还有乔治·马苏尔(George Mazur)，他热诚地和我详细探讨了汉斯·凯尔森。艾琳·卡尔(Eileen Kahl)竭尽全力将手稿编撰在一起。还有我的家人，他们日复一日，年复一年，忍受着堆积如山、凌乱如麻的书稿。对于他们的谅解，我感激不尽。同时，也要感谢杰哈德·普莱尔(Gerhard Preyer)慷慨地允许我在第五章中参考了其《我们所说的"我们"究竟意指什么？》["What Do We Mean by 'We'？") *Protosociology*，2003 ]一文。

Pass-a-Grille，2009 年 1 月 31 日

# 第一章

# 何谓规范性问题？

规范性充斥在我们生活的各个角落。我们并非仅仅拥有信念：人们主张自己与他人应当持有某些信念。我们也并非仅仅怀有欲望：人们认定自己和他人确乎在某些情形中依欲望而行，但绝非全部情形均是如此。我们假定了某人的信念或行为合理抑或不合理、正确抑或错误、善好抑或邪恶，这便是准则或规范的职责所在……我们时常茫然无措，只因我们赖以生存的那些规范之来源与威信正遭受着巨大的诘难。

Onora O'Neil(1996,xi)

规范事实(例如某人忠于某事)仅仅是众多事实中的一类。规范事实的陈述仅可通过规范语汇(比较：物理事实)而可能。

Robert Brandom(1997,197n6)

没有人可以逃离那仅非信仰之源的神圣之礼。

John Calvin[(1536)1960,IV. xvii. 33]

规范性无处不在。诚如奥诺拉·奥尼尔(Onora O'Neil)所推断的，这一点体现在规范语汇的普遍性以及人们对其难以割舍的依赖。

适度与僭越、正确与谬误、善好与邪恶、合理与虚妄、正当与违和……
这份清单冗长无际。规范占有事实之特殊的一隅,它予以确效、辩
护、提供可能性并且规整着规范性话语,当然也包括规则、意义、符号
和推断。这些事实其特殊之处在于它们无法凭经验而达至,并且不
属于日常解释的范畴。但它们是必不可少的,倘若离开它们,那么日
常的规范性话语——包括诸如"某个词是什么意思"或"其法则是什
么"这类陈述所欲表达的东西——就会变得毫无根据、空泛无义、虚
假错谬,甚或虚幻缥缈。言及某事具有意义就要求存在一种所谓的
意义,而言及某物是一条实在的法则就意味着存在某种使此法则充
实起来的东西。

2      然而,除却这种将规范视为事实之一隅的思考方式,情况就会变
得极为复杂。这一无所不在并借这些词项示人的规范性究竟具有怎
样的特性?它是否具有非自然和非因果的属性?是否是一种依附于
诸事物——诸如断言——并且为之提供某种必然力量的东西?诸规
范(norms)是否是构成世界的一个在某些方面颇为古怪的部分,抑或
是事物以其他正常方式存在的一个面向?或者规范性完全是一种别
样的存在?可否最好将其视作是有关规则、特性、绩评体系、预设等
此种种的某种隐形系统,后者隐秘地置身于我们规范活动的背后,在
某种程度上以潜在地类似于显见的规则与绩评体系的方式为这些活
动予以调节和辩护?倘若我们受制于这些东西,那么它们究竟是如
何束缚我们的?我们是否出于自身的责任而受制于诸规范,抑或是
以其他方式?约翰·麦基(John Mackie)指出,这些问题包含着某种
危险,即倘若以错误的方式回应这些疑问,那么就会使规范性陷入深
深的泥淖,乃至于使其无法与我们其他有关世界的观念兼容,一个自
然的、可解释的世界观念(Mackie 1977,38-42,48-49)。然而,借以规
范性来理解规范语言迫使我们不得不提出这些问题。

    通常获致此类形而上学问题的方式是对解释进行发问。这玩意
儿究竟在解释什么?是什么在解释它?它是如何进行解释的?奥尼

尔在其针对关于规范性来源之"众说纷纭"的状况的评论中提到了这一解释问题。这些来源是自然的吗？果真如此，那么是否意味着并不存在某种回应"规范性"之实质的特殊力量？抑或这些来源是规范的？是否关于规范性语汇的使用为我们承诺了某种超越自然与因果的复杂的形而上学？奥尼尔的讨论直接指向了如下一点："来源"乃是一个解释性语汇，追踪某物的来源即是寻求一种解释它的方式。但究竟什么样的解释才是这里想要的？如果解释植根于因果世界，那么它又何以能够解释处于非因果世界的事物？在因果与规范之间是否存在某种彼此可资转化的通道？倘若存在其他种类的规范性源泉——例如，道德直觉——我们将会面临这些直觉来自何处的疑问，而且不可避免地，我们也将遭遇它们由以产生的缘由问题：如果它们是衍生的，则它们何以能产生"规范的"东西；如果它们是自生的，那么它们具体是怎么发生的。

　　这些便是解释规范中所要处理的问题。但还存在另一方面的问题，它们关乎规范性中所包含的诸规范或规范事实，关乎解释在这些事实中的作用。这些事实——如果它们是事实的话——究竟在解释什么——如果的确有什么的话？而这种涉及规范的解释又怎样关联于其他种类的解释？是否任何对规范问题毫无兴趣的人均应当关心规范性？是否关于规范性的思考仅仅只是隶属于某种循环封闭的思考体系？它们是无法避免的吗——是解释本身的事情？这种不可避免性是否暗示一切事物或者一切可表达的事物均属于某个最终是规范的封闭系统，即塞拉斯所谓的理由空间？或者，这种不可避免性仅仅是我们主观经验的特性，它们自身并非是实在的——一种解释任务的特性而非被解释之世界的属性？

　　与这些问题相关的困惑主导着当下哲学的步伐，它们时常被描述为是大卫（David）和歌利亚（Goliath）的故事：规范性就是那个手持石子的小孩，他攻击着近代哲学中的自然主义、唯物主义、物理主义、因果论这些大块头，后者从科学的成就中攫取着力量。这一比喻具有重大的意义,不过它在职业哲学家之间却流于局部的琐碎争论。它也绝非是不合时宜的。世俗化的漫长历史伴随着近代哲学的发展,在很大程度上与去超自然化解释(desupernaturalizing explanation)的进程紧密相连。关于"规范性"的断言似乎暗示着这一计划永不会完结,亦即去超自然化本身将始终遭到规范性这块小石子的抵制。

罗伯特·布兰顿在言及马克斯·韦伯关于西方理性化进程以及世界之祛魅的解释时,看到了这一问题之重要性的意义所在。韦伯将新教改革中神学的理性化视为近代理性化之渊薮。这一理性化进程的内核乃是对圣饼(Host)中基督之临现这一观念的拒斥——这是本章第三个标题所要讨论的主题,这点绝非偶然。不过,韦伯将这一进程追溯至西方的源头,追溯至历史上这一理性化事件的缘起,后者扭转了古代犹太教的神谕实践,迫使牧师构造出是非问题(yes-no question),并以此诘责西方对那种在别处早已盛行的真理所采取的非理性的迷信认知方式。关于这一祛魅,布兰顿则给出了截然不同的解读。对他而言,这种祛魅要来得更为久远:

4

> 那些从事物中业已获知的意义和价值脱离了超自然的禁锢,并被理解为是将人类的某种兴趣、关切和活动投射到无意义的和无关紧要的事物上。(Brandom 1994,48)

布兰顿借重振规范性力量来重现世界的神魅,也就是说,在某种意义上,这种力量外在于我们所熟知的科学力量并与之截然不同。

# 非社会科学的规范性

"规范性"一词为哲学增添了另类的一笔。不过,本书所关心的规范与非规范之关联这一问题本身却有其独特的历史。布兰顿通过提及塞缪尔·冯·普芬道夫(Samuel von Pufendorf)指出了这一历史,后者通过反对托马斯·霍布斯(Thomas Hobbes)关于主权的机械论解释来捍卫一种自然法体系［Brandom 1994，46-50；Pufendorf（1688）1964］。延续了几个世纪的有关法律的哲学探讨催生出一幅关于法律约束特性之来源与本质的争论的演变图景。这些讨论大多涉及回退（regress）问题。而普芬道夫和他的学派借助规范终止了这种回退。他们认为，自然法的规范事实在国家建立之前就已然存在，它们为一切立法提供了指导性原则，并且约束着主权自身［Gierke（1880）1939，319］。霍布斯认为法律的力量衍生自主权力量的非规范事实，后者必然优先于法律。这一讨论与世俗化的宏大计划密切相关。关于自然法，批评家们的主题便是力图摒弃那种有关法律之迷信的、神学的，以及神秘性因素的探究，一如对物理学的净化。

那些更古老传统的捍卫者们指向了法律的约束特性，他们论证正因为法律的规范性约束存在，就必定存在这种约束本身的终极源头。人们通常认为康德即是这一规范性观念的源头，他关于这一讨论的贡献在于给出了这样的论证：

> 理性的绝对律令通过其合理性的品质约束着一切理性存在者，国家自由地将理性律令植入实践法律中，并且它之所以这样做是因为国家自身的本性要求自己理性地加以行动。［Gierke（1880）1939，321］

该论证即是规范论的特性。这里，普芬道夫、康德，及其背后的自然法（Naturrecht）传统在要着一种双重戏法。他们通过某种更深层的隐秘的实在性（例如以某种内在本质的形式）来解释一类实在（这里指国家）。这一隐秘的实在性系统地区别于经验现实（empirical reality）——在这里，后者即指实际法律的现实性和实际的国家活动。内在本性提供了某种规范准则，就系统性而言，它迥然不同于实际上所发生的情况。不过，这一双重戏法也为祛魅者们提供了某种机遇。他们可以否认在那里存在任何内在的或者必然的东西。这便是规范性论题的核心所在：所谓规范性，即是关于某种非自然的、非经验的，被描述为是必然的、内在的事物的统称，在某种意义上，它们

5

为实际情况提供着解释和说明。

在 20 世纪这一恢宏的祛魅叙事中,社会科学扮演着一个特别的角色,并且将这一特殊的哲学叙事与"科学"相连,在二者间建立起某种非同寻常的关联。关乎眼下规范性问题的经验质料,亦即通过诸规范概念所欲澄清的东西,在"规范性"这一概念产生之际就已然在社会科学中得到了表达。社会科学为诸如国家和法律这种现象给予了某种解释,并且这些解释意图取代关于国家的流俗的和自然法的观念。因此,当下我所声称的规范论多多少少均有意识地重返社会科学的说明。

规范性话题的一个核心点在于规范论与社会科学之间构成鲜明的竞争关系。规范性的经验事实被称为是"社会学的",意在与真正的规范性区分开来(Brown 2001,160-161),并且还特意论证社会学的规范性(它常常被当作"纯粹"的社会学的规范性而为人们所漠视)并不隶属于规范论者们的讨论,后者反过来认定社会学的事实无碍于有关规范性的主张。这是针对社会科学家的一种妥协论点,同时又秉持着自身的主张。它以如下特定的方式提出规范性问题:并不否认规范性所包含的经验的社会学现象,同时又认为它不足以说明欲以解释的东西。亟待解释的东西变幻不定,而常规的公式则牵扯到义务。纯粹的社会学事实,人们相信它是某种出于义务而给定的实践,但它并非如此。正是其他额外的事物使其成为需要加以解释的对象。

6

这条推理路径保留了那个双重戏法,并且还为如下有关依赖性的特殊主张赋予了可能性:一些诸如法这样的规范概念在有关法律现象的经验解释中是必不可少的,对法的非规范的表达则是"另一个话题",而关于这些事物的"社会学的"解读则预设了规范语言,或者用当下的话说,即是"自助"规范语言,由此他们错误地得出了自然主义的结论,诸此种种。当涉及推论自身的规范品格时,同样的依赖性或逆推性就显露出来了,而且来得更为紧固。一个人怎么可能脱离规范意义上的推论而给出任何有关事物的甚至是"社会学的"推理？

这一论证引人入胜。不过，奥尼尔所谓"关于规范性来源之众说纷纭"促使我们应当警惕，换言之，上述推理并不正确。

这些主张一经开始说明如下这些问题便齐齐陷入困顿：何谓规范性？它源自何处？为什么在某个社会或思想语境下被称为规范的东西均烙上了某种特定的印迹？最后的这一有关局部规范性的问题尤其重要。人类不同的团体和行业均使用着不同的语言，后者包含不同的规范。那些用来断定正确、真实，抑或正当的标准在不同群体间千差万别，这一事实促使我们认识到这种变化，就这个词的某种颇具争议的意义而言，即为"社会"。

关于规范的来源及其约束力的说明需要借助于一些社会学的概念，这点不足为奇。共同体在克里普克关于维特根斯坦遵守规则的讨论中（1982，56，79-81，89-109 各处）以及对该论题的后续探究中均占有核心的地位。集体意向性（collective intentionality）是塞拉斯的核心概念，他通过理性存在者的理性集体性重塑了康德所谓有理性的存在者这一概念，在他看来，前者所拥有的集体意向正是理性约束性的根源（DeVries 2005，266-267；Sellars 1968，VII S144；225，226；1967，411）。[①] 这些使用是否意味着上述回退最终止于社会学事实？克里普克似乎承认了这点——它止于或似乎要止于实际的共同体。相反，塞拉斯的理性存在者之共同体则完全是虚拟的。规范论者们会否认这里有什么值得讨论的东西，他们主张相关的诸如共同体这样的社会学概念本身就具有二元性，它们既具有规范含义同时也包

---

　① 对于这些概念的相互借用由来已久。伯格森的 *Two Sources of Morality and Religion*（1935）一书是对涂尔干关于集体意识[（1893）1964]观念的回应。恩斯特·卡西尔（Ernst Cassirer）所谓观念自律性的概念，以及一个约束我们的纯意义领域的概念，均受惠于社会学家汉斯·弗莱尔（Hans Freyer）与乔治·齐美尔（Georg Simmel）[Cassirer 1996，186-187；2000，74-75；Freyer 1998；Simmel（1908）1964]。这仅仅是浮光掠影的一瞥。后面我们将会看到，从涂尔干的集体意识观念到塞拉斯的集体意向性观念，它们之间存在某种直接的历史关联，并有了大量一般性的运用。

含社会学的意义。这使得他们认为,通过遵守规则的规范性予以说明的共同体这一概念,其意义乃是规范的,而非社会学的。或者,他们可以论证诸如"实践"这样的概念是规范的而非因果的(Rouse 2002,19-22)。

这些论证均有问题。不过二元性的论证打开了一扇规范论者们所不愿开启的门;它通向某种二元论,而规范性在其中则根本不具有任何说明性的或是形而上学的意义。这一问题以特别尖锐的形式与所谓的 SSK(即科学知识社会学,the sociology of scientific knowledge)计划关联起来。SSK 采取一种他们所认可的自然主义的理性观念,其中,理性被当作是科学家之各种信念的原因。不过,SSK 希冀就有效性保持中立的态度,并且反对如戴维·布鲁尔(David Bloor)所言的"在因果叙事中,一种关于理性的非自然主义观念的侵袭"[(1976) 1991,177,引自 Friedman 1998,245]。迈克尔·弗里德曼(Michael Friedman)认为,这种坚持:

> 立足于某种误解之上。阻止这一理性"侵袭"的所必需的措施仅仅在于从那种规范的或既定的思考中挣脱出来。我们只需看到在科学实践中通常发挥作用的那些信念、论证、深思,以及协商的价值,而诚如布鲁尔上文所言:"无需去关注这些信念是否为真或者那些表述是否合理。"据此,我们就可以说明科学信念何以能实际上被接受而无需考虑它们是否是合理的或可辩护的。而且这一描述性的、纯粹自然主义的方案,在为如下问题给出社会学的阐明时留有足够的空间,即为何某些科学信念可以被经验性的质料所容许。无论哲学家们能否发明某种规范的或既定的,可以观透同样信念、论证、思考等的透镜,均完全无关乎经验社会学的前景。就此意义而言,下述两方就根本不存在任何冲突或竞争的可能性:一方是有关理性的"非自然主义的"、哲学的探究;另一方则是有关科学知识的描述性的、经验的社会学。(1998,245)

这是一个极富价值的主张，它秉持一种富有特色的但并不考究的康德式向度，为有关因果的抑或社会学的以及规范性关联的说明提供了某种替代性的解释，而这一解释并不要求将规范性承诺为等同于因果性的解释范畴，换言之，并不当作是一个与解释相关的事实。

弗里德曼通过下述疑问作为这一主张的开端："为什么 SSK 要将自己置于与传统哲学的冲突和竞争中呢？为什么我们不可以简单地承认在意图和方法上的确存在某种根本的分歧呢？就让它存在好了。"(1998,244)这一发问刺痛了规范论者，后者有别于关于科学的规范哲学家，因为它将那些在我们身边无处不在的规范性视为我们强加于某种因果世界的东西，后者不受"那个规范的既定的透镜"的影响。如果弗里德曼的图景是正确的，那么试图在因果世界中发现规范性领域就是无伤大雅的，因为存在这种领域这一观念本身就是虚假的。

按照弗里德曼的见解，规范语言与规范信念的存在并未向我们展示任何有关规范性的隐秘之处。我们自身即是规范性之源。世界中的规范性，那些"已然从事物中觉识到的意义与价值"，借由我们之手而被置于世界，并且我们对其自身不施加任何影响。规范推理（应当）被框定在这种强制的循环域中，并且坠入那种为我们所觉识到的强制性所炮制出的幻觉里。即使是在一种微弱的意义上基于眼下所讨论的规范性观念，规范论者们亦拒斥上述图景，我们将看到其中的缘由。按照弗里德曼的第一个表述，我们可以从规范的或规定性的考量中脱身而出。相反，规范论者主张这些考虑是无法剔除的，并且属于我们欲图解释的那种东西的一个牢固不可破的部分，并且也是这种解释自身的一个部分。规范论者否认我们无需染指规范性考量就能够直接地刻画信念与对话的价值，比如不必去关注某个推论是否是合理性的，就像科学实践所做的那样。对其推论给出某种说明而不言及这一推论是否合理，这在规范论者看来无疑是天方夜谭。

8

比如,通过某个决策论来解释其谬误就吁求一种关于这种决策论本身的规范模型。规范论者们或许会说,"科学"是一个规范概念,而非一个社会学范畴,而将其区别于巫术就要求某种有关科学的规范意义,某种在诸如弗里德曼这样的因果论者眼里并不存在的东西。关于解释的 SSK 模型便承诺了一个作为原因的信念概念。然而,规范论者无疑会主张"信念"本身就是一个规范概念,就像一个作为概念的概念。SSK 模型立足于这样的观念:我们可以仅仅基于信念自身而解释某个信念。但是,对科学信念的解释必然牵扯到客观世界与这种信念之间的某种真理的规范性关联,因为科学旨归真理,而非仅仅满足某一单个主体对真理的信念。无处不在的规范性乃是一种事实,是真实性的条件:将规范考虑视作是"创制一种规范透镜",这是一个不尽如人意的观念。

弗里德曼的讨论为我们开启了一扇门,它为那种作为规范的规范语言获取其意义提供了某种方式,同时又不诉诸某种规范性的隐秘领域或是某种关于规范的二元论的形而上学,后者出现在某种与自然的颇有疑问的关联之中。规范论者欲图关上这扇门,因为当我们开始探究规范论的重重困难时,它似乎是一个极具吸引力的出路。本书恰恰意在聚焦这些困难。

## 标准的论证形式

9

在本书中,我所关心的是那些常规的论证形式,它们暗含在那些有关规范之必然性与必要性——亦即"规范性"——的五花八门的主张里。奥尼尔关于那些分歧的评论一部分真实一部分错误。真实之处在于的确存在很多关于规范性的争论,每一种都意在说明某种特定的规范性,但这些解释彼此之间很难达成和解。同样,有关某种特定规范性的根源问题也存在各种各样的观点,比如关于法律或语义的规范性。不过,这些讨论之间却有着强烈的家族相似性。而这一家族显示出大量的内部缺陷。在本章接下来的篇幅中,我将简要地刻画一种标准形式的或理想的规范性论证,而后将会给出有关上述论证家族之缺陷的描述。在接下来的一章中,我将做一些工作,它们类似于自然主义和社会科学对规范性的解释。而在第三章,我将细致地讨论一个特殊的典型范例——巧的是,此个案恰恰关乎这一家族的某个特定起源。

规范性论证的结构可归结为一系列步骤,它们自某个中心开始逐步进行解构,而这个中心点正是规范事实所在之处。规范事实的背景并非有多么的高深莫测,它们牵扯一部分属于日常解释之流的事实。它们并不受任何事物的限制、强迫或约束。因此,这些崭新的规范事实便在日常事实的世界中划开了一道口子。然而,规范恰恰出自日常事实:意义、义务、合理性,诸如此类的东西均通过行动、学习而变成现实,包括一些类似的但附带如下规范特性的东西:约束、强制,以及其他。规范一旦得到确立,它们便拥有了行为的后果。它们并非直接导致行为,而是借由下述方式在规范的意义上校正行为:指明什么是言说事物的正当方式、人们拥有何种义务、某人因他人有意义的行动应当承认什么,以及是什么为他人的所作所为(旨在对你的行动做出回应)提供辩护。

该结构的起点可自然地或因果地加以说明。就某种概括的意义上讲,可以将这些说明说成是一种倾向论的解释,因为其中掺杂了他们的某种特定倾向——比如某些期许,它们产生自譬如学习这种有限的过程中。重要之处在于,规范论者并未否认这些原因的存在,也并未指责他们没有解释任何东西。在规范论者看来,对于那些被他们称为特殊的规范性的现象而言,需要给出的解释远不止于此。举个例子,诚如期许在催生义务的过程中发挥了一定的作用,但是义务要超出期许。"超出"即指特殊的规范内容,它们无法通过因果的或倾向论的解释予以说明,就像关于学习的某种因果解释所做的那样,

10

将期许的成因归于一系列倾向。① 为简便起见,人们可以将这样几个不多的特殊词项记在心里:意义、律法、义务、规则等诸如此类。它们均无法通过那种比较好使的因果解释而予以全面的说明,对此上文已有所论述。

特别地,关于这些事实存在一个有关描述的问题,这个问题贯穿于我们所谓的关于真实的与社会学的或经验的双重结构中。这一问题或许拥有多种多样的形式。在关于法则的情形中,就像我们将要看到的,问题即是那些可被因果地或非规范地加以解释的东西是否是"真正的法则"? 有时候,上述问题产生自被解释者与解释者之间的质的差异。比如,语义规范性,或者规定意义的诸规则,具有无限的特性(这是就如下意义而言的,即我眼下的断言在未来一直不会改变,因此在某种意义上便承诺了我所言意义的不朽性),但是就解释事实而言,它们以特定的方式将诸如倾向这样的东西注入语词的使用中,并且作为一种习得的结果,它们是有限的,一如学习过程本身。通常,这一特性仅仅是假定的或被断定为是如此的。但是,某个社会科学的解释一经出现,这一描述问题便凸显了出来,而人们则通过论证待解释者(explananda)并非是所要解释的对象这一点来拒斥这一问题的发难。简言之,规范论者到处声称存在某种异常事物(novel thing),社会科学对此无法提供解释,因那种异常品质而对其无能为力。

这种以惯常的方式(社会科学)无法予以解释的异常事物吁求其他的解释方式。先验论证典型地已经实施了这种说明,其中,这一异常事物之可能性的诸条件亦得到了识认。而这些条件的断定可凭借

11

---

① 布兰顿借助对回退问题的讨论为此提供了一个标准的模型:"我们依旧可以对我们的那些客观能力给出某种说明(无论对此存在什么样的因果解释),借助于这些能力,个体便可以参与到我们归于他们的那些复杂实践中,因为,这里不可能产生任何回退,除非我们试图为参与了那些语言实践的能力寻求某种解释,而且我们以某种方式诉诸先天的语言能力,比如遵守一条规则这一实践。"(1979,188 楷体加粗强调由作者附加)为什么? 因为对布兰顿而言,规则属于规范性事项,后者无法被因果地加以解释。

异常事物自身的存在这一（无可争议的）事实，比如显示为某种"意义"。这些关乎可能性的诸条件必然不同于那些日常地运行于因果背景下的诸条件，或者说，在后者那里无所谓规范性这一观念。诚如早先已经论及的，这些事物的存在有赖于对如下结果的那种"你亦如此（*tu quoque*，拉丁词，英译为'you too'）"式的论证：反规范论者们"自足"于那些属于规范论者的概念、考虑等，或者他们声称后者以某种方式"偷换了主题"。对此，一个典型的例证是有关概念的观念。反规范论者们欲将概念或者势必将概念纳入他们自己的思想中，因此他们承认规范论者的如下论点：规范性是真实而必然的。意义也与此类似，规范论者们可以借取"你亦如此"的论调，比如，坚持认为关于拒斥意义这一观念的主张是不融贯的，因为这暗示着拒斥本身也是无意义的。或者，反规范论者们将会犯下如下反身性谬误：言及某种"优良的理论（good theory）"，因而便承诺了优良自身的实在性。

对于这些论证，非哲学家身份的规范论者们——比如那些关心如何为概念化的思考类型提供系统的理论解释的认知科学家们——显得无动于衷，理由很简单，他们认为有关"概念"的概念是可赢获的，那是一个未来科学的事情，通过那些针对资料的理论假设而进行常规的测验，他们就可以得到一种确定的结果。这也是所谓"强纲领"社会学派的主张：我们只是科学家而已。在科学中，没有什么会执着于术语词项；而何为真则依赖于一系列发现以及解释它们的理论。而且，这也是哲学自然主义的态度，比如蒯因（Quine）。这便是引发冲突之点。规范论者依赖于某种概念必然性的论证：如果某人说 X，他就必然要接受其概念的前提 Y。而反规范论者则典型地主张没有什么能够挣脱日常解释之流，因而并不存在如规范主义所坚持的那类特殊的事实。因此，无论"意义"和"概念"是什么，它们均不可能包含规范论者所赋予它们的那种特性，比如赋予语义规则的那种能够约束无限未来的力量。规范论者对此则回应声称他们必定要拥有这些特性用以支撑指称、辩护等：抛弃这些特性就等于抛弃了可理解性本身。

　　这一问题是重中之重。为何呢？因为反规范论者断言这一处于标准讨论之中心地带的规范层面、这一引发所有问题的源头，是可以忽略不计的。社会科学家能否提供一些解释用以打通输入（比如学习、倾向等）和输出，换言之，可以解释交流和行为这样的经验事实而无需诉诸像意义、义务、理由等这样的规范概念？如果情形的确是这样的，那么就不可将规范性理解为是一个事实，而是事实的一个作为解释的惰性的方面。约瑟夫·拉兹(Joseph Raz)在言及下述思想时亦表明了同样的观念：存在某种关乎理由的规范方面，并且一个理由的优良性或其规范内涵的确是它的一个方面(Raz 1999, 113)。这一有关规范内涵的思考方式留下了广阔的反思空间，并且也为更好地理解这一方面而塑造那种规范棱镜留下了充足的余地。它剔除了任何有赖于将规范性理解为一个事实的东西。它们作为事实仅仅是在这样的意义上而言的：它们透过某种特殊的棱镜而如其所是。它们不提供任何解释，亦非机械论的一个部分。

　　这一反对意见既涉及需要解释的东西是什么，也牵扯到究竟该如何解释它们。反规范论者承认这里需要某种概念术语，诚如科学那样，一般他们认为待解释的事物是可观察的（比如人类的行为），声称常规的解释（如因果解释）足矣，而且必定是足够的。如果不是这样，那么我们将会面临一个真正的谜团，对此，规范论者亦束手无策。规范论者则认为这错失了重点。某些有待解释的事物的确存在，它不仅仅要摆脱迷雾，而且在我们的生活和思考中绝对占据着核心地位，因此是必须要加以解释的。进一步来说，这种解释在我们的形而上学中应当占据一个中心位置。诚如塞拉斯所言，问题在于将科学与规范的图景融为一体。倘若有关这些根本事物之可能性的诸条件是需要精制的，并且牵扯到异常的对象，那么所要付出的代价是：没有人能够承诺哲学的平易近人或者它契合于常识。保罗·伯格豪森(Paul Boghossian)在列举一系列特性时（它们之所以产生是因为"意义特性似乎既非可消除的亦非能化约的"）明确地谈到了这一点，并且建议"或许是时候该借此事实而学会生活了"（1989,548）。对于反规范论者而言，这无疑是在妖言惑众。[①]

## "那又如何"的问题

诉诸规范性概念的关键之处在于规范事实的不可化约性（无法通过非规范性概念加以说明），同时也是不可消除的。问题在于究竟在什么意义上不可消除？规范论者们应该会说无法通过解释来消除它们：如果"一个规范必定在世界中拥有一个特定的位置"［Railton（2000,4）在其原著中强调了这一点］，那么"必定"这个词就应当扮演着某种说明性的角色。真是这样吗？或许科学家们离开诸如"好的"、"精致的"，甚或"必定"这样的规范语汇，我们就无法解释他们谈论自己理论的那些方式。但是，这种规范语言，在任何简单或直接的意义上，都无法要求我们接受诸规范性。不诉诸规范性观念我们就无法解释他们探讨其理论的方式，这也许是另一个问题，而且规范论者们理应主张如下一点：在某种意义上，这种讨论预先假定或要求一个特殊的规范事实，或者正是借后者这种讨论才成为可理解的。然而，诸如此类的主张存在一个一般性的问题：通常情况下，关于行动的说明包含着信念。信念的有效性，无论是规范的抑或其他，并非源于解释自身。对于一个并不存在的事物的信念，比如鬼魂，也能用来解释人们的行为以及其他的信念，等等。

这一问题已是老生常谈。韦伯认为在神正论问题上的宗教理性化给西方历史带来了深刻的因果影响，的确，这一问题引发了一系列

———————

[①]　在很多关于理由的规范性的讨论中，诚如麦克道威尔（McDowell）所做的那样（1996,104-107），这一问题完全被人们当作一个知识学的问题被探讨，后者借助于心灵如何与这些对象建立起联系这一问题。这样做面临坠入某种柏拉图主义的风险，不仅柏拉图式的理念是神秘的，我们获致它们这一点本身也是神秘的。

连锁反应,诚如罗伯特·布兰顿所言,这种反应最终导致了关于世界的同样的祛魅。在韦伯看来,约翰·加尔文(John Calvin)关于生命和宇宙(可以想见,它是由当时的神学理论所塑造的)的诸根本问题的反思受到如下某种坚定呼求的驱动:促使基督教神学符合理性并且前后一贯,尤其是关于神正论这一核心问题(而且诚如韦伯所言,对于拯救宗教而言,它还是一个普遍的问题)。不过,韦伯的这一论证似乎包含了合理性这一规范概念,人们对其矢志不渝,而它亦能产生强大的影响。或许可以说,韦伯在不经意间已坠入规范论,并在一贯性这一规范观念中自得其乐。而且,就眼下所讨论的语境而言,这一规范观念似乎提供了某种重要的解释工作。阿拉斯代尔·麦金泰尔(Alasdair MacIntyre)清晰明确地做了这一论证,尽管他并未借助这些术语。在他看来,加尔文主义学说与韦伯所刻画的那种影响之间具有"逻辑的"关联(1962,55),他赞赏韦伯觉识到了这点,但认为韦伯将其归为某种因果解释是错误的。倘若这一解释是非因果的,那么解释的要务就将会归于逻辑。

然而,韦伯果真犯了错吗?这一问题最终的答案要等到最后一章才能浮现出来。就眼下而言,指出这一点足矣:"合理性"是那种包含两重性的概念的又一个例示。它是一个规范概念。同时,也存在这样一个哲学传统:将合理性看作是某种倾向[Hempel 1965,469-487;参见 Davidson (1976)1980,273]。韦伯的合理性概念似乎既包含倾向性又具有规范性。不过倾向性的一面仅仅在于解释的需要。对于加尔文的追随者们所得出的那些结论是否是真正"逻辑的",这一规范的考虑似乎根本没有显示出任何差异之所在,作为一种解释,它也未提供任何额外的说明。诚如弗里德曼的论证所建议的,将信念当作原因的确可以提供某种解释,而且这种解释可以避免对合理性的审判或者避免对神学家们给予神学上的纠正——在眼下的讨论中它们是一回事。

# 规范性之诸解释特性

在此，我所描画的那种论证形式乃是各种规范性论证的合成物。在这一规范性论证的家族中，并非所有的成员都旨在提出一整套主张。它们中的很多仅仅关心某些可被用以说明规范语言的先验论证，它们甚至忽略了社会学的与一般意义上的"规范"之间的差异。比如，在一些伦理著作中，这样那样的规范特性被当作是不证自明的（Nagel 1986，159-160；Korsgaard 1996，41），而且关于规范的其他替代性说明甚至都未曾加以考虑。这种忽视等于是将如下这一规范论的核心问题抛置一边，即这些出自规范论者们的解释的异质性。不过，有一些关于规范性的文献则坦率地直言或者至少是承认规范性这一观念是怪异的，而且问题重重。对于这种怪异性的回应人们各执己见：有人主张人们应当学着去适应它（Boghossian 1989，548），也有人主张应当接受它（Brandom 1979，192）；有人主张应将其视作某种极端规范论的反二元论的本体论的基础，因而万事万物最终都是规范的（Rouse 2002），也有人主张通过将它与一些更加怪诞的东西（如柏拉图主义）相比较以减轻其自身的怪异性（McDowell 1996），甚或有人主张将其从日常解释之流中解放出来（Korsgaard 1996）。这一异质性问题包含多个面向，接下来，我将简单地列举一些并做点简短的澄清。

## 奇特性

声称存在某种规范性或规范力量的事物典型地与关于如下这些特殊而令人困惑的事物的断言紧密相连：自治原则；人们欲构造或发掘的那种潜藏于诸明述规则（explicit rules）背后的隐性规则（tacit rules）；在物理世界中未被认识到的诸数学对象；客观价值；绝对独立的律令，理性自身的律令；施行性话语（performative utterances），它

15

们能够创造出一个规范,后者贯穿在某个特别的礼法话语行为之中;某种不可分割的理由空间;某种关于思想实验的约束性的理想结构;除假定的共同体外的无意向者的诸意向,它们拥有创造和确保一个规范的力量,尽管这完全出自一种类推;不同于日常的诸承诺,它们是在毫无征兆的情况下出现的,而许下这些承诺的人对它们是某种承诺这一身份仍毫不知情,甚至是在事后也不曾了解这一点。在那篇布兰顿从中发掘出承诺以及评价观念的文章中,大卫·刘易斯(David Lewis)提出了一种有关前提假定的运动学理论:如果任何需要一个前提的事物被描述为在时刻 t 中,那么这一必要的前提(如果不是早就存在的话)便在时刻 t 得以实现(Lewis 1979,340)。刘易斯就某个"权容性的调节法则"做了如下公式化的表述:

> 如果在时刻 t,主人给予奴隶一种容许,某个特定的行动要求这种真的允许;而倘若在时刻 t 以前,主奴之间的界限使得主人给出那种容许时所用的陈述为假,那么——其他条件(ceteris paribus)相同并且在某些特定的限制下——这一界限将会转换到时刻 t,从而使主人的上述陈述为真。(Lewis 1979,341)

这些事物自成一类,它们唯有借某个服务于弗雷格式(Fregean)的恒定的概念和柏拉图式的理念自身的句子方能获得其生命力。可以说,这些奇特的事物在社会理论和社会科学中亦存在与其类似的角色,后者通常包含同样神秘的特性,比如涂尔干的共同体意识,或是塔尔科特·帕森斯(Talcott Parsons)的关于一个社会之核心价值体系的观念,或是哈罗德·加芬克尔(Harold Garfinkel)的民俗方法学所主张的那种"不朽的日常社会之本质上不可规避的无法根除的个体性"。

### 对先验论证的依赖

一般地,对于这些事物之存在的主张往往依赖于某种特殊类型的论证,后者是先验的或是前假定的。这一主张声称一个对象、空间、意向等诸如此类的东西是某些事物之可能性的条件，这些事物其本身是构成我们人性、理性等必不可少的要素，这点毋庸置疑。这些论证的问题在于其使用：它们似乎是某种变相的因果说明，但是却并不符合后者所秉持的任何解释准则。

### 类推说明

许多规范性事物，尤其是那些用以刻画某种回退论证之终点的事物，均是类推式的。一些事物包含了规则对象却并未在明面上显示那些规则，毋宁说，它们隐身于规则背后；一些承诺并未在外显意向的意义上显示自身，它们前于意向或隐秘地就已经存在了；同样，法则，比如像所谓的基础规范（Grundnorm），它们本身并不作为一个法则而起作用，等等。类推手法在哲学中极为常见——比如，所谓"真确"与"规范"就源自于木工活动。然而论证中所采用的这些策略包含一个怪异的共享结构：它们是清楚显见事物的某种隐秘形式，承担着对于这些显见事物来说力不能及的工作（比如提供辩护），换言之，它们终止某种回退。

### 外在性

规范性的事质性（thingness）是其自身规范力量的源泉——在某种意义上，它们外在于我们，同时又包含在我们之中。我们一经充分地识别出它们，也即认识到我们必须要服从它们。这一思路与那种关于上帝存在的存在论上的争论相互平行。如果仅仅将规范视为是约定俗成的、实效性的，抑或社会学的，我们便无法充分地理解它。而所谓充分地加以理解即是要相信、接受，或者承认我们对它先行已经有所接受，并且受制于它。

### 承认

贯穿于这些有关规范性的主张中的一条主线呈现于我们和规范

性的关系中。它是某种需要人们加以承认和接受的约束或限制——用海德格尔式（Heideggerian）的表述，它"向来已经"就在那里了，但是我们唯有通过反思才能表达和认识它，或者，当我们达至理性的阶段才有可能承认它的那种力量。对此，麦克道威尔有过详细的刻画：

> 这里的观念是，无论我们是否看得到，理性的指令都在那里；这即是在合理的教化中所发生的情况。我们不必欲图理解这一观念，即理性的指令是一种开明意识的诸对象，除了在某种思考方式中（教化促使人们进入其中）：这一思考方式构成了如下既定的观念，即那些理性的指令已然被纳入思考之中了。（McDowell 1996, 91-92）

## 二元性与循环性

这些对象穿透了"是"与"应当"之间的隔膜。它们是某种确保价值或义务的事项，或者它们就是某种价值或义务，或者它们充当了规范语言的起源。但是，它们自身是否是规范的呢？这一问题造成了某种两难困境，后者显示在克里普克于遵守规则的讨论中通过诉诸共同体来确立评判标准的做法里。这些隶属"共同体"的诸事项是经验性的还是规范性的？这里提及的共同体绝非经验意义上的，因为某个实际的共同体的成员间的一切实际的关系都有可能建立在错误的基础上。即便是指明了这一错误，它也不可能是经验意义上的共同体，因为隶属于它的成员也有可能犯错。诉诸一种经验的共同体，要么导致一种回退，要么放弃有关规范性的这一观念：它是超越那种共同体所承诺的经验事项的。但是这一共同体同时又并不能是一种规范事实——比如这样一个共同体，其中的每个成员均通过正确地遵守规则从而建立起了成员之间正当的联系。这便导致了一种循环——这也是那种假定的理性存在者的共同体所面临的问题。

## 关于附加力(surplus force)的主张

在这些古怪的事物——诸如意义概念或概念内容——的背后隐含着一个重要的问题:在自然化的解释——典型而言,即诸倾向——与被解释的事物之间存在某种隔阂、附加的意义,或是我所称的那种断裂。问题关涉到诸倾向或任何其他的东西何以能够提供某种解释:倘若它们将法则解释为一种包含约束的规则体系,它们便无法说明这些规则何以是必需的。这就似乎要求某种额外的东西,即一种规范力量。这里,我们似乎通过做出上述区分从而创制了某种虚幻的超越解释的本体环境,后者包含一些神秘的特性。然而,究竟是什么促使我们承诺该本体环境的必要性? 是某种真实的力量吗? 抑或是我们对于义务以及诸如辩护这类事物的吁求?

## 语义规范性是否是一切规范性之渊薮的问题

18

这一问题在有关讨论语义规范性的著作中(Brandom 1979,190)并非仅仅是浮光掠影地被提及。相反,它在语义规范性中是一个无法回避的难题,并且制约着向其他领域拓展的步伐。在算作是一种规范性与依据这些约定正确地做出表述的义务之间存在什么样的逻辑关联? (Brandom 1997,193;Kusch 2006,51-55)什么是这些约定的规范力量? 它们是否仅仅是一种约定,是否是大卫·刘易斯(Lewis 1969,42)所说的那种"协调机制",后者被我们实际地运用于比如靠左或靠右驾驶的情形里,它们彼此规定对方的规范性,在此情形中这一点则显示为某种道德的或法规的考量,比如下述事实:靠着错误的方向驾驶将可能会撞死别人或被别人撞死或遭到处罚? 或者我们是否直接地获得了它们——这便暗含着我们承认存在某种正确或错误的方式,借此我们直接地获得或承担起了以相应方式行动的义务? 如下是麦克道威尔所描画的一幅图景:

> 学习一个词的意义即是赢获这样一种理解:它随即促使我

们——如果我们在眼下的问题中可以展开这一观念的话——以某种既定的方式做出评断和表述,而如果我们不遵照意义的指令行事就会陷入苦痛之中。[McDowell (1984) 2002,45]

## 从实际效能中分离出规范的问题

对于一些哲学家来说,规范性问题最终要落实为语义规范性的问题,后者可被解读为一切规范性的源泉。不过,这里存在一个疑问,它可用来表明这样一个更为一般的困惑:有关规范性的那些纷繁复杂的观念(包括丰富多样的规范语言)究竟是如何彼此关联起来的。核心的推理是这样的:语词使用的正误有别标志着语义的规范性,而正确性则是语言的内在本质,它借规范的定义以使得语言包括一切语言性的事物成为可能。这里,规范性的核心之处在于它是构造性的(constitutive):它关乎什么可以算作某物——什么可以算作是一匹马或一只鸭子。但是,对于一个表达的有效使用与正确使用之间究竟有何区别,比如用某种外语招呼家人吃晚餐?为什么我们应当认为这二者之间存在某种差异?

19　　文字出现以前的社会不存在语法上的谬误——理解与否是一件极其简单的事。一方面——即按照经验的、实效的一面——语义规范性受制于如下同一条原则:语义使用的正确性不多不少完全等同于理解的获得。因此,一种真正的语义规范性——其正确性不仅仅只限于某种使用——何以可能?或者,是否真有这样的事物?在句法情形中,我们通过规定好语法并且将其作为我们正确的言语活动的指导或准则从而确定了某种语法的规范性,而不考虑人们实际上真正得以理解的东西。这是一种外加的东西,其中某些言语模式被当作是规范的,或者,其中某人的关于正确的理论被强加在实际的、具有分歧的,然而是可理解的言语之上,从而将某些事物指责为是坏的、错误的,诸如此类。一种真正的语义规范性是否超越于此?或许是。因此,我们就拥有了两个基本的意义模式:一种是集体所秉持的理想对象，它可以在未来的言语活动中永远能区分出什么是正确的使用，什么是错误的使用；另一种是所谓交互运作（works in interaction）的意义观念，作为一种言语行为，它是各种实际行为活动（当某人在不同的情形中使用语言时，这些活动产生了某些自成一类的结果）的有效缩影，是开放的，并且可以通过调节与拓展使其自身发生一些变化。

### 转换问题

每一种关于规范性的、区分了规范与非规范的解释——那些瓦解规范中一切事物的解释除外——均包含在非规范的或前规范的状态与规范的状态之间的某种转换。那些形而上学的规范论者们甚至面临同样的困惑，他们相信一切事物都是规范的，并且论证缤纷多样的规范性的显现部分地印证了这一信念。当某个诸如此类的规范论者试图说明一个规范性源自其他规范性时，其便以某种形式提出了这一转换问题。通过某些规范催生出另外一些规范，这有一个标准的成功模式：作为一条准则（就像一部宪法），它将权威赋予规范制订者（norm-giver），后者制订出其他的诸规范（就像议会）。但是，规范辩护的链条总有个结束的时刻。那么，它是否终结于某种非规范的事物，就像维特根斯坦的"我们行动（what we do）"？或是某种基本的规范——比如凯尔森（Kelsen）的基础规范？如果是前者，那么一种非规范性的事物究竟如何能产生规范的事物呢？它是否注定要终结于某种创生规范的行动意愿，比如人们的意愿，抑或终结于某些创生规范的承认，后者依赖于某种有关义务的可自由支配的模型？确切而言，这些转换到底是如何运作的？

这些解释将规范的承诺以及诸如此类的事物塑造为某种法则。但即使就法则而言，同样面临一些问题。哈特（H. L. A. Hart）表明了凯尔森的策略并不起什么作用——即便是基础规范同样需要奠基

20

于某种更为基本的事物上（Hart 1961,117；参见 Postema 1987,89）。① 奥斯汀(J. L. Austin)所谓施事话语(performative utterance)的观念②似乎对这一问题的解决有所助益,至少有助于解决非法则向法则的转换问题。某条法则由合适的人在合适的场合表述为一条法则。然而,这仅仅是一种纯粹形式上的解决,而相关的解释阙如。人们恰恰需要搞清楚的是说话人或说话场合为什么是合适的。由于诸如"合适的"这类词似乎是一个规范概念,因此规范性问题的解决就不能诉诸它们。这仅仅是一种回退,其方案也问题重重。通过投票选举和签署文件的仪式,立法会或议会魔法般地将集体意愿注入诸话语活动中,从而使它们变成某种义务,这一观念在斯堪的纳维亚法律实在论者哈格施托姆(Axel Hägerström 1953,74-116)的某些滑稽之极的作品中显得异常荒谬,哈特对此非常熟悉。按照哈格施托姆的观点,上述情形最终诉诸意愿,这是很怪诞的事儿。人们被想象成是自愿相信法律的实际存在,比如主权,并且通常情况下并不清楚法律的实际内涵,只有极少数人能够参与那种用规范力量鼓动其他人的行动。他就此总结道,那些关于意愿的观念作为一种政治虚构要比作为一种关于法律之本质的实在说明更具意义。

转换问题以多种面相示人而非仅仅这一典型的例示。在麦克道威尔那里,笔墨着重之处在于孩子对理性规范性之约束性的实际认识。而对于克里普克而言,重点在于将一个很好地遵守规则的人置于某一共同体中。与凯尔森一样,这一问题总是侵扰着那些试图想回避它的人,比如布兰顿,后者将自身置于这样一个两难的境地:他

---

① 这些社会学的运用再次整个地引出了回退的问题。如果规范性的源泉在于社会,那么它们不也是自然的和社会学的吗？这曾是哈特在构想其法哲学的过程中欲以攻克的盲点。对哈特而言,法律的规范性是某个权威规则的产物,后者使得一条法则是否正当这一问题变得合法并借规则来回答这一问题。不过,他承认,这一权威规则自身的合法性只能诉诸被某个权威所接受的社会学事实。

② 奥斯汀的施事话语这一观念似乎受到了哈特的法律范例的启发(Lacey 2004,136,144；Austin 1962,4-11,139)。

将一个绩评式的——因而是专属于语言的——规范性概念奠基于承认这一规范性事实，但又否认前语言行为（prelinguistic conduct）是可以恰当地进行筹划的，这似乎就意味着无法将承认纳入其中。

### 有关信念的问题

本章开篇提到的那句加尔文的格言关乎为世界祛魅这一重要事件，关乎这样一种拒斥："耶稣基督拥有真实肉身，事实上，在圣饼与酒中，他完全显示为个体化的肉身，其身光耀无瑕，一如当下即现。"（Holt 1995,18）正如加尔文在格言中所暗示的，一切得自圣餐之物皆归于信仰的形式。规范论者并非仅仅是以奥古斯丁式的方式劝导人们相信这一点并且付诸实践，他们还坚持认为眼下所讨论的规范性事实上脱离了人们的信念，是一个发现或接受的问题；或者说，一个规范事实不同于由我们的行动所塑造的其他类似的事物。

### 有关描述的问题

有一则旧笑话，一名得克萨斯的施洗者被问到是否相信婴儿洗礼："相信，见鬼！"他回答道，"我亲眼所见！"这则笑话的确有点深意（容我多啰唆两句），因为"我相信婴儿洗礼"这句话，其规范的以及神学的含义不同于实际含义。就规范的意义而言，这个得克萨斯人面临这样的偏差：即一个真正的施洗者坚信所谓的婴儿"洗礼"根本不是洗礼，因此他并未看到自己所说的东西。但在同样类似的意义上，他又的确是对的。他了解何谓一个非施洗者（non-Baptist），并且也能按照非施洗者的口吻说"婴儿洗礼"。规范论者不断地被强迫去接受该论证的那种神学意义上的立场。关于规范事项的存在及其效能的争论始于确立一种有关待解释之物的特定描述。这是社会科学哲学的一个传统问题，或许还是其核心问题。彼特·温奇（Peter Winch）的《社会科学的观念及其与哲学的关系》（*The Idea of a Social Science and Its Relation to Philosophy*）（1958）立足于如下主

21

张：摒弃日常行动的（规范的）概念词项而使用其他手段谈论人类行为都是背离主题的。

对于这些论证的一个简洁的"科学主义式的"回应是：科学家们没有义务使用特定的语汇，而且也不必因一些解释适用于这套语汇而不适用于那套语汇感到大惊小怪。不断变化的语汇本身就是解释活动的题中之义。然而，社会科学家或许对此持有不同的立场，比如韦伯（1949，111）所主张的，需要运用一些价值相关的概念来规定他们所要解释的问题。不过，他们可以故意以非规范的方式使用诸如"规范"或"法则"这些词项来标识其经验的等价物，将它们规范性的一面悬置起来，从而使自身从那些概念的规范意蕴中解脱出来。这一可能性并不仅限于科学家。对那个得克萨斯人来说，他本可以通过解释自己之所见正是人们所误信的那种洗礼，从而使自己逃离那个笑话。这涉及如下一个重点：我们在使用那种我们一直予以拒斥的错误描述。我们使用它们，连带着某种错误的理论或解释，后者可被看作是我们与其他人所采用的描述之间的差异。

这一回应面临规范论者所通常采纳的那种"你亦如此"式的论证。如果规范论者的对手要使用诸如"概念"或"推论"这样的词项，那也不必在规范论者们所秉持的意义上使用它们。规范论者或许会主张这些词除了规范意义之外并无其他的意义，但事实上，对于产生这些问题的所有情形而言，一个词何谓规范的意义、何谓非规范的意义，这点其实是含含糊糊的。举个简单的例子："是什么使得我通过自己所说的来意指我所要意指的？一个怀疑论者会说什么也没有，他显然将自己排除出这一过程。因为，如果这个怀疑论论断是真的，那它就是无意义的。而倘若它是有意义的，那么它就不是真的。"（Lillehammer 2008）伴随这些主张，还存在这样一个问题，即它们基于某种含混。怀疑论者声称并不存在下述惯常含义上人们所言的意义这样一种东西：一种隐含在话语背后的东西，它促使我们意指某物。但在此含义上对意义的否决并非涵盖了一切，比如，我能理解你所说的,而其他人也能理解你。因此,诚如一切类似的论证那样,这一"你亦如此"的论证是无效的。

## 非充分决定性(underdetermination)与优选描述(privileged description)

先验论证的一个奇特之处在于:它们仅仅在提出了非充分决定性的情形下才有效,即是说某些可能性受制于确定的逻辑条件。然而,在规范论者所探讨的那些情形中,通常存在各种各样的有关规范条件的理论,这些规范条件决定着一个特定论断的可能性。它们并非全都是必要的;如果每一个都是充分的,就没有什么是必要的。因此,这些论证的实施就必须要通过确立一些主张,以便识别眼下问题里所涉及的规范事实之可能性的特定条件。这同时也意味着要废弃掉其他的竞争项。就此而言,这些论证就具有传统哲学分析的那种激进品格,后者遵从"提出一个理论,给出反例……依此反复"这样的模式。一些有关语义规范性的讨论遵从这一模式,其中相应的竞争项不断地被剔除掉(参见 Boghossian 1989;Kusch 2006,50-236;Miller and Wright 2002;Wright 1986)。不过,这些讨论所具有的韧性则是一个更为棘手的矛盾,比如其中无法剔除掉竞争项,并且也无法给出任何确定的条件。

这一问题的解决经常着眼于那些关于可能性(其条件有待探寻)的陈述,并以如下方式修正这些陈述:将先天条件作为解决先验问题的唯一可行的途径。比如,布兰顿通过否认维特根斯坦(其语言游戏仅仅涉及诸如"砖块"、"石柱"、"平板"、"横梁"这样的词)真正参与语言实践从而欲图修正这名建筑师(1994,172)。[①] 同样的主张涉及关

23

---

① "维特根斯坦在《哲学研究》一开始的段落里所描述的有关'平板'的语言游戏在如下意义上并非构成一个语言游戏——它是一组仅仅包含了声音但没有语词与符号的活动"(Brandom 1994,172 楷体加粗强调出现于原著中)。

于动物之间的交流。对于法则而言,规范论者也许会说即便"法则"可被解释为"一些通过专门的权责获得约束力的规则",即使所有被我们称为"法则"的东西无一例外均归属于这一范畴之下,它们也并不是同一个东西。这里,通过"规则"谈论"法则"无疑偷换了概念。

非充分决定性产生的另一个问题源自语言与文化的多样性。比如,从流俗心理学(folk psychology)的一些说法中得出关于心灵的规范的先验结论让步于如下事实:不存在什么流俗心理学,只存在许许多多的语言,它们彼此之间进行磕磕绊绊的互译,其各自对心理现象的语言描述显得千差万别。尼德汉姆(Rodney Needham)进行了一项关于诸如"信念"这样的知识学词项的研究,他在很大程度上依赖于《圣经》的翻译过程。这一过程显示了对于知识和信念的丰富多样的日常表述,而在一些语言中,没有一个词能够对应于"信念",或是对应于信念/知识这一区分(Needham 1972,47;1972,33,35)。这在从某种特殊文化表达中析取形而上学结果的尝试里引发了这样一个问题:人们从不同的文化中获得不同的结果,在整个计划的背后笼罩着一种非充分决定性。一个既定文化中的成员不再坚持必要性的主张,或是仅仅在严格加以限定的情况下使用。

人们也许会认为问题不在于表达信念的表面形式上,而是关乎此类表达的诸条件。但这引发了一个关于证据的问题。为什么我们的表达可以被当作某种手段,通过识别这些表达之可能性的条件来触及根本的形而上学实体,而其他的表达则不行?事实上,分析哲学通常假定我们的表达与常识可以被当作是一切表达与常识的代言人。如果这点无法做到,那么其分析就将仅仅适用于我们自身所隶属的那个群体。对我们而言,追问那种根本的实体就开始成为"科学的"或者"人类学的"问题,而非形而上学的问题。

## 24　运用先验论证来确立因果论断

诚如一些规范性文献通常所讨论的,试想我们要论证某物的规范特性是"约定"的产物，同时假定对此主张的论证是一个先验的、"可能性条件"的论证（人们可以事先设想某种替代方案）。那么，是否这一约定导致了此先验论证欲以阐明的那种规范特性？说在此论证中得出某些因果性结果，这难道不有点奇怪吗？难道真正的因果论证通常不是受制于其他的一些考虑吗，比如混淆关系、非充分决定性、对附加保险的需求，等等？难道因果考虑不是削弱了那些基于更优描述的主张吗？人们或许在如下意义上称这些论证为因果的，即它们排除了一切解释并仅留下一种。但那些被排除的论证使得描述陷入各种困境：一旦那种根本性的因果实在未被正确地加以描述，那些被排除的论证就会产生一些错误的东西——原因不再是原因。因此，这一有关被排除论证的讨论将我们再次拉回到了根本因的问题，而非提供了一种解决途径。

### 循环，欲盖弥彰

一种典型的规范论证的主张如下：

> 成为一种语言的标志在于其论断可以被质疑和确证。真正的辩护能够给出有效的根据。通过定义，真正的保证成为一种规范的关系。因此，语言是规范的。

这一论证的有效性首先在于优先通过辩护来定义语言，其次在于使用了一个规范的辩护概念。是否存在一种非规范的概念？人们当然可以借助挑战和回应来非规范地刻画同一个辩护行为；还可以强调这一浅显的要点：任何日常的辩护情形都是某种习得——以一种世俗的方式，它开始于孩童一次次无头绪的发问："妈妈，这是为什么？"试图得到一个稍稍有用的结果，并且逐渐学习更加复杂地使用这些词。不过，对此人们也许会坚称这些行为活动并非是真正的辩护，因此它们并不足以用来确立语言行为。

## 两种回退

规范性问题深刻地建基于这一观念,即只有规范的才能说明规范的。就像桑顿(Thornton)这样来解释麦克道威尔对维特根斯坦的解读:

> 维特根斯坦并非意在为使用各种概念(它们自身无规范前提)的规范给出某种解释。他也没想着要在那些业已规范的行为背后刨根问底。这就是为何他称遵守规则为我们语言的基础;也是他为何对那个著名的有关理由或辩护终结的评论补充说未得到辩护地使用一个表达并不意味是错误地使用了它。地基的运行向来无法挣脱规范的领域。(Thornton 2004,43)

原因的回退最后无非导向第一因,但规范的回退则是另一回事。它们要么退至一些因果事项,然后又必定神不知鬼不觉地转换成一些规范事项;要么就直接回退至一些规范事项上。不过,一些因果事项经常会改头换面为规范事项。为什么那些出自日常训练和学习活动的"实践"是规范的? 说它们是规范的究竟是什么意思? 是否意味着它们就此挣脱了因果的束缚? 显然不是,如果它们是一种实践活动,那么究竟从中习得了什么? 那些规范性因素又是怎样被接纳的? 这是一个因果问题吗? 抑或是一个规范问题?

倘若只有规范的才能说明规范的,那这是否也就意味着规范的只能去说明规范的? 这或许意味着那些诉诸规范性在很大程度上所立足之处——比如人们能够互相交流这一事实——其自身亦隶属于规范的范畴。这或许也意味着规范世界和因果世界相互分离但彼此亲近,二者并行不悖。布兰顿在下述论断中似乎为此提供了某种支持:

> 这两种"领域"之间的差异并不是本体论上的。二者真正的差异在于它们以截然不同的两种方式对待某人的行为。据此思路,我们在下述意义上慷慨地接纳某人,即认为他受制于其社会

实践本身的诸规范，后者适应于此社会，构成社会共同体成员之间的准则。他是我们中的一员，因而他是自由的。但同时，我们认为他客观上受制于因果羁绊，而非那些我们实践中制约着他的规范，我们又把他当作一个非自由的对象。关于他的自由，越过我们自身共同体的判断就不可能规定其任何客观的因素。(1979,192)

26

这似乎意味着将我们引导至弗里德曼的那幅规范图景中，换言之，变成一个解释活动的分支，这一解释意在创制某种规范透镜用以规范地观察事物。这一图景省却了规范性在世界中占有一席这样的观念。与此观点相关的那些问题也就跟着烟消云散了。

## 定位的问题

规范性问题牵扯到很多其他的哲学问题，包括二元论以及其他问题。比如"心—身"二元论，它关注意识的不可化约性和感受性质（*qualia*）问题，在结构上就与规范性问题相似。使得规范性与心—身二元论以及意识问题相区分的一个特性在于：品性或特定规范性的多样性。规范性，至少就其原初所使用的意义而言，随着社会单元的变迁而变换。对于一个曼哈顿人而言是规范的事项，在一个安达曼群岛土著眼里并非是规范的。因此，就需要为规范性提供一个说明，包括一些相应的事项，它们依照诸规范自身的变化而变化；或者，说明一种规范的联盟以适应多样化这一事实。简言之，必须在诸规范事项与受制于它们的人们之间建立某种平衡。以特定方式说话的人是否受某种制约？他们必须是隶属于某个集体的成员吗？那么，具有成员资格又意味着什么呢？一个人能否在日常的标准上属于一个实际共同体的一员，但并非构成某个集体意愿的一部分？如果不可以，那么他又是如何成为集体意愿的一个部分的呢？一个相关共同体的部分？通常，人们借助虚构来回答这一问题——归于某人的某种虚构因素，比如一个规则或语言的使用者，后者隶属于某个共同体。然而,这只不过回避了何谓一个共同体这一问题。诚如某些规范论者所做的那样,如果某人拒斥规范多样性这一事实,并且坚称这种表面上的多样性其实仅仅是一个谬误,人们必定能够找到某种方式来逃脱那种宣称他拔高了某种特定规范性的指控,而且也能找到办法来适应千差万别的日常实践这一事实,就像自然法理论面对那种视实际合法实践为不完整的设想所做的那样。

## 诸特性真的是一个问题吗?

这一关于规范性论证所存在的各种问题的质疑清单,其本身并未拒斥规范论,也并未否认规范性的存在。它仅仅构成了一组提示,提醒这些论证典型地在什么地方开始变得困难。这些困难或许是不可克服的。或者,它们被当作是保存某个哲学传统的遗产所需要付出的代价——所谓遗产,很大程度上指阿奎那(Aquinas)的极乐世界或伟大的施魅者(re-enchanter)康德。

大量的各式各样的规范性论证无法并置于一本小书(甚至是大部头)的目录下。不过,本章的讨论已经指出,在关于规范性的讨论中,可将法律的规范性不断地作为一个范例加以探讨。正如前文已经指出的,出于对规范性的考虑,第三章主要考察关于拒斥法律之祛魅特性的论证。接下来的一章将会给予祛魅者(无论是哲学家还是社会科学家)一个特定方式的表达机会,后者越过了自然主义与倾向主义(dispositionalism)的老套数。任何有关规范的一般性问题的讨论路数,其实际上面临的需要解释的问题均是实质性的。恰当地阐明"规范的"在于如何与那些反对它们的解释撇清关系。

# 第二章
# 科学与社会科学的冲突

　　每一个物神崇拜者都拥有自己特定的偶像,并且均通过一种特殊的、不同的方式加以待之……尼克罗尼人在他们的偶像面前订立誓约,他们守护它,并依其偶像之名而行事,他们唤其名号,事无巨细地详述其誓约所确立的种种内涵,并吁请其偶像在人们违反誓约之即给予他们死亡的惩罚……誓言的种种所为皆是一种义务。

Bosman[(1704) 1967,150-151]

　　是什么与规范论相冲突?存在什么样的关于规范的社会科学或关于规范的科学说明?它们何以是不充分的?诚如前一章所指出的,这里的核心问题涉及一种断层或分裂:诸规范性事实及有关它们的并不充分的非规范的解释与诉诸规范性的确可以说明它们的这一论断之间的断裂。通常,我们在规范论者们那里看到了这种断裂。我将在最后一章简要地描述与此有关的讨论。语义规范论的讨论为此提供了一个范型:一个词或句子的意义在于对其以相同方式的后续使用的不断承诺;有限的东西不可能产生无限的事物,因此,诸如习得、倾向这类活动就不可能为关于某个意义的事实提供解释。这一论证为如下主张提供了辩护：在通常那种要求承诺某种特殊的规范事实的解释中存在某种断层。

30　　这一论证达至描述的终点而非解释的终点。只有接受了这种关于什么是一个"意义"的解释后，这一论证才能够发挥作用。自然主义的回应始于解释的终点：如果对于某物的解释无法归于日常解释之流，那么也许这种有待解释的事物根本就不存在。或许，我们得需要追问解释的问题是否关乎描述。是否要处理的根本的主题、那些有意义的语言交流的事实，或许可以以某种的确契合日常解释之流的方式给予更好的描述。需要看清的一点是，眼下，即便是规范论者所理解的问题也无关乎某种称为自然主义的哲学教条，后者从根本上否认一切非自然主义解释的可能性。毋宁将其看作是如下二者之间的分歧：某种常规的解释（一种被规范论者和怀疑论者都予以认可的规范论解释）与非常规的解释[诚如伯格豪森所说的，"我们必须学会承受"（1989，548）那些作为接受其他事物所付出的代价，比如以特定方式所理解的"意义"]之间的冲突。

　　那么，这些设想中的不充分的解释到底是什么？它们为什么是无效的？人们也许会以为有大量的文献探讨这一主题，拆穿这些无效的解释，揭示它们的专属术语何以是无效的，并且探究这些"专属术语"。然而，相关的讨论凤毛麟角。人们更多地转向某种倾向性解释的观念，后者通常作为实际解释的要件，并且很少被给予详细的探究。[①] 不过，在一些讨论中存在一些例外，它们与之前提到的科学研究的文献有关，这些讨论关乎在对作为一种经验现象的合理性的解释中，规范的合理性扮演着什么样的角色，或者关乎如安斯康姆（G. E. M. Anscombe）[（1976）1981；参见 Bloor 1996]所塑造的那种语言观念论（linguistic idealism）。对于法律规范性也存在广泛的哲学讨

------

　　① 有一些例外，参见 Philip Pettit（1990a，1990b，1996），其他一些可参见 Kusch（2006，228-234）。

论。这些都是很有意义的例外情况。规范的合理性决定着科学这一问题将在最后一章中给予处理。正如我们所见,有关科学研究的讨论导致了如下困惑:除了那些诸如规范的信念(无论正当与否)这类实际上的确提供着说明的事物外,规范性解释是否仅仅是因果解释所予以拒斥的一种看法? 与此相反,有关规则和倾向性解释的著作则汗牛充栋,它们事实上对语言的习得所说甚少,而且像布兰顿这样的作家则忽略了语言的获得向他们的观点提出的质疑(参见 Rouse 2002,109-111;Turner 2005a)。法律则是下一章的主题。

然而,规范解释与非规范解释的关系比此清单中所指出的要复杂深刻得多。这部分是因为问题的线索要比乍一看上去所呈现出来的繁杂。无论是社会科学的解释还是对规范性的吁求,都涉及一定的困难,而且二者所面临的问题也的确是彼此并行牵连的。在本章中,我将为这些在祛魅者们的观点中所产生的问题给出大致的背景性描画,并且也试图说明如下一点对他们而言究竟意味着什么:在他们看来,即使规范论者承认了如下这点也依然面临着困境,即现实世界里的诸规范现象对于特定的规范性论证而言是于事无补的;并且,当我们与其他文化遭遇时,规范性论证本身似乎就是我们要当作某种迷信或幻想所加以抛弃的东西。简言之,祛魅与施魅这一隐喻要比规范论者们所意识到的鲜明得多。

## 社会科学家们(以及某些哲学家)知道 (或他们以为自己知道)什么?

社会科学家们知道,人们对各种各样行为的恰当性所拥有的直觉是变幻不定的。对此有个绝佳的例证。对绝大多数人而言至关重要的根本的社会关系是血缘关系。血族关系的各种结构,立足于血缘,包含着人们对其血缘的欲求,并且在一个没有婚姻关系的社会组织走向了一种基于血缘关系来构建婚姻的社会组织。因此,我们最基本的情感在如下一般的意义上由社会所决定:我们对于一些人怀有强烈的依赖性或责任感,他们与我们的关系建基于那种塑造了我们社会结构的血缘。这些事实不是强制性的,它们既不是普遍的,也不是合理性(就该词任何通常地或者合理地延伸出来的意义而言)的产物。社会科学家也知道,各种结构(诸如那些血缘结构)、转换身份的仪式(比如婚礼),以及各种政治形式均趋向于一种较之人们赋予它们的相关理论、辩护和理解更加稳定的状态。理论此消彼长;直觉、仪式以及实践不断地重演、再造,并且以一种变幻不定的形式被塑造为某种意识形态。因此,虽然所谓中介的概念或许与他或她的行为密切相关,但对于实际上究竟发生了什么它们通常无能为力——或许这只有在各种直觉形式间建立起广泛而持久的对比时,它才会昭然若揭。社会科学家们知道核心的道德概念拥有其历史,典型地,这些历史均短小、局部,而且错综复杂。

32　　这里尤其涉及康德的核心术语,比如"义务",作为一般性的道德概念,它们经常遭到误用。诚如柯林伍德(R. G. Collingwood)在谈到牛津哲学家们时认为他们:

> 知道不同的人以及同一个人在不同时期,就关于人应当如何表现得当而言,均持有不同的想法,并且有相当的权力持有不同的见解;但是,他们认为"应当表现得当"这一短语拥有一个不变的永恒的意义。他们错了。书架上那些自希腊人以来的欧洲道德哲学文献如是给出了教导,但他们却通过对那些本应给予其教诲的篇章进行系统性的误译,从而遮蔽了它们。(Collingwood 1936,65)

这种误译的举动甚至对希腊人而言也是一个问题,就像柯林伍德所指出的:

> ……在伦理学中,对于古希腊词"γϑ"而言,要是它被用来表达有时被称作"道德义务"的观念时,就不能用"ought"一词来翻译它。那么,有没有任何希腊词或短语来表达这一观念呢?"实

在论者"认为有这样的词；但他们又笨拙地附加说希腊哲人所提出的"道德义务论"与诸如康德所提出的现代理论并不是一回事。他们何以知道希腊人和康德的理论都在针对同一个东西？噢，因为 γϑ（或是其他的什么词）在希腊人那里就是指"ought"。(Collingwood 1939，63)

"义务"这一术语拥有一段短暂而局部的历史。在历史社会中，并不存在诸如康德那样的一个普遍义务的概念。无疑，这是一个现代的观念，尽管它植根于罗马人的法律。

*Obligatio* 这个词作为一个法律概念出现于罗马法历史的晚期。它被用来指代通过某人自身的行动或伴随某个行动的仪式活动所自行生发的责任。比如订立某个誓约，一旦打破它，就必定会招致某种神秘的惩罚。在此之前，关于一些有害的行为，比如拒绝偿还债务，法律以同样的方式被当作是一种惩罚。比如，人这一概念似乎也是罗马法的发明，它不仅不是一个普遍的概念，而且实际上对于绝大多数社会中用以区分人的方式（亦即用以指派其特性的方式，比如在一个血缘系统中定位成员的地位或等级）来说也是陌生的。这些等级地位产生了某种身份认同，由此，便产生了个体的义务。在人类学著作中，由"obligation"来翻译的许多东西均属于后一种——它是非自愿的，缘于一种特定的社会等级或血缘地位，而不是某种自行生发的东西。

　　将义务以及类似的概念作为规范的样本来使用使得翻译比如 *tabu* 这样的词完全变得寸步难行。诚如斯坦纳[F. B. Steiner (1954) 1999]所表明的，*tabu* 一词用来指定位和定义危险，并且还兼含了禁止这层含义，因为通常一个人只有在他 *tabu* 的情形下才能宣称他是 *tabus*。违背某个 *tabu* 是危险的，因为这种违背被假定会导致某种机体上的伤害，并且没有代理人或审判官的调节。这无关乎意识或心灵状态：*tabu* 像是某种严格的责任。这一分析对规范性观念制造了某种麻烦，因为这是一个典型的规范概念，在其自身的社会中，它的

33

确是那个最为至关重要的规范概念,但是,无论着眼于哪一方面,它完完全全是机械的和自然的。

这些众所周知的例子使得像布兰顿所推荐的如下这种形式的规范论显得异常强烈:秉持一种特定的源自某个特殊法律背景的义务概念,这一背景自由地包含着某种承认;并且主张对于某种(隐秘的)评价系统的(内在)特性的(默会的)承认形式暗含在一切语言活动和共同体中。对于我们而言,真正的问题在于将那种关于规范性的默会形式归于个体的精神生活,他们显然也使用着相同类型的规范概念。要为其他社会的默会形式寻求归属,比如一个波利尼西亚的*tabu*社群,亦即将一些其成员并不熟悉的概念归为是他们所默会的,这似乎使占有这一对规范论而言通常是毋庸置疑的概念陷入了混乱。

对于那些吸引哲学家眼球的推论,社会科学家们则显得有些冷淡,不过几乎不会威胁到哲学家们的普遍化诉求。比如,一些基本的知识学术语发生了巨大的变化。当《圣经》的译者们试图为诸如"信念、相信(believe)"、"知道(know)"这样的标准的哲学家用词寻找对应的词时,他们发现这是不可能的(Needham 1972,32-35)。诚如尼德汉姆所指出的:

> 在纳瓦霍语中,没有一个词可以用来精确地对应《圣经》文里所使用的"believe"这个词。其中有这样一个词"oodlá",用来指"相信某种未知的事物",但是在《圣经》翻译中,必须还要借助其他一些词来补充进"相信或依赖"这层含义。(Needham 1972,32)

类似地:

> 在危地马拉的 Kikchi 语中,用同一个词来表达"相信"和"遵从"(Nida 1947,4;引自 Koper 1956,139n15;参见 Nida 1964,51),同样的用法也出现在墨西哥的 Cuicatec 语和 Tzeltal 语里(Nida 1964,51)。墨西哥的 Cuicatec 语和 Tzeltal 语里,无法区分"相信"和"遵从"……这些印第安人推出……这些词应当

归为一个词。"如果你相信,难道你不去遵从吗?"他们说:"如果你遵从了,不就同时意味着你相信吗?"(Nida 1952,21-22)(Needham 1972,33)

许多语言里,都无法区分"相信"和"遵从"。而在一些语言中,知识被赋予了一种身体意义上的表达,比如,相信就是"将一个誓言置于内心"(Needham 1972,34)。在约鲁巴语(Yoruba)语里,存在如下一个重要的区分:某人亲眼所见的事物与从别人那里听来的"认可接受"的事物之间的区分(Emmet 1986,2;Hallen and Sodipo 1986,60,83)。与相信—遵从之间的区分一样,这一区分或许也并不存在;比如,它们均被吸收进关于吃东西的表达中,使"他懂得某事"同化为"他消化了那个想法"。

梯利(Charles Tilly)在《为什么:当人们给出理由时发生了什么……以及为什么?》(*Why:What Happens When People Give Reason...and Why*,2006)一书中试图去刻画呈示理由的情形,其结果是导致了一种关于"为什么问题(why questions)"的各种回应的分类学,该问题涉及这样一些内容:编码、涉及特定知识的成因、故事、习俗,不是那种众所周知的伦理意义上的习俗,而仅仅是一种对交流中的不同群体间的社会等级给予恰当的习俗意义上的回应。的确,一般,梯利主张说:

> 理由呈示类似于当人们处理各种不同的一般社会关系时所发生的事情。参与者或许会……质疑、巩固、强化,或者挑战他们,然而当他们这样做的时候,就展开了各种各样的交流,这些交流模式标志着人们的所作所为。事实上,毫无争议地给出理由这一能力通常与一个权威的地位密切相关。(2006,24)

理由的确在巩固、强化、指示并挑战着这些不平等的关系,就像"你的所作所为究竟为了谁"这一说法处于一种答案含糊不清的状态。因此,通常情况下,辩护的登场就意味着面临一种定义冲突或缺乏的状况。诉诸普遍的道德原则,甚或特定的规范性原则而非礼仪的编排或规则,甚至就不是这里要说明的东西,并且还是一件极其罕见的事情。

一般地,人类推理与那种特定的推理模式无甚关联,后者的实施立足于有关普遍原则的演绎论证。当鲁瑞尔(Alexander Luria)以不识字的苏联农民作为试验对象,要求他们回答一些简单的三段论推理的问题时,他们要么无法给出答案,要么拒绝回答这些问题。

(被试:Nazir-Said,27 岁,来自 Shakimardan 小村的农民,文盲。)

(给出如下三段论):

问:在德国没有骆驼;城市 B 属于德国;那么,B 是否有骆驼?

(被试准确地复述了三段论。)

问:那么,在德国有没有骆驼?

答:不知道,我从未见过德国的乡村。

重复我的话。

答:在德国没有骆驼,那么在 B 有没有骆驼? 那么,或许那儿有骆驼。如果那是一个很大的城市,就应该有骆驼。

(三段论被打破了,推论从其前提那里被肢解了。)

问:但是,我的话暗示着什么呢?

答:或许那儿有骆驼。那么大的一个城市怎么会没有骆驼呢?

(结论再次脱离了这个三段论。)

问:但如果在整个德国都没有骆驼呢?

答:如果那是一个大城市,就会有哈萨克人(Kazakhs)或吉尔吉斯人(Kirghiz)。

问:但我说了,在德国没有骆驼,而且这座城市就在德国。

答:如果这座村子在大城市里,或许那儿就不会有骆驼的容身之处。

（推论脱离了三段论。）[Luria（1974）1976,112]①

不过,一旦接受了一点儿训练,来自同一社群的成员(说着同一种语言)就会正确地回答这些问题。因此,与推理主义(inferential-ism)的主张相反,推理明显和语言无多大密切的关联——在此情形中推理依赖于具体的经验——而且,与存在某种普遍的规范性(每个人均可能生来就认可它的约制)这一观点也相反,这种推理(经常被当作人类的推理范本)对于很大一部分人来说甚至是陌生的,或许还是无法理解的。

按照大量关于经验决定性的文献所显示的,这超出了鲁瑞尔对演绎推理的研究情形。许多证据显示出:

> 人们即使在面对一些简单的选择时,做出的决定也会显得前后矛盾、不甚理想,并且有时还显得没头没脑。他们依赖于自己第一感的误导盲目地得出结论,而不是听从逻辑的指引。此外,选项呈现自身的方式也深深地影响着人们,而且有时候他们完全受制于毫不相关的信息。(Cassidy 2008,32)

简言之,人们的实际的合理性不同于规范的合理性,因此后者对于人们实际上做什么以及怎么想所能给出的解释微乎其微。

语义规范性与关于意义的正确性观念密切相关。但真的存在这种意义上的正确性吗? 对于一个学习口语的人而言,如下说法乃是一个老生常谈:在一个文字出现以前的社会中不存在语法错误这样的事情,意思是说,在书写产生以前,只有一种理解或不理解的,而非正确或错误的构造句子的方式。同样的观点或许也可用于语义规范性和规则问题——对于这些社会而言,除了那种礼节意义上的正确外,正确地说某事和明了地说某事,二者之间并不存在任何差别。因此,对一个词的误用不是一个参照使用标准(只有当人们以一种特定

36

---

① 从语词逻辑的角度看,限制他们理论化能力的实质因素有三个。具体参见[Luria（1974）1976,114-115]。

的模板书写并且训练人们正确地使用时,它才有可能是合理的)的问题,而是意味着在实际的语言交流中无法理解。

## 关于断裂问题:从科学与社会科学的角度看

对于规范性论证而言,揭示如下一点显得至关重要:自然主义的解释存在一定的缺陷,后者导致了某种断裂——真正的诸规范与自然主义解释之间的断裂——无论这一缺陷的本质是什么,它都应该被消除。关于这种断裂的一个直接的例子就是有关动物行为的研究,在此领域中,评论者们经常幼稚地使用一些关于规范的术语。其中有一项广为人知的研究项目:相互责任,这一现象也经常是规范论者们的核心议题。在其中一项研究中,赛法斯(Robert Seyfarth)和切尼(Dorothy Cheney)考察了黑颚猴之间相互照料的利他主义(1984)。他们想搞清楚的问题是,用布兰顿的话说(1994,141-143),这些猴子对于相互照料是否给予了某种评估,或者它们只是利他地采取行动而不讲求任何回报。换言之,猴子是否学着去回应相关的指示,它们是否通过相应的行动来显示这种回应。

37　　黑颚猴发出某种声音,其他的猴子则仔细地聆听这种声音并通过如下方式做出援助回应:帮它捉虱子,或者和它一起面对挑衅。在很多动物中,这很大程度上发生在亲族中,因此关于习得的问题就被其他可能的机制所消解。在这项研究中,人们发现对于亲族而言,眼下的援助与过往的帮助之间并无关联。相反,在非亲族成员之间却存在学习和利他行为:"一只黑颚猴如果之前对没有亲缘关系的另一只比较亲近,那么在前者发出尖叫时,后者就会施以援助。"(Seyfarth and Cheney 1984,542)

简言之,黑颚猴对非亲缘关系的伙伴会实施评估。照应、呼唤,以及面对挑衅给予援助,所有这些都似乎与评估相关。漠不关心(赛法斯与切尼也研究了黑颚猴在对方面临挑衅时不理不睬这类现象)

似乎发生在相互不构成报答关系的成员之间。这里似乎具备了除规范性语言之外的一切要素——除非对猴子的呼叫也赋予某种规范的解释。诚如我们所见,规范论者将一些隐秘的概念归于那些在明面上并未使用这些概念的人,他们对此并不觉得有何不妥,因此,这并未反驳他们说猴子在实施某种评估。但这里的问题在于区分"正确"一词的规范意义和实际含义。看起来,这里对于附加某种规范性概念或规范的正确性,没有任何可以说得过去的理由。在某种因果的和实际的意义上,如下事情的确是对的:为了完成练习,猴子需要在正确地对呼唤做出回应这种意义上获致某种理解。如果被呼唤的猴子并未做出照应或支援的反应,那么它们就不会像前述第一只猴子所习得的那样行动,亦即它们不会像第一只猴子那样做出利他行为的评估。但这里似乎并没有什么东西超出因果的和实际的层面。任何被解释的事物均被当作是接受有关这个世界的新事物的问题,也就是说,援助其实是在回应其自身的照应和支援行为。在眼下的情形中,学习利他行为这一事实即是使其成为一种规范,并且进化论心理学家和神经经济学家(Fehr and Fischbacher 2004)在这些类似的情形中均大方地使用着"规范"一词(Boyd and Richerson 1985;Cummins 2005,681;Kurzban and Neuberg 2005,657)。"规范"一词用来与"先天的"或其他种类的解释相对,比如,在整个早期发展阶段中表现出来的那种亲族成员之间的利他性和亲近关系。

尽管哲学界的同僚之间就何谓规范性的问题意见并不能达成一致,但他们都会承认,这种经验意义上的规范行为并不是真正的规范性。对克里普克(1982,146n87)而言,正确地遵守一条规则通常并不等同于实际意义上的正确;而对凯尔森[(1925)2006,177]来说,人们看上去像在遵守法律地行事(即使他们相信自己遵从法律的权威)并不是规范性的充分条件。在布兰顿那里,问题关乎责任,并且某人假定他(像其他的规范论者那样)认为实际的行为还远远不够——还需要某种真正的亟待说明的(规范的)关系。仅仅局限于人们因犯了因

38

果错误(比如,他们没有正确地利他地行动或者遵从语言形式而进行辩护)而受到相应的惩罚并不恰当,因为我们并非仅仅依据行为自身来使用"正确"、"辩护"这样的词。

然而,非规范论者对此有一种回应。存在这样的一种(接近于)经验性的情形,其中可以给出一种解释而不用借助那些令人困惑的规范的附加物。实际发生什么就是什么,对此附加某种真正的正确这一观念,实则对于经验材料或其解释而言根本于事无补。黑颚猴就是一个明显的例子。我们可以规范地刻画一些因果地发生着的事物。但同样不可否认,一些事物有时候规范地发生着,而有一些则仍然因果地发生着。一些发生在日常因果世界的事物多多少少与某种规范地加以刻画的东西相契合。这点同样适用于人类世界。使眼色不同于眨眼之处,就在于递眼色的人可以控制自己的眼睑;一个因果事实。承诺有别于期许,因为承诺的人实际上恰恰将期许变成一个承诺。法庭通常作用于一个已经给出了某种承诺的辩护所主张的事实。即便意向性也包含某种自然信号,并因此的确谬误重重——这便是维特根斯坦所指出的东西[(1953) 1958, 26, para. 54]。关于这种外部信号的出现存在一个一般理由,即任何规范的事物都是习得的这一事实。毫无疑问,在因果世界中学习某件事情即是学习如何去做,甚至是学习如何正确地去做。有时候,类似于一条规则的东西(或许它非常复杂),与某种概率的因果性相关,并且总是包含一些有可能导致其他后果的例外。这些例外情形——亦即让事情偏离本来面目的东西——与关于正确性的问题相一致。甚至就辩护而言,对于布兰顿而言它是一个典型的规范概念(1994, 11-140),它亦是一种需要加以学习的活动,这种学习或多或少要借助于对相关辩护结果的预估。

这种学习无需受制于规则的确立或样本的识别。意图,至少就其关乎区分使眼色与眨眼的意义而言,隶属于甚至是最年幼的婴儿的世界——这些婴儿无疑是处于前语言的阶段并且因此也是处于前意识的和前规范的阶段,诚如像布兰顿这样的规范论者所推崇的那幅集语言、规范性,以及意向性为一体的图像所显示的那样。伍德沃德(Amanda Woodward)在七个月大的婴儿身上做了一系列试验,并借此表明婴儿对于用手去拿一个东西和用机械爪子抓一个东西所表现出来的反应是不同的(1998a,1998b)。他与萨默维尔(Jessica Sommerville)和尼德汉姆(Amy Needham)一起,将这一现象与某种镜像学习系统关联起来(Sommerville,Woodward, and Needham 2005,B2;Hamlin,Hallinan,and Woodward 2008,493)。他们发现,那些自己可以拿东西的婴儿能更好地在人去拿东西和机械爪子去抓东西之间做出区分。为了检验这一获知的假设,

> 他们给三个月大的婴儿"黏黏的手套"——一种婴儿可以拿来玩耍的用魔术贴才质做成的手套。三个月大的婴儿无法抓东西,可是那种黏黏的手套却给了他们这样的能力。即使获得这种经验的是三个月大的婴儿,他们也可以对观察试验中的其他人做出正确的推断。(Gopnik 2008,8)

实际上,婴儿是通过如下方式进行学习的:他们假定当他们做出一个表情时其他人也会做出同样的表情,在某种意义上(即在一种与我们所谓的"目的"或"意向"有关的意义上),他们与其他人是一样的。这一"假设"(在最后一章会给出详细的说明)乃是一个学习过程的因果性前提,在此过程中,婴儿提升了自己与事物打交道的能力,同时也提升了他们识别其他人的相似行为的能力,即以一种意向的方式而非机械的方式。这就暗示了移情能力依赖于一个人能做什么,而他获晓一个人能做什么则是通过与世界打交道的方式,其中,不同的人经验各异,其反应也千差万别,因此,移情能力是个体化的。这也涉及了错误的移情以及由此产生的错误反应:将一些原本不是有意的事物当作是故意的,或者反之。我把"假设"一词加了引号,"目的"和"意向"也加了引号,是有原因的。婴儿不是欧几里得几何学家,能提供各种定义,这里,我们只能通过类比来讨论"假设"。而

40

且这个类比并不尽如人意。这些婴儿对"意向"的看法不是一个他们获得某个心灵理论的问题；它天然地隶属于婴儿关于世界的移情体验，这种体验世界的方式发展为他们用来拓展自身行动的诸能力。

如果一个规范性概念要求接收方实现某种从前规范状态到规范状态的转变——比如从前语言阶段到语言阶段，并且这一转变构成了前规范状态中的学习，而习得的事物则必定是前规范的事实。这是维特根斯坦关注自然信号（与意向和错误相关联）概念的一个理由：自然信号是前规范的并且促使人们学会"规范的"一词——一个他从未使用过也未曾想要使用的词。但是，必须学习规范的这一事实同样暗示着它是由各种"可习得的"的东西构成的，后者依然隶属于日常的前规范的世界。一个前规范的人逐渐产生规范的理解或信念，这点本身并非是规范的。这暗示着，对于每一种规范描述而言，均同时存在一个非规范的替代品。那么，规范性究竟是从哪里来的？又是怎么建立起来的？对于社会科学家们而言，这从未发生过，至少就眼下谈论的这种意义而言。当麦克道威尔描述规范的和非规范的观点之间的转变问题时，他从未使用因果概念，或有关习得的语言。他使用的是"创始"一词。诚如他在别处所谈到的，学习一条规则就是开始形成一种习俗。这衍生出了它自身的问题：学习规则是一种因果事项还是一种规范事项？一次开始就意味着动摇改变了那种被观察者所证实的固定下来的东西。但这究竟是一种什么样的改变？

社会科学家们对于一般的转变问题，尤其是创始了如指掌。自20世纪初以来，对眼下所讨论的转变问题，有一种经典的人类学解释，它开启于基恩纳普（Anold van Gennap 1960）并得到了特纳（Victor Turner）的发展。诚如特纳所解释的：

> 基恩纳普自己将 *rites de passage* 解释为"其中伴随着地点、状态、社会地位以及年龄的变化而发生改变的习俗"。为了突出"状态"与"转变"之间的对立，我用"状态"一词涵盖了他所有其他的术语。相对于"地位"和"头衔"，这一概念更具包容性，

可以用来指称文化习俗中任何形式的稳定的或周期性循环的情形。基恩纳普表明了一切仪式或转变都可以用这三个词来标识：分离（separation）、凸显（margin，或者 limen，关于临界的拉丁语表达）、聚集（aggregation）。第一个词构成一种象征行为，用来指代关于一个个体或群体的分裂，要么是从社会结构中的一个原本混合的点，或者从一组文化背景（一种"状态"）中开始，要么从二者同时开始。在进入"临界"期后，仪式主体（"乘客"）的特征开始变得含糊不清；他穿行于一个习俗的领域，其中很少有甚至没有过去和将来的状态。在第三个阶段（聚拢或重组），乘客达到了归宿。仪式的主体，无论个体还是群体，再次处于一种相对稳定的状态，并由此相互之间建立起了清晰而"结构"稳定的权利义务关系；他的行为被要求符合特定的习俗规范和伦理标准，受制于其所处的社会地位需要履行的责任。［Turner（1966）1977，94-95］

41

　　这一模型在经过适当的修正后被运用在各种各样庞杂的制订规范和改变地位的言语行为中，比如实施或颁布一项法律、婚姻、承诺以及起誓等。这些仪式依赖于特定的关于相关仪式状态、关于人们通过仪式形式来改变它们的力量等的信念。以下均是根据一定的规范和状态来制订规范及其相关状态的情形：神父可以将两个人变成一对夫妻，议会可以颁布一项法律，不过，他们这样做要依据一定的仪式程序或规范，除了那种毫无根据的规范或状态。然而，没有一位社会科学家设想那个仪式的创始者实际上将一个人改造成为其他的对象。比如像圣餐变体或皈依这种类型的转变就依赖于信仰，亦即参与者对那些仪式所产生的效用与结果的信仰，而不是一切属性和地位。社会科学关于皈依所给出的解释是它是规范的，不过是就"依靠信仰而规范的持存"这一意义而言，而不是真正规范的。麦克道威尔还需要某种其他的东西：一座连通自然与规范的桥梁。

# 多样性:"折衷理论"及其功能

众所周知,在社会科学中,许多被规范论者拿来用作规范性之根据的概念五花八门,并且问题重重。考虑一下真理这个概念。根据一项对非洲沙加(Chagga)群落的经典研究,他们的真理概念的核心在于个体的谎言和真诚与集体意见相一致[Steiner(1954)1999]。古特曼(Bruno Gutmann)是他们本土的人种学者,他"描述了人们先前关于法律的谈话,宗族内的成员聚集在一块儿并且决定遵从其同族的伙伴一致要遵从的法律。一切都只是以谈话进行,但最终约束他们自身的则是有关 *lohi* 的故事(誓言之下对真理的见证)"[Steiner(1954)1999,248;参见 Gutmann 1926,706,引自 Steiner(1954)1999,248]。这一奇特的真理概念并不难理解。的确,这类似于那种批评者贴在社会学家们身上的社会建构主义。① 西方绝对真理的概念也可以获得某种异域情调,后者展示出其独特的历史特性。斯坦纳从《旧约》中有关亲历的描述,尤其是关于上帝自身的行迹中得出了这一结论,借此,他说:"上帝临现于其子民(以色列人)就可以被解释为某种法律真理,由此,法律真理与神学真理便融为一体了。"[(1954)1999,245]他认为,这便纳入了希腊的那种永恒真理的观念,"它精确地再现着过去的事件"[(1954)1999,244]以便形成他所刻画的那种西方"绝对"真理的观念。②

关于心灵的各种理论形形色色,它们是如此之多,乃至在某些语言中,不可能提出关于意识心灵与机械身体的这一标准的笛卡尔问

---

① 对于法律行为的类似的态度吸引了 W. I. Thomas 和 F. Znaneicki 的注意,他们是著名的《身处欧美的波兰农民》(*The Polish Peasant in Europe and America*)一书的作者,并将此归为他们所处理的移民问题[(1918—1920)1958,vol. 1,part 1,58n. 1,59-62;Turner 2005b]。

② 尼德汉姆提供了一个关于信念的相关谱系(1972,40-50)。

题;比如,这些语言对于心灵给予了某种功能性的理解,但无法提出思想实体这一问题。某种像意图这样的东西或许是普遍的,但这一观念在最低层面上的共性无外乎在于刻画了这样的事实:一些对象和事物不仅仅受制于因果性,而且至少就它们按照反馈做出相应的反应这一意义而言(以复杂的方式),它们是具有倾向性的,因此就不能简单地将这一反馈过程还原为一种机械论,就像一个温度调节器那样。但除此之外则是纷繁的多样性。古代汉语中是否存在对应于"意图"的词很难表明(Fingarette 1972,37-56;Hanson 2007)。但同样很清楚的一点是,关于意图的词在一些文化群体中并未发挥着重要的作用,比如像 tabu 这种机械运作的情形。

这种多样性究竟包含何种含义?在下一节中,我将考察规范论者对此可能给出的回应。不过,着眼于一种解释性的观点,这个问题可以得到某种精炼,这在下一章将得到讨论。这里提到的所有的通俗概念(而且仅仅是冰山一角)均包含两个彼此相关的特性:它们立足于人们一定的约定、信念、接受,以及承认,同时亦被人们用于各具特色与差异的社会组织中。它们使得社会中的成员彼此联系,相互理解,使他们平等地相互对待。这里没有那种所谓科学意义上的"真理"。如下这样的看法听起来或许是一种奇谈怪论:由于这些形形色色的关于世界的词汇、理论,以及思考方式,一些人在形而上学上是正确的,而其他人则是错误的。然而,的确有大量的哲学论著不假思索地将这种日常观念当作某种哲学的标准,并以此来断称所谓关于记忆的认知神经科学的解释的正确性。

为简便起见,我们称这些观念为"理论",但需要注意的是,这仅仅是为简便起见,而且关于理论、假设、前见,甚至信念的一切用来刻画这些事物的语言并非一定符合于任何诸如"某人头脑中的一个理论"这样的东西,亦即一种真正用以说明人们使用这些观念之本性的解释。这里言及"理论",意在拓展我们的日常语言以便能够谈论它。鉴于此,我们可以将这些纷繁复杂的日常概念称为"折衷理论(Good

Bad Theories)",意在指明就某个特定社会中的一组特定的、含糊的意图而言,它是一个好的理论;但如果考虑将它们当作关于某物的充分解释,或者一些可以借助一点经验的检验和小小的修正就可以变成真正解释的原始解释,在这个意义上,它们就是一种坏的理论。简言之,它们还是尚不成熟的杂牌物(Wimsatt 2007,137-138)。

"意图"一词就是一个典型的例子。诚如道茨(E. R. Dodds)在探讨荷马史诗里的情感语言时所指出的,人们通过一些从根本上异质于我们的方式来刻画其心理因果性。对于荷马及其古代的听众们而言,强烈的情感是一种客观的外部力量,它摧毁人们的理性,并且不属于人自身(Dodds 1951,5-16)。荷马谈论思考心灵的方式可以看作是诸种理论的操作:它们对心理事件进行分类,归于其一定的原因,并且接纳了很多理论概念。不过,它们也被视作是一种社会协调剂:运用这一理论,人们可以在希腊法律的特定结构中得出一些司法定论,分配责任或义务,为行动寻求理由和辩护,而且显而易见,也可以用于叙事。这在如下意义上具有一定的道理(我们将会看到,这与最后一章的讨论密切相关):语词使得相关社群中的成员之间得以相互理解——比如,以一种显见的、同情的方式来讲述某些活动。可以肯定的一点是,荷马的听众一定会同情狂暴的阿基里斯,于是把他们带入与阿基里斯相关行为的关联中就成为诗歌的重点之一。

比如,有关意向性的讨论通常出现在一些辩护失效的文本中,其中,当人们面对一种罪恶、误解或者欺骗时,同情便不再起作用,或者变得不完整或不再适当。意图成了一个普遍的话题,不过它仅仅在下述意义上是言之有物的:因为它填补了我们理解当中的鸿沟。倘若能够直接把握到行动的重点,我们就不必去构造一种意向的解释。更一般地,如果同情能够完美地发挥作用,如果我们能够毫不出错地阅读人们的心灵,就不必需要一套关于诸如意向、假设以及意图等这类事项的语言。在一个思想清澈如水的世界里,没有什么神秘之物可被予以理论化的处理。情感性越贫乏,我们就越需要帮助或支持。

萨克斯(Oliver Sacks)在谈到孤僻的动物科学教授格兰汀(Temple Grandin)时,引述了后者对自己的如下描述:即一个"来自火星的人类学家"(Sacks 1995,259)。当我们设置一项假设,或是使用一些有关我们的信念或诸如"概念"、"观念"这样的处于特定文化中的专业词汇时,我们所做的就类似于她为了理解别人而对自己所做的定位——构造一个理论,以便她可以预见到别人在某个情形下的反应,在此情形中,她无法给予自己同情,或仅仅以非常有限的方式表达同情。显然,我们需要这些理论,甚至这关乎我们的日常反应。而且,在一些其中我们自己就非常接近于一个人类学家的面目的情形中,换言之,在面临一些其他异族的文化时,我们就更加依赖这些理论。它们的确发挥着一定的作用,因为思想并非是清澈透明的,而且并不总是在情感上为我们所接受。当别人的行为愈是出离我们的惯有经验时,我们就愈是要运用一些术语来理解他们,解释这些行为,或者修正我们对他人的看法。于是,我们就需要借助于某种叙事语言,使得我们在情感上能够习惯于接受别人。

出于本书目的的考虑,这里需要记住的有两点:其一,情感与意向语言之间的复杂的相互依赖性是本书最后一章要处理的问题;其二,这里涉及"因果—规范"的二元论。规范论的一个动机就在于强调不可将关于行动和意图的语言(包括一般意义上的心理语言)还原为因果性语言,后者通常被视为有关认知神经学的因果语言。因此,这种不可还原性乃是规范与因果之间二元论的基础,也可以看作是因果论与自然主义在面对人们的日常活动时无法充分地给出相应解释的证据,于是这些活动便走向了规范的领域。眼下的讨论表明,这种二元论是一种功能的二元论,而非构成某种在概念间或解释领域中存在绝对差异的证词。

显然,心理语言的功能随着使用它们的社会背景的改变而发生着变化。这里强调了这些辅助使用(auxiliary uses)的多样性,比如在法律史上关于罪责与奖惩系统的高度的多样性,因此期待所有关

45

于心理的词都彼此相符就是一件奇怪的事儿,同样奇怪的是认定其中某个才是"正确的"。对我们而言显得古怪的一点在于,立足于荷马式的心灵语言与认知神经科学之间的这种不可还原性,从而得出某种形而上学的结论。同样怪诞的是,基于英语表达习惯与认知科学之间的冲突而引出某些相似的结论。不过,类似这种讨论是哲学文献里的一个主要话题(如 Bennett and Hacker,2008)。

# 解释多样性

大多数这类社会科学的"事实"已是老生常谈,无可争议,至少在社会科学里的确如此。但是规范论者却可以提出如下疑问:它们与规范性究竟有何关联?为什么它们应当被给予重视?这些社会科学的常谈对解决断裂的问题(亦即存在一种倾向性的或因果性解释与诸如意义、规则、正确性、合理性、正当性等这些需要加以解释的事项之间的差异)无能为力。那么,这是一种什么样的差异?社会科学家可以向他们自己提出这样的问题:整个社会科学的资料如何符合于任何的规范性概念?它们如何关联于像"神圣的(sacred)"这类概念,并且又是如何关联于藉这些概念所凸显出来的那些事实?作为非因果性的或是超越因果的规范性这一概念,如何被用来框定那些形形色色的实际的规范行为和如下这样的认识:那种被视作规范的事项,历史地来看,其产生和运行均密切地与社会的变化相关并且按照共同体的变迁而做出相应的改变?对于诸如 *tabu*、沙加人的真理、等级式的世界观等这些事项,规范论究竟能给出或者必定会给出一个什么样的说法?甚而对于规范论而言,存在像 *tabu* 这样的事项真的会构成一个麻烦吗?

对此,规范论者或许会说,诚如科斯加德(Christine Korsgaard)所说的那样,我们将道德的确定性建立在对自身信仰的信心这一基础之上,而隶属其他文化圈中的人会怎么做则与此无关(1996,97)。

然而,事实上,异质文化的态度、价值以及规范的存在的确深刻地影响着西方道德。而且,人们或许会幼稚地认为,由科学和社会科学所揭示出来的那些事实应当瓦解掉我们所自以为是的那种信念——作为一种谬误倾向,它空洞无物,尤其不是一种对我们自我认识的升华——应当免于任何的质疑,无论是直接的还是间接的。更进一步,事实上,多样性已经在哲学家(包括规范论者)那里造成了策略上的差异,他们借后者构建各自的主张。基于同样的理由,这些主张自身也变成了某种对如下两方面问题的对话和回应:既包括多样性的事实,也包括社会科学家们对多样性的解释。塞拉斯(我们将在第五章讨论他)通过如下主张来回应多样性的问题:我们均处于一种集体的等级世界里,而且有理性的存在者所具有的集体性恰恰构成理性自身规范性的源泉。实际上,这是塞拉斯对康德的重构(1968,sec.7,para.145:126,para. 144:225)。凯尔森在面对历史上实际法律体系的多样性时,给出了类似的论证。在他看来,法律的规范性乃是一种较之其他体系更为基本的特性,但是其为一切体系所分享,尽管它们之间存在显而易见的冲突。

简言之,这一异质于我们自身的信念或规范内容的问题在哲学上激发了纷繁复杂的反响。为什么?规范论所采取的基本论证立足于某种分裂的论证。多样性并不与这一论证直接相关。但我们不能忽略多样性问题间接地对其所产生的影响。关于这些反响的动机,以及多样性成为规范论的一个问题的理由,要理解它们,最好的方式莫过于探究那些有效的具体回应。面对一种不同的信念时,一个简单的清单(这里,有关信念差异的问题我采取了简化处理,同时亦忽略了语义多样性的问题)应该包括这些:

1. 我们或许会步入一种误区:否认存在这种不同的信念,认为那种显而易见的不同的信念并不能真正地理解为一个信念,比如,鹦鹉说出的那些句子并未展示出那种句子之间的可以被我们清楚地加以分析的联系;

2. 我们可以认定这种信念是可理解的,但是它们是错误的;

3. 我们可以认定这种信念是可理解的,它们不同于我们的信念,但并不受制于当前的事实,因此,我们就不能将它们归为是错误的,而可以将其视作是脱离不同的前提或假设;

4. 我们可以认定这种信念是可理解的,但作为一些关于世界的非规范的约定、虚构或者信念(它们不同于我们,但在任何单纯的意义上并非是错误的)的产物,它们各自具有自身的特色;

5. 我们可以认定我们误解了自己观点的特性,并得出这一结论:它们事实上是一系列约定而非真理,或者它们事实上立足于虚构,而我们此前对此一无所知。

47　　　　规范论最为极端的版本体现为论断 1 以及某些形式的论断 2。论断 1 与论断 2 的一些较极端的形式(亦即我欲称之为基础主义的版本)之间的区别在于如下这一细小的问题:是否存在一些信念,它们与真正可理解的理性或道德法则相冲突? 或者,是否它们仅仅貌似是可理解的,但最终却并不是可理解的? 如果某人持有一种激进的理性观念,并坚持许多东西都被归于该理性的范围,那么他就会发现很多人们实际上所说的和所信仰的事物恰恰是背离这种理性的。论断 1 和 2 之间的区别就在于那些被视为由非理性所主宰的事物是否是可理解的。论断 1 的拥护者认为这是不可能的,而论断 2 的持有者则认为是可以理解的,不过它们本身是错误的。没有人会明确地拥护论断 1 的唯我论,但人们很容易掉入其陷阱。① 我们可以区分关于基础主义的一种强版本和弱版本。强版本认为[Thomas Nagel (1997)和 Korsgaard(1996)或多或少表露了这点],除了自身之外的一切观念都是错误的,并且基于自己所偏好的依据对此提供了某种辩护,比如对于其自身的观点做出一种反思的、自足的分析。由此,基础主义者声称他们自己关于合理性和反思的标准就是合理性的普

---

① 在康德那里,同样存在类似的问题(Sagi 2009)。

遍标准,因而没有什么可以脱离它们,也不存在任何可以替代它们的选项;因此,任何与我们自身相冲突的那些显而易见的其他选项或信念,按照他的这一理性的规范标准,均是错误的。这种形式的规范论与论断1(作为一种道德唯我论或道德情感的实效)之间的差异在于如下一点:那种论断2的强版本的拥护者主张至少存在一个自我辩护的要点,它有别于对这一观念的完全否定:关于我们的世界观,存在某些可理解的其他选项。

对于基础主义而言,存在各种各样的人这一事实——的确实际上世界中的每个人彼此都不同,他们并不赞成这种观点并且陷入自以为是的虚幻中——仅仅标示着他们未曾恰当地以充分自觉的方式运用合理性的有限诉求。对于这种解释而言,多样性就不成为一个问题:意见相左即是错误。其他人与我们意见相左,这一事实无关乎我们自身主张的真理性。[①] 与此相一致,为了解释这些关于合理性之实效的情形,我们可以将其诉诸各种错误的理论,后者可被视为这些错误的特定的内容。但是,这些理论的内涵甚或它们有效地解释了

---

① 基础主义者就规避"相对主义"的问题给予了根本性的考虑。本书并不考虑道德相对主义的问题。这里的讨论涉及相对主义,仅仅意在摧毁试图为那种虚假的"实际的"考虑提供一种反相对主义的论证。而我自己关于相对主义的态度则很大程度上包含在"Relativism as Explanation"(2002,74-107)一章中,其中我论证通常所理解的相对主义的问题——乃是某种不完备的假设性的解释理论的产物。本书关于新康德主义的讨论中或多或少涉及了这一解释理论,但它同样也充斥在眼下的讨论中。这一解释理论主张,不同的道德观点事实上立足于不同的假设或基本前提,而对于后者而言,既无法提供辩护也无法达成和解。如果抛弃这一实际的理论,则人们就可以用不同的方式说明信念中的那些差异,这些方式在任何令人困惑的意义上均不是相对主义的,但与此同时,它们也无法捍卫基础主义的那些主张。基础主义忽略了现实的多样性问题,因为他们认为自己并没有责任要为它们提供说明。但是,的确可以为整个人类道德构造一个规范的棱镜,或者至少按照其实际所发挥的作用而言,它尊重现实的多样性并允许为其提供某种说明,同时又不会导致这样的结论——这一结论得到了那种"不同前提"模型的庇护——亦即不同的实践或许并不会产生道德判断,或者不存在某种普遍有效的道德考量。鲁克斯(Steven Lukes)在《道德相对主义》(Moral Relativism,2008)一书中详细地讨论了这点。他的解释并未依赖典型的规范论的原则,对于后者而言,眼下的工作乃是一种批判。我在别处强调过,甚至包括韦伯,社会科学历史上的主要的有价值的相对主义者可以被理解为拥有某种价值观,它只在一些极其细微的地方有别于戴维森的观念(Turner 2007c,37-62)。如果我好好地反思一下自己的伦理观,则可能与它们极其接近。

多样性这一事实,其本身对于我们自己观点的正确性没有任何影响。我们通过某种反思的、自足的过程独立地赋予这些观点以确定性。

48 　　这里需要给出一个重要的评论。基础主义的论证有时候出现在某种关于人性,或者关于诸如道德准则、理想这类人人所共享之事项的一般的论证中。早期的自然法传统给出过这样的论证,尽管面对实际道德的多样性,只有通过确立一种普遍的道德内核(较之原初的设想多了一些限定)或是赋予某些论断(比如这样的论证,所有人本性上是向善的——无需考虑这究竟是一种什么意义上的善)以正当性才能保证其论点能够站得住脚(Finnis 1980)。基础主义的论证则完全不同。论证所有人都拥有一种普遍的道德倾向,这仍然是一种倾向论的观点。它没有深究人们是否必须要拥有或是必须要压制这样的倾向。拥有某种倾向不同于获得一种义务:这是那个断裂问题的一个典型案例。对于基础主义者而言,自然法论证并不尽如人意,需要某种更强的版本。以往关于这一问题的处理,比如直觉主义,立足于一种包含道德功能的心理学,后者促使他们(如果他们正常的话)在一种或多或少可以直接确立义务的地方认识到道德的真理,比如一种贞洁的善。对于机能心理学的拒斥意味着它是一种不适合后来哲学家的解决思路,因此他们启用了自己的版本,后者多多少少产生了相同的结果。其中一个版本是这样一种观点:曾经存在一种关于规范的合理性之约束特性的识别的事情;或这样一种观点:反思直接地导致人们认识到了先前已然存在的义务。不存在这种认识的经验现象,只有这样的断言:存在或必定存在一种貌似经验性的论断。类似地,主张反思始终导向一些规范论者所赞成的结论,是一种历史性的谬误。因此,不管哪种情形中,我们都获得了一些除了日常实际断言的其他东西,如果将其视作一种实际的论断就是有失偏颇的。

　　我们可以通过如下方式来调整基础主义的论证以使其更具有说服力:为那种多样性提供某种说明而不必假定多数人丧失了理性。这一点可以通过论断 3 和 4 的结合来实现,比如,主张信念的多样性有时候缘于谬误和具有差异的约定(它们不是道德正确的主题,并且其自身也谈不上道德与否)之间的结合,这种结合基于真正规范的普遍内核,后者为一切人所共享并且超越任何社会化的进程。这一立足于真正规范的版本,其运行的空间较为狭窄,并由此可以推断出,尽管有可能出现错误,那种信念的实际的多样性一般并不是脱离真正规范性的结果。毋宁说,它是经验信念之间的局部差异所造成的结果,这些信念取决于一些事实或不同的局部性约定,或是二者的结合。这对社会学开了后门,并由此产生了如下这类经验问题:多样性如何能够通过存在于经验中的约定和差异来予以说明? 正是这一问题促使人们提出其他方案,并在一定程度上瓦解了基础主义。

## 关于平等主义的问题

威廉姆斯(Bernard Williams)有关平等主义的普遍道德真理的论述(1973,230-249)或许能为选项 3 和 4 提供最好的理解。威廉姆斯既捍卫道德的普遍性同时也为平等的合理性提供辩护,而且,在一种约束的意义上他将之视为规范的,尽管他并未使用这样的表述。不过,他承认很多人拒斥平等主义,而且很多文化无论是观念层面还是实践层面,从根本上而言,都是不平等的。实际上,他没有考虑其他的文化,而是更多地着眼于纳粹的反平等主义来讨论这一问题。在他看来,纳粹是拒斥平等主义的。但他认为,纳粹为其拒斥平等主义寻求某种原则或意识形态的辩护,这一事实标志着其伪善的一面——即对如下观念的承诺:反平等主义本身就是对道德真理的玷污。因此,反平等主义就需要一种(虚假的)理论,而平等主义则不必如此。简言之,平等暗含着这样的主张:它促使我们假定任何与它的背离都是一种错误行为。

社会科学的说明（通常）是比较公允的。① 平等主义并不逊于其对手，它历史地向着其他形式的解释开放自身。或许，平等主义只是进化的产物，或是某种特定的世俗化为特定历史政治组织的宗教传统的产物。但无论哪种情形，它确实是许多可能后果中的一个异类。根据布格勒（Celestin Bouglé）（我们稍后会将他与塞拉斯联系起来进行讨论）以及后来杜蒙（Louis Dumont）的研究，等级系统产生了他所谓的人类等级制度（*homo hierarchicus*），人们被迫接受一种思考方式，其中等级组织遍布于社会活动的方方面面[(1966)1970]。杜蒙一开始就借助布格勒有关等级系统的定义而对体系如此解释：

50
> 社会分解为许多固定不变的组织，它们很快被特定化、等级化，并且彼此分离（这关乎婚姻、食物、自然联系等问题）。对于这三种特性，足以肯定的是，它们均共同立足于纯粹与非纯粹的对立，这是一种等级本质的对立，暗含着一种与此对立相关的占有上的分殊和（讲得专业一点）特殊化；这一基本的对立可以无限地加以分化。[Dumont (1966)1970,260]

纯粹与非纯粹，而非我们的伦理概念，才是这一等级系统得以组建的基本观念：如果你愿意，也可以说是其前提。它们已经是反平等主义的：它们包含着等级。

对此，基础主义的回应很简单：这些事项——平等，以及对于究竟什么可以算作是不平等的和什么样的不平等所给出的特定的说明——均没有直接地遵照理性，客观一点说，它们并未像先前的创办者那样通过理性反思的客观步骤一步步确立起来，而这一事实自身为我们确立如下一点提供了所有需要的证据：那些反对观念是错误的。对于眼下讨论的平等所给予的特定解释包含的规范力量而言，错误的理论只是一种毫无认识意义的消遣。在当前的情形中，错误显而易见：根据理性与科学的标准，根本就不存在什么纯粹和不纯粹

---
① 有一份关注分配问题的社会心理学文献，它同样将平等视为一种自然的产物。

的东西,因此该系统无非只是一种海市蜃楼。社会科学家认为该系统立足于虚假的前提,并且表明借那些词项断定我们与他们之间存在一种差异是犯了某种相对主义的谬误。

这种回应存在一个促使社会科学家们走向公允的问题:它同样适用于那些关于平等规范性的与之相反的哲学解释,适用于那些平等主义的反对者,后者立足于其他的基础之上,比如宗教(对它而言那些有关纯粹与非纯粹的事实更加明显,并且在遭到一些不纯的人的亵玩时在肉体上就可以克服它们);这造成了这样的境地:其中每一种关于平等的辩护或反对都可以自行其是,并表明只有其自身拥有不变的确定形式,同时造就了一种互不相让的僵持状态。主要的哲学家们对于平等原则的先验论证的实际历程支持了社会科学家们的怀疑主义:格沃斯(Alan Gewirth)从行动概念中引出了平等主义(1978);哈贝马斯则稍显迂回,他在想要隐秘地道出真理的意图中(这些真理显见于散乱的语言行为),在对包含在言语中的理想语言情形的承诺中,以及实现这种理想语言的同样的必然性中发现了平等主义[(1981)1984-1987];而佩迪特则在关于专制权力的罪恶的思考中看到了平等主义(1997,55-58)。这一清单可以无限地扩展下去。

这看起来像是一种基础主义的辩护,因为这里至少就平等的价值达成了共识。不过,可以看到,同样处于康德传统中的基础主义哲学家们的的确确走向了相反的、反平等主义的立场。比如,菲尔康特(Alfred Vierkandt)试图将一种关于人类社会的解释建立在"现象学的视野里,亦即我们个体自身所直接体验到的,而且能够以无可反驳的(即不可变更的)形式传达到我们的意识"(Vierkandt 引自Mises 1960:56)。根据米塞斯(Mises)的刻画,菲尔康特的立场是"可以说,在主人和他所训练的狗之间的关系中已经预示着人类社会。在社会中,主宰者和被主宰者之间的关系对应于主人和狗的关系:这种关系是无害的、正常的,而且有助于双方都能够称心如意"(1960:

51

56）。类似地，着眼于人类行动的本性可以得出反平等主义的结果，就像人们乐意从中得出平等主义的立场一样。举个例子，行动本身包含着很多选择：这种选择催生出专制——这是杜蒙的一个观点[（1966）1970，231-238]。简言之，虽然基础主义承诺了某些客观的明确的结果，但其实是很难达到的。事实上，基础主义并非实现了理性的胜利，而是构建了一座巴别塔，其中彼此对立的双方都感到自己是受到理性的庇护的。①

理论的多样性产生了另外一个立足于直接挑战社会科学的问题。客观性范型的说服力很大程度上依赖于如下观念（它与科学密切相关并且在某种意义上得到了科学的保证）：在相关的意义上，理性乃是科学之可能性的一个条件，因而科学的成就为它提供了辩护。但这一论证进路为如下两个困惑打开了方便之门。其一乃是布鲁尔所提出的那个著名的观点：倘若某人试图为科学特殊的认识特性提供理由或者将科学视为一种范型，那么他就无法对那种将科学的分析运用于科学信念本身这一做法提出反驳，由此也便拒绝了心理学的和社会学的科学进路（Bloor 1981）。简言之，间接地诉诸科学的客观性来为反自然主义提供辩护，这一做法产生了一种混乱：如果科学是如此之优越，而反思又是如此之重要，那么为什么还会存在科学向其自身以及理性 *tabu* 的反身性运用？第二个问题涉及剔因有关人们的世界理论的讨论。给出如下这样的断言是否真的与理性和科学相符合：的确，对于很多那些并不赞同我们的人而言，存在大量的有关错误信念的事实，但是我们不必关心这些事实，我们也没有任何给予它们说明的义务？难道我们对世界的更广阔理解的探寻不就是要求我们去理解这些庞大的事实，尤其是理解如此多的人何以走向了

---

① 这让我想起了罗凯奇（Milton Rokeach）弥尔顿·罗基其在一家精神病院所做的一项著名的研究。他将三个病人放在一起相互治疗，每一个都相信自己会变成耶稣。"在经过一番震惊和对峙之后……为了解释其他人的主张，每个人都形成了一组稳定的推理信念。"（Rokeach 1964，190）

谬误吗？基础主义者认为自身不需要这样做，他们试图不借助任何解释事实的活动就想获得科学的权威。

很多基础主义的温和版本（麦克道威尔多多少少表现出了这一点）承认需要对多样性做出某种说明。它包含一些用以说明多样性的机制，后者确保了其核心理论，亦即通过将它们置入一些约定的范畴或虚假的（非正式的）信念（包括诸如种族优越感这类虚假的信念），从而剔除掉许多问题重重的情形。这些机制大大减轻了解释上的负担；于是，我们就可以借助其他一些与那种普遍规范性的核心理论并不冲突的方式来解释诸如习俗、错误的经验信念等这类事项。不过，在通过这一策略将每一个相关问题都整合进某个独立的范畴中时，这一理论看起来就开始不受任何经验性证据的干扰。

换言之，存在一个关于诸如道德/约定之区分这类事项的理论层面上的问题。与之有关的是，人们不可能依赖道德经验的现象学，或是依赖有关人类诸一般概念（universals）的社会学的或描述性的事实来做出这一区分。无论是什么样的一般概念——在任何情形中这始终是一个热点话题——它们均出离道德与规范，或那种在哲学文本中显露出来的规范的合理性。这似乎包含着某种普遍性趋向，后者关乎对等级地位的认可，关乎对不劳而获者的惩罚。而且如下这样的想法毫无根据：认为按照道德习俗可将个体区分开来，或者认为在所谓道德的情感和反应与违背所谓习俗的反应之间存在一种心理学上的区别，比如在一些特定的穆斯林社群中，女人必须要戴头巾。这就意味着，对于那种有别于"习俗"的"道德"而言，不存在一种自然地赋予的回应，或者至少它们并不符合标准的习惯（Kelly and Stich 2007）。

## 识别问题：规范性是一种循环吗？

对于温和的基础主义者而言，解释上的障碍在于关于普遍规范

53

性主题所触及之物的主张：这一主张其涉及面到底有多广？如果考虑到关于普遍性的主张以极其富含信息量的方式延展至诸如性别关系、政治原则等领域，那么需要加以澄清的错误就会更多。当然，若着眼于伦理理论，那么其价值的确依赖于这种主张。平等乃是题中之义。主张平等是普遍合理的，同时坚持平等的核心主题（亦即不管它是政治的、经济的，抑或作为一个荣誉归属的问题，等等）又是约定的，就得承认达至规范性的海量途径并不是拓展至一切领域的，因为在很大程度上，它乃是形式上的而非具有实质内容。倘若我们主张它既是可拓展的同时又具有实质内容，那么很快就会累积起一大堆需要加以澄清的有关错误的案例。的确，除了哲学家的见解之外，历史上关于主体的一切思考都不得不被贬为某种谬误。

我们亦面临一个严重的定义上的迷误，它包含产生某种循环的威胁。在伦理文献中，我们惯于考虑的那些分歧均是某种家族分歧，比如那些存在于纳粹主义者和我们自己之间的对立，其中包含一种诉求上的共同点，并且在语言和世界观上达成了足够的一致，诚如威廉姆斯所做的讨论，这种分歧和差异乃是一个意识形态的问题而非实际的基本道德的分歧问题（1973）。然而，在那些其基本的道德观念包含着一种纯粹或 *tabu* 的社会中，问题则并非如此。这些道德概念根本而言是规范的吗？在社会学家眼里，答案是肯定的；它们与人类行动和集体生活之间具有因果关系，一般而言，它们与我们的诸如义务、平等这样的概念具有相同的方式。

然而，规范论者占据着一个有利的——或者圆滑的——立场，对于什么是规范的他们没有一个独立的标准或定义：成为真正规范的就是获得那些规范论者在其有关规范性的特定解释中所认可的那些规范特性，比如约束性。但是为了成为真正规范的，这种约束性必须要得到真正的实现，虚假的规范则不具备这种约束性，而这不仅仅是一个"相信其约束"的事情。但是，说一种虚假的规范又到底指什么呢？这要么是说，它们根本无法被识别为一种规范，要么意指人们错误地相信它们可以是一种规范,可以具有约束性,诸如此类。但是,区分真正的规范和"错误地相信为规范"似乎并不是那种在不提及规范性理论的情况下就可以做出的区分。毫无疑问,这引出了与法律规范性的关系问题。在法律的情形中,产生了对认可和承认的吁求或拒绝,以及其他法律体系的存在等问题。或许可以说,由一切法律体系所共享的那种关于法律之本性的一般考虑能够或者应当可以为这些问题提供一种断定。但事实上,这将法哲学作为仲裁者推到了风口浪尖。于是"理论"变成了关于法律的定义。可以想象一种不同的情形:在某个系统中,关于法律的定义排除了将其他系统或某些其他的系统认可为一种真正的法律。①

54

　　这一可能的后果,包括那种仅仅构造了一座巴别塔的强基础主义的式微,为上述清单里的那种运用最为广泛的、作为基本的前提模型的第三个选项提供了动机。这一模型的要点在于承认自身之外亦存在真正的规范性,而基础主义和唯我论对此则予以拒斥。该模型植根于新康德主义的哲学中,后者包含如下同样的动机:承认多样性的实在性,这就意味着承认了一组事实是真正规范的,只是这些事实的规范特性有别于规范性自身,而非仅仅当作一个关于约定习俗和不同的非规范信念的问题;并且将其视作是一个关于这些事实的不同的基础。这一模型被纳入了社会科学,包括像涂尔干、齐美尔、曼海姆(K. Mannheim)这样截然不同的思想家,并在弗莱克(Ludwik

_____

　　①　在这一情形中,识别问题并不具有一种在理论上独立的或在立场上独立的解决方法。"法律"要么通过一个理论加以定义,要么在一个既定的法律系统中得到定义。基础主义者,包括一些更加温和的基础主义者忽略了这样的一个观点,即存在一个这样的立足点,它类似于某种替代的"法律系统"。因此,他们将规范事实的识别限定在自己的理论中。如果这些理论本身没有问题,那么如下断言也就不存在问题:规范性判断与认识的标准将会是相同的。这就暗示了不存在虚假的规范性的情形或是"错误的但仍然是规范的"情形。就规范性自身而言,真正的规范性不涉及错误这样的东西。至少就这一方面而言,基础主义的版本2和温和版本2将等同于非认知的版本1。那种温和的版本促使我们在推定的规范性主张中(比如像纳粹给出的那种)发现真正的规范性,在这一承认平等要求的情形中,它隐藏在虚假的信念和各式各样的习俗约定中。但是就这样的规范性而言,不存在认识那些作为真正的不同的规范性这回事。

Fleck)那里变成了一种关于世界观、思想团体（*Denkgemein-schaften*）或观念体系的老生常谈，而且还触及了库恩（Thomas Kuhn）的"范式"这一概念及其后来的变种。然而，诚如早先已经说过的，它在哲学中得到了重申，通过下述这一形式的观点意图同样达成某种哲学上的共识：它所分享的前提乃是诸如交流和辩护这类事项的可能性之条件。

对于社会学家和历史学家而言，这一模型背后还隐藏着这样一个动机：使得那种历史的、规律的、专门的、文化的现实多样性获得意义面临着十足的困难。那种温和的基础主义所面对的错误的解释并不能为文化冲撞的现象提供足够的说明，并且也无法为那种存在于现实的文化与历史的世界观之间的极端差异提供足够的说明。为了通过错误的信念和不同的约定来说明复杂的古代文明，比如印度和中国，以及为了坚持它们共享着那种由康德以及康德主义伦理学所提出的涉及面甚广的理性原则，便导致了如下荒谬：无法在这些文明中找到同样的概念或规范性。甚至在这些文化中存在不同的或缺乏诸如人（personhood）这样的基本概念。

55　　关于识别的问题尤其困扰着社会科学家：甚至在那些习俗、禁忌、仪式等诸如此类的事项中辨识任何像道德的东西，这些文明亦不同于我们通常关于道德的思考方式，有关神秘东方世界的形而上学观点看起来不但与西方的理性极度不同，而且以这种方式根本就无法理解它们。前文字社会的情形甚至使问题变得更加困难：关于一个脱离特定的社会阶级的人的概念，以及后来有关个体责任的观念，在这样的社会中似乎并不存在，这就意味着某种想象当中的立足于人这一概念的普遍伦理看起来就似乎起源于一种种族主义的立场。①新康德主义对此问题提供了一个有说服力的解答，就其起源而言，如

---

① 这里，就人的概念的问题（Carrithers，Collins and Lukes 1985；Dumont 1994，3-16），将 Parfit（1984）和 Mauss〔（1938）1985〕做一比较是有益的 。

下这一事项的失败启发了新康德主义,即着眼于比如一种自然主义的或基于灵魂的人的模型是否是正确的这样的问题。类似的用以重构那些隐含在一个观点、哲学、实践或者活动背后的前提假设的方法,理应可以运用在某种活动中,同时认识到为了使其变得可理解,为了使这些共享着相同前提的活动所具有的规范性面相所包含的那种约束性得以理解,人们却并未理解这一点。

这一模型包含很多哲学上的问题——康德主义的问题附带着那些通过使其特定化和历史化而产生的问题。这些解释的关键只是处在那些隐含在一个实践或活动背后的类似于前提的假定或预设。它们很明显不是一种诸如信念或约定这样的东西,无法对它们进行检验、怀疑,或取代,它们不具有认识论上的地位,而且通过修正信念的一般过程并不能改变它们。它们超越任何个体信念的修正,因为它们超越个体本身:它们是某种共享诸如前提、集体意志、规则、意义的东西,从本质上它们就是集体性的或是依赖于共同体的。它们规定错误但自身不可能出错。它们是真理的制造者,是规范的制订者,但是不可能存在任何一种虚假的或错误的基础规范,因为恰恰是这些基本的规范决定着规范意义上的正确性。对于基础主义者而言,这是一个致命的缺陷,因为它承诺了一种巴别塔的情形或相对主义,而这恰恰是基础主义力图规避的。

然而,一般的先验论证存在一个致命的缺陷:一种非充分决定性,亦即对于为眼下所讨论的这种结果的可能性构造一种独一无二的前提条件显得无能为力。从历史的角度看,这是新康德主义伦理哲学的衰落:逐渐变得明显的一点是,通过运用数学的前提可以得出相关的预设。[1] 在某种意义上,这一缺陷可以转化为一种优势:根本前提的冲突问题(导致了相对主义)可以取代或降格为非充分决定性的问题。将这种基本的冲突情形视作仅仅是非充分决定性的问题,包括对不

56

---

[1] Friedman (2000);Howard (1990,2003).

可更改的先天假设的拒斥,其可能性乃是上述清单所列的第四种进路的基础,我们可以将其称为蒯因主义式进路。有关规范性的其他对立的主张可以参见蒯因在与塞拉斯就关于数学规范性的交锋中所使用的那些论证(Quine 1980;Sellars 1980)。在蒯因看来,数学结构是某种近似于习俗约定的东西,就它们需要某种证实的程度而言,通过它们所包含的可以促使某个理论得以确立并得出某些预想的这一功能,他间接地为它们提供了一种"证实"。在他的解释中,这些数学结构并非是一种真正规范的事物。

那么,这与解释错误的问题有何关联?关于试图构造一种有关错误的说明时存在这样一种可能的结果,它可以识别为这样的形式:这一有待解释的错误其实并不是一种错误,而仅仅是某种与同样的事实相一致的不同产物,就认识论而言,较之那种产生原始教条的方式,其产生的方式并不显得更为有害。这也许是一个有关非充分决定性的情形,或者是一个有关二阶假设的问题。在很多方面,这与新康德主义的立场(即上述清单中的第三种)相一致,或许在他们看来,那种据称是错误的解释是条理清晰的,但这基于截然不同的基本前提,而这些基本前提是不可能在某种二阶的层面上得到确立的,在这种二阶层面上,说它们相互冲突则有一定的道理。但事实上,为了使其含义是规范的而非仅仅是约定的,在新康德主义的解释中,他们以一种规范化的方式对待这些基本前提(尽管这并不是他们自己的措辞)。

通过将那种基本前提归于一种约定,蒯因从而在其解释中剔除了规范的因素,因此,存在于两种教条之间的差异是约定的而非规范的。这便影响了人们决定应当给出一种什么样的错误说明。因此,选项 3 就导致了在这些基本前提之间的一种关于不可消除之冲突的相对主义后果,这些基本前提是规范的,并且因为它们是根本的,因而并未留下余地以待更进一步的辩护。诚如人们在温和的基础主义中所描绘的,尽管习俗约定接近于一种"辩护",但它们是可以修正的,并且也可以加以替换。这看上去貌似仅仅是一种字面上的区别,但面对关于差异的解释时它提供了某种其他不同的可能性。

请考虑如下这样的情况:我们遇到某种与我们自身相冲突的理论。比如,它包含某些陈述,后者在我们的理论中是真的,但在其他理论中则是假的。我们试图将这样的冲突归结为一个关于其他理论之谬误的问题。因此,我们构造了一个错误理论。这被证明是一件很困难的事。于是我们对问题调了个个儿,构造了这样的一个错误理论,其中我们自己的理论是有误的,并且运用其他理论的约定和理论主张去说明我们自身错误之所在。这也许会涉及将我们的理论斥为是错误的,我们自己的习俗约定并不起任何作用,或者我们的观察是错误的,或者是所有这些的糅合。更进一步,这的确有可能发生。某种类似于演示的效果运行于如下这些情形中:我们看到人们的行为千差万别,无论是拉瓦锡(Lavoisier)进行燃素实验并且改变化学元素的分类以更好地适应其结果,还是米德(Margaret Mead)对萨摩亚人缺乏青春期性压抑的报道。我们通过揭示那些现象并非如他们所见,通过澄清为什么它们会如其所是,从而试图将他们的解释归为一种错误。或者,我们去阐明其他的理论或约定何以是一种误解。但是一旦这些努力都失败后,我们就会将自己的观点视为潜在错误的,同时构造了一种关于它们的错误理论:在我们的化学中,关于燃烧时重量消耗的解释忽视了异常现象的重要性;或者,我们过度地概括了西方人自身关于青春期的体验——使之普遍化。

那么,在此过程中究竟产生了什么样的解释上的障碍?它们是某种离奇的产物,至少在种类上不同于其他过程所产生的障碍。除了必须要遵从相关的习俗约定这种意义上的约束之外,它看上去似乎是摆脱了一切束缚。规范论者在面对这种一般的策略时,通过下述形式的论证,手里有明显的反对牌可打。

通过将规范的事项归为一个关乎习俗约定的问题从而试图规避规范性主张,这是一个幻象,即便它与科学紧密相连。该策略所使用的表述,比如像可理解性这样的词,比如预估这样的认知价值,以及到处对"更好"一词的使用(就像对融贯一词的使用),甚至是一致性这样的词,都彻头彻尾是规范的。而且,该论证或明确或含蓄地使用了一些诸如"概念"本身这样的本质上属于规范的概念。显而易见,错误这一概念本质上也是规范的。每一个论证到最后都以辩护而告终,后者乃是规范性的本质。诚如蒯因试图将认识论自然化为神经生理学,这里没有什么能够恰当地自然化。因此,这一路径根本无法摆脱规范性——甚至在最微弱的层面上,为了讨论并理解这个世界,自我反思促使我们去承认规范性的不可或缺性。

58 简言之,规范语言的普遍存在暗示着真正规范性的普遍存在。忽视规范语言无济于事,也就是说,规范性并非仅仅是一个遵从约定的问题,将其视作是我们解释世界的一个部分并不能提供一条出路。换言之,蒯因式的选择(认为存在这样的一些信念,它们作为非规范的约定或虚构的产物,迥然不同于我们自己的关于世界的信念)没有可行性。如果它承认了规范性的不可或缺性,就像它应当要做的那样,那么它就会在其他选项中造成一种动荡。

规范论者还可以指出戴维森在有关概念图式(conceptual schemes)的讨论中对蒯因明显的背叛,他承认理性的规范性并且表明任何对我们日常庞杂的真陈述的草率的拒斥——这些陈述必然包括关于规范的日常观点以及对规范语言的日常使用——都注定是不着边际的。这就意味着对规范语言的拒斥,以及将其替代为其他的事物(比如关于约定的语言),或是对规范语言的某种反规范论的自然主义的重新诠释,都注定了也是毫无理由的。

对于规范论者而言,对戴维森的观点进行拓展为修正蒯因的"约定"解释(上述清单中的选项4)提供了一个很好的指引。承认那种存在于理由与科学规律之间,存在于合理性的事项与通用性的事项之间的鸿沟是无法桥接的,并且承认对于有关世界的理由、信念,以及行动不可能实施一种还原的或自然化的操作,还只是第一步[David-son(1970)1980]。下一步则是将理由以及诸如此类的事项归为规范性概念:很明显,这正是戴维森所做的工作[(1972)2005;1985;(1986)2005;(1994)2005;1999;2004]。不过我们将会在第六章看到,他所承认的这种规范性并非是那种由布兰顿、麦克道威尔,抑或内格尔等作为相同意义上的规范论者所接受的那种规范性。另一种修正源自戴维森的《论概念图式》("On the Very Idea of a Conceptu-al Scheme")[(1973-1974)1984]。并不存在新康德主义的进路(选项3)所设想的那种不可化约的根本性前提:合理性的或可理解性的界限即是我们的观念合理性或可理解的界限。下一步则是对合理性事项的整合——存在一种理由的空间,而在它之外没有任何东西是正确的或是不包含信念的冲突,只有陈述包含着陈述,也只有在陈述中才能产生彼此的对立,而非是与世界的对立。通过这一理由的空间来理解科学本身就成为形而上学的下一个任务:将科学的图景融入合理性的事项中,就像塞拉斯所主张的那样,或者克服暗含在这一鸿沟之中的二元论。对于某些规范论者来说(如 Rouse 2002,12),这么做就要求一种规范的一元论,其中我们不再操心将诸价值安放在一个事实的世界中,而是将诸事实纳入一个整体的规范世界中。

59

　　如果像处理多样性问题那样去评估这些论证,也许会得出下述这样的结论。摒弃规范性是一件困难的事儿。但是很多形式的规范论,特别是基础主义,通过将其他的观点斥为一种错误从而积累起了大量的证据堡垒,尽管这些"错误"并不能算作是一种"错误"。而且,基础主义依赖于一套基本上是虚构的机制,就像观念之眼向着理性的指令敞开。换言之,它并未得到自己所承诺的那种客观的规范性结果。将规范性视为是约定的并当作一个关于有差异但合理的诸信念的问题,以及对非充分决定性的说明,为上述很多问题提供了某种解答。但对于规范论者而言,这还远远不够。比如,对于数学的约束性而言,我们就不仅仅是把它当作一种源自遵从习俗约定而获得其

约束性的问题。然而,就这一有关数学对象的问题而言,当我们认识
到它立足于一种关于主体的带有偏好的描述,并且将数学理解为一
种真正的规范事项并没有为数学自身带来任何实质内容时,那种关
于存在于约定与真正规范之间的鸿沟的强调就是一种泛泛的空响。
但是,若我们着眼于社会科学本身的视角而考察多样性问题,将其作
为讨论的一个方面,一个在微弱意义上被刻画为解释障碍的东西,那
么,它便占据了一个核心地位并且对规范论者提出了一些严重的问
题:这一问题关乎在这样两个事项之间做出区分,即当面对如下这一
同样的问题时规范论者所提出的一种浅显的主张与其他文化提出的
一种明显神秘的主张——为有关义务的主张提供某种辩护。

## *hau* 隶属于规范性吗? 抑或规范性隶属于 *hau*?

在本节中,我将考察一个范例,它是关于某种规范结构的一种经
典的社会科学的解释,与此同时,我将试图重构规范论者对于这一解
释或许会发表的看法。这个例子是毛斯(Marcel Mauss)关于毛利人
交换礼物的说明。他报道了毛利人的如下信念:礼物中附有某种神
秘的力量 *hau*,它迫使收礼的人要礼尚往来。*hau* 通过制造痛苦和死
亡来强迫人们履行自己的义务。字面上,这的确是一种规范力量。
因此,信仰 *hau* 的人(毛斯通过一个想象中的毛利人律师之口表达了
这点)解释道:

> *hau* 并非是一种飘忽不定的东西。绝对不是! 假设你拥有
> 一些特殊的东西,比如 *taonga*,然后你把它给了我,并且不要任
> 何回报。我们没有对此讨价还价。现在,我又把它送给了第三
> 个人,过了一段时间后,他决定给我一些东西作为回报(*utu*),并
> 且送给了我一些礼物(*taonga*)。这种从他那里得来的 *taonga* 就
> 是那个我从你那里得来的又转送给第三者的那个 *taonga* 的精神
> (*hau*)。于是,这个来自你的同时又被我得到的 *taonga* 就必须要

归还给你。无论我是否需要这些 *taonga*，我都不应该自己占有它们。我必须要把它们归还给你，因为它们是你给我的那个 *taonga* 的精神。如果我私自占有了它们，那么我就会生病甚至死亡。这就是 *hau*，个人财产的 *hau*，*taonga* 的 *hau*，森林的 *hau*。［Mauss (1925)1967,8-9］

毛斯以更加一般化的表述解释了这条原则，他以一种错误理论的方式解释这一点，其中他将 *hau* 刻画为一种精神力量，而非真正的精神。

　　为了理解这个毛利人律师，我们只消说："*taonga*，包括一切个人的财产，都具有 *hau*，一种精神性的力量。你给了我一个 *taonga*，我又把它给了别人，后者又回赠我一个 *taonga*，因为这个礼物的 *hau* 迫使他必须这么做：我则被要求把它回赠给你，因为我必须要把那种事实上是你的 *taonga* 的 *hau* 还给你……"因为 *taonga* 是受到森林、故土的 *hau* 的滋养的，并且这种 *hau* 始终跟随着它的葆有者。［Mauss (1925)1967,9］

规范论者对这种礼物关系会说些什么呢？毛利人律师也许会拒绝它，其依据的理由是 *hau* 是真实的（值得注意的是，尽管毛利人将其视作一种神秘的事物而非是日常现实的东西，他们也同样相信，这里存在某种断裂，*hau* 是脱离于日常现实的）而如果将这种礼物关系仅仅视作是一种立足于某种精神力理论的互惠关系，那就是误解了它，因为 *hau* 的现实性构成了关于这一现象的充分描述的一个部分。

在其他背景中存在大量与其相似的回应。神学家们都认为社会学家对这种仪式的解释是错误的或是不充分的，因为他们对于上帝实存的问题始终讳莫如深，而这一问题是真正根本性的。简言之，社会学家偷换了主题。他们并未着眼于真正的交流。于是，以宗教的方式对社会活动的描述就等同于使他们接受一些自己并不承认其正当性的规范概念。根据类似的原则，离开信仰就谈不上理解。一方面，神学家的主张是正确的：诚如毛斯所做的那样［(1925)1967］，对

61

那种礼物关系的描述是以一种祛魅的方式对它进行的重述。毛斯的问题在于他将这种解释纳入了日常解释之流，而在这样的情况下，这就意味着对于问题的解释即在于表明这种关系是如何在毛利人对于 *hau* 的信仰之光中实际运行的。

　　为了给出他试图要做的解释，毛斯没必要去接受这种信仰。当我们基于一种人类学的视角去解释诸如 *tabu*、*hau* 这样的东西时，我们不必去理会是否真的存在这样的超自然力量。对于这些观念所产生的影响以及对似乎存在这种真实的力量提出一种说明，并不要求我们一定要相信它。我们可以通过一些比如伤痛或死亡真的降临到了一个真正相信这种力量的人身上这样的事实来解释这种信仰的建立是如何获得其根据的，并且可以将这些事实当作是那种力量存在的证据。我们可以去表明在这样的社会中要一个人放弃这种信仰是一件何等困难的事情。我们可以去表明一个非信仰者将会遭受多少的困境、非难、质疑等诸如此类的东西。我们也可以去解释这种信仰是如何产生的，又是如何秉持在毛利人的日常认知活动中的，尤其是通过让毛利人解释他们的其他信念和实践来显明这一点。这些解释不应脱离日常的解释活动，当然，绝不应当诉诸关于 *hau* 自身的规范事实。

　　简言之，社会学的解释对立于那个毛利人律师的解释。如果他已经接受了规范论的那些原则，那么他也许会投诉说它们并未说明那种实际存在的规范性；他也许会问，如果根本就没有 *hau* 这种东西，那么为什么人们应当归还礼物呢？或许，他也会坚持认为社会学的解释是不充分的，因为存在一些它无法予以说明的事实。其中一种不充分性或许体现为这样一种情形：对借助 *hau* 这个词来刻画的那些规范事实（这些"事实"在日常解释之流中造成了一种断裂）无法提供一种有效的说明。不过，他也许会说这种断裂是被允许的：如果将那些在未能满足 *hau* 的人身上发生的诸事件看作是神秘的，那么，就需要借助某种源自 *hau* 的神秘力量来为这些事件给予一个恰当的解释。他或许会产生抱怨,认为如果社会学的解释是真的,那么那种弥漫于群体生活中的方方面面的实际的规范语言就会被归为是一种虚假的东西。他还会接着抱怨说,社会学家通过偷换主题的伎俩对实际活动进行了重述,而且他还会强调这样一个事实,即规范的方面,那种源于 *hau* 的真正的规范特性被瓦解了。当然,他也许还会拒斥这样的一种观点:*hau* 是某种虚构的产物。就这些方面而言,那个毛利人律师无疑是一个典型的规范论者。

诚如前文已经提到过的,从关于那些错误解释的构造中会产生如下这样一种最为有利的论证:在对于一个可以解释为是虚假的(或约定的)信念提供一种错误解释的过程中,人们发现最好的解释是转守为攻,要求人们承认他们自己的观点是虚假的。对此有一个例子,尽管它颇有争议,即正如米德的《萨摩亚人的成人礼》(*Coming of Age in Samoa*)(1928)一书产生的巨大影响,其中,无论准确与否,它将萨摩亚青少年描述为一个没有性烦恼的范例。更一般地讲,这种影响源于欧洲人对"原始"世界的发现。在这些情形中,很明显,错误解释没有立足之地,而我们的习俗和道德信念才是约定的,并且相对于那些我们错误地深信不疑的东西,这或许还有助于催生一种痛苦。

对于规范论者而言,*hau* 的情形包含类似的暗示。*hau* 拥有很多规范性所具有的那些特性。它脱离于日常的解释之流。只有站在那些信仰 *hau* 的毛利人的角度,才能看清楚它要说明的那些事实。诸如毛斯所提供的那种重述,毛利人必定会加以拒斥,把它当作是一种偷换主题。但困难之处在于,很难看清楚规范论者在对 *hau* 提供某种特定方式的说明时,究竟是如何规避了这样的风险,即至少没有为如下这样的可能性留下余地:那种特定的说明方式同样可以用来解释某些他自己所偏好的规范性样式。如果他认为事实上根本就不存在 *hau*,而且认为它立足于某种关于物质的错误断言,它并没有为诸如 *hau* 这样的东西提供任何真实的依据,并且认为那些信仰 *hau* 的人所描绘的事实并没有为我们提供多么特别的见解,那么他就是为如下的立场做了一定的妥协：这些相关的考虑可以瓦解和克服类似的关于规范性的主张。然而，当社会学家将这些考虑运用在我们自己的规范性时，规范论者必定会坚持认为这并不合适，认为若不具备反身意义上的不一致性它就毫无用武之地，等等。规范论者或许还会主张规范语言的实际存在表明了真正的规范性，一种关于真正义务的规范性，一种通过 *hau* 只能提供一种错误描述的规范性。诚如那种关于 *hau* 的虚假信念，规范性的不可化约性同样运用于这样的情形中：义务是真实的。对此，社会学家给出了一种简单的回应：存在大量的仅仅秉持于信念的规范案例。迷信作为一种手段强迫其参与者保持对它自身认可的关键，同时这也是本章所欲表明的主题，在于这样的一种仪式，其中人们通过起誓制造了一个偶像（一种物理对象），并且通常包含着"一种诅咒，如果他们不履行其义务，那么这个偶像就会杀了他"。[Bosman（1704）1967，149]

63

这是依据一个规范来确立另一个规范的例子：一个偶像通过一种起誓得以确立。但是，这种规范性恰恰最终立足于一种因果报应——一种可以杀死起誓者的因果报应。确定的一点是，这即是迷信世界里的那种因果报应。韦伯所提及的祛魅直接与这样的因果世界关联，一如过去欧洲人所经历过的那个世界——举例而言，其中，征服者威廉所征服的世界就被认为是一个隐藏在挪威哈拉德人铁骑之下的神圣遗迹中的誓言得到了实现，它被认为具有某种因果报应的力量。关于规范论者的那种证据堡垒表明其规范性并不吁求一个迷信的因果报应的世界，并且其规范力量也与那种神秘主义的东西截然有别。

第三章

# 一个典型案例：法律的规范性

……试想……这一超自然的实在，它可以在我们对某个"应当"的认识中得到显现。按照一种康德式的讲法：当某种应当被当作是一个绝对命令强加于我们，它就会在我们身上显示为一个绝对的或者超自然的意志，后者赋予我们某种要求。当这种意志在每一个人那里变得绝对时，它就是普遍的，并且其他所有人都因此受制于这种超自然的意志。也就是说，他们必须要构建一个共同体。借此可以得出这样一条原则，即一切有道德的存在者都应当是彼此决定的……

但如果将这种内在于我们的超自然意志想象成是属于我们自己的意志（如果它想要对我们产生影响就必定得是这样的），那么问题就归为何以将它称作是超自然的。因为它理应与那个我们身处其中的自然世界相关联。但如果它包含一些自然的述谓，那么我们就不再可能将它称作是高于或者超越自然的。人们或许会认为它包含两个向度，一条是通向自然存在物的领域，另一条则与此相背离。但这就提出了这样的一个问题，即这两个方面怎么可能统一在一个意志中。这样的意志是一个存在，因此所设想的那种超自然的方面最终仍然受制于自然的述谓。

[Axel Hägerström（1911）1971]

在前面两章中，我已经通过两种方式处理了有关规范性的问题。首先，我刻画了关于规范性的一般情形及其具体的一些情形，尤其是详细考察了在如下主张中所产生的断裂问题：存在某种解释上的鸿沟，后者亟待某种特别的规范性事物来填补它。然后，我着眼于其他一些方面：首先，给出了一些特定种类的事实，它们已经被社会科学家们（包括哲学家、心理学家等）认定与下面这些事项的理解相关——推理、大众心理学、意图，包括规范性所立足其上的那种规范语言在历史上呈现出来的实际的多样性；其次，考虑了规范论对这一多样性的回应；最后，提出了源自一些错误解释的问题，亦即，这些甚至是规范论者接受下来使用于其他诸规范性的解释本身可以转向规范论自身，并且提供一个替代解释，这种替代解释瓦解了任何这样的相关主张，即通过"规范性"可以解释规范的事项。

规范论者主张的变幻不定一再地愚弄着任何想要挑战他们，甚或促使它们彼此相一致的企图。充其量，它们只是论证花样的翻新。不过，如果我们着眼于一个发展相对成熟的典型案例，那么想要看清这些论证如何彼此相契合以及为什么会如此变化多样则的确是可能的。在本章中，我将考察那种反对社会科学解释的貌似最久远的、最为详尽的、最受关注的，以及最充分地得到发展的规范论证的庐山真面目。它就是由凯尔森提出的关于法律规范性的（诸）情形。为了理解它以及为什么它是一个典型案例，我们需要一点相关的历史背景。

## 关于规范性的新康德主义问题

关于规范性问题包括这个词本身的起源显得扑朔迷离：其中的一个起源便是康德，以及康德为了捍卫先天真理而对休谟的批判。不过这只是当代哲学中规范性问题的一个部分。第二个部分则源于我们所谓的新康德主义问题。新康德主义在面对概念多样性这一显而易见的事实时通过发展一种特定的康德式的规范性观念，而试图拯救康德。不同于康德本人仅仅着眼于普遍的精神秩序的原则，新康德主义通过概念的方式将秩序领域——比如法律乃是一个典型的核心案例——奠基于特定的前提，从而为多样性提供某种说明。新康德主义承认非充分决定性这一情形：存在某种前提之间不可兼容的情况，而且它们不可能在更深层面上得到奠基。后来的新康德主义者将这一观点——存在许多富有差异的、构造着对象的、假定的始点——运用于其学说，运用于历史时代，并逐渐扩展至政治意识形态等。通常情形下，这些讨论并不将自身与规范性观念联系起来，尽管很多的前提假设，比如法律的情形，很明显是规范的。相反，它们转而被纳入关于先天性问题的思考中。

"社会学的"与真正的规范之间的区分首次以明确的形式出现是在凯尔森的著作中。凯尔森特别在这样的背景中使用"规范的"一词，并且将它用于区分规范的事项与因果的事项。他评论在韦伯那里也存在同样的区分，不过后者着眼于独断的科学与现实的科学之间的区别。关于这一概念的晚近的兴起有这样一个理由，如果对于非规范性没有一个恰当的社会学的说明，那么社会学的规范性与真正的规范性之间的区分，至少就其眼下所呈现的形式而言，根本就无从谈起。通过对韦伯的著作在方法上的详细研究，凯尔森正是要提供这样的说明，包括他的论文《社会科学与社会政策中的客观性》["Objectivity in Social Science and Social Policy"(1904) 1949)]以及《对施塔姆勒的批判》["Critique of Stammler"(1907) 1977]，旨在对法律提供某种经验的或针对现实的而非规范的说明。而且，凯尔森还考察了韦伯在举办于 1910 年的第一届德国社会学学派会议上对康托洛维兹(Kantorowicz)的相关评论，以及韦伯的《经济与社会》[*Economy and Society*(1968) 1978]，该书初版于 1924 年，其中为某

68

种关于法律历史进程的非规范性说明提供了相关的概念资源。① 一
种关于法律的社会学的说明,其挑战正在于那种促使凯尔森构造一
个关于法律的纯规范性概念的东西,借此他意指一种在因果考虑中
得到纯化的法律科学。不过,在其整个生涯中,他以截然不同的方式
处理了韦伯挑战。

　　法律规范性的问题是一个绝佳的案例。事实上,在最后两章中
所讨论的那些颇有问题的表述和区分在这个例子中都得到了刻画,
其中包括:一些诸如"法律的起源"这样令人困惑的表述;一个集体意
志保证了法律的规范性这一观念;法律概念本质上就是规范的以及
任何社会学的解释要么是偷换主题要么是源于规范性概念这样的观
念;变化仪式(rituals of transformation)的问题,其中某个特定群体
的个体所使用的表达创立了新的法则;从非法律性事实中产生的关
于法律之起源的问题;一些与规范性关系有关的问题,比如动机——
在此情形中即指遵从法律的动机;有关多样性和不可或缺性的问题,
在其他法律体系识别法律的过程中它们自身显示为一个合法的问
题;规范性事实(比如法律的永恒性)与非规范性事实(为了强迫服从
而产生的变革和权力)的关系问题,在此情形中,标识为刻画这两种
事实的两个平行概念,即合法律性(legality)与合法性(legitimacy)。
这个例子是如此之丰盈以至于可以当作一个简单的典型案例,如果
还有什么区别的话,那么可以说本章并非意在替代如下这种综合的
处理:凯尔森和韦伯,作为核心,每一个都是著作等身的艰深思想家。

69

---

　　① 诸如"新康德主义"这样的标签在这里被证明是没多大用的,因为它们适用于参与
争论的每一个人。韦伯的那些方法论著作,带着一种新康德主义式的语气,它们本身就是
对一些新康德主义的其他概念的批判,在一段时期内,其中哲学家们以及社会学家要么对
新康德主义进行了改造,要么就从新康德主义中解脱出来;其中很多人训练成为职业哲学
家(比如涂尔干)或者接受训练并被委任以教授资格(比如齐美尔)。这种挣脱又表现得很
明显,比如瑞典法律实在论者哈格施托姆[Axel Hägerström(1929) 1964,33-76],或者有时
候仅仅通过他们自己在哲学发展中,为了解决很多与新康德主义有关的问题所做的工作
体现出了这一点,比如韦伯自己的哲学上的对话者——拉斯科(Emil Lask),后来著名的韦
伯哲学学者——雅斯贝斯(Karl Jaspers),以及他在当代的同盟者,比如齐美尔。

不过，在一些关键问题上还是要区别待之。

19世纪末正值新康德主义的影响风头正劲，新康德主义关于理解领域的整个方案（作为概念的前构成，可以被整合进知性范畴的运作里，并且可以通过概念分析来获得）开始慢慢分裂了，尤其是在关于客观性的问题上。对于新康德主义者而言，一个事实在一个秩序井然的概念领域中获得了它的客观性——一个概念可以平等地获得科学的、规范的，以及神学的运用。理解一个领域在于理解其诸概念之间的逻辑的和解释上的依存关系。通常，这即是要求厘清一个领域是如何围绕着和依赖于一个核心概念组建起来的。在概念领域中仅仅只有一种正确的构造，这一事实赋予其客观性，并且因而就是科学的或 *wissenschaftlich*，而获得这样的结构就让某个领域成为一个实际的、科学的领域。这也是新康德主义的消逝。爱因斯坦通过表明大量的数学结构可以被用来构造用以说明同一个结果的多个理论，并使得那种新康德主义显然无法获得的"单层（single hierarchy）"的客观性变成可能，从而为新康德主义的科学哲学提出了一个无法解决的难题（Howard 1990，369-370）。但是，在社会科学中呈现出了一个与之平行的进程，它直接地导致了那些由凯尔森和韦伯提出的问题，而且这一过程无疑发生在事实与价值、非规范与规范之间的一条错误的线路上。

那些产生于凯尔森和韦伯之间的问题源自将新康德主义的科学模型运用于社会科学的过程中。如果我们要为新康德主义的社会学寻找一个单一的构成概念，这是一件很容易的事情：无疑就是"社会"这个概念。这的确是齐美尔的起点，他将概念的逻辑形式——比如社会二元性（the social dyad）这一概念——视为新科学的基础。这一进路存在两个问题。第一个问题与客观性有关。显而易见，即便是对于齐美尔来说，构造这一概念领域的方式多种多样，而许多方式还是意识形态化的或者明显与政治指向有关［Simmel（1908）1964，25］。关于描述的选项与构造概念的选项之间相互依赖。因此，大量构造概念的可能性包含着大量描述的可能性。这一点被证明与凯尔森的社会学讨论有关。对于齐美尔来说,社会学必须要为诸如法律、权威等这样的事项负责。为了在新康德主义的意义上将法律"科学地"构造为一个社会学的主题,我们就要求将它归在社会这一概念之下,而这正是齐美尔所致力的工作:一个社会学的国家权威概念,其进展在于将其细化为一个逻辑上秩序井然的社会范畴,后者有别于法律科学的范畴,或者一个在法律概念之下构造出来的法律领域,比如正义或合法律性[Simmel(1908)1964,190,254-261]。关于对同一事物的大量描述的问题直接地与这一事实相连:社会学的描述与法律的描述彼此针锋相对。

# 韦伯的反规范论

这一有关法律事项的新康德主义模式的隐而不彰构成了一些当代问题的背景,韦伯在他发表于 1904 年的《社会科学与社会政策中的客观性》一文中提出了这些问题,并且在他对施塔姆勒[Rudolph Stammler(1907)1977]这一新康德主义法哲学的后续代表所进行的批判中亦得到了呈现。社会科学的各种策略(这里即是指法律史研究,韦伯视之为某种历史科学)与规范的,或韦伯所谓的独断科学(dogmatic sciences)之间的冲突构成了这些文本的重要主题。[①] 历史事实科学与独断的科学之间的差异,对韦伯而言或许还包括法律科

---

① 由于本书一开始就并不关注哲学史,因此我将省略任何关于韦伯在那些定位历史与社会科学在哲学中所产生后果的争论中所发挥的作用的细节性讨论,或者关于他对于法兰克福学派、海德格尔,以及 L. 施特劳斯而言作为"他者"的作用。但值得一提的是,凯尔森的维也纳学派对韦伯讨论了很多;而卡尔·波普则对韦伯的那些方法论文献极为熟稔,并将其逻辑概念适应于那些关于韦伯的解释情形;而历史哲学则以同样的方式将韦伯的那些观念借分析论证进行了重构,比如曼德尔鲍姆(M. Mandelbaum)的《历史知识的问题》(The Problem of Historical Knowledge,1938)一书所采取的那种形式。相关历史的描述参见 Turner and Factor(1984)。

学与神学,在实际科学中并非没有发挥重要的作用。事情远非如此,对于韦伯而言,历史原则,包括一切其他自然科学的原则,均不可避免地源于这样的考虑:它们均可以在常识语言或日常世界观中清楚明白地得到表述。在文化科学的情形中,这种常识语言以及那些有关寻求历史认识的核心考虑看起来尤其被细化为听众与社会科学家以及历史学家的历史背景,而这些科学的主题则在这些听众的日常语言中被加以识别。诸如"战争"、"资本主义"这样的词,在如下这样的意义上它们具有一定的价值,即除了用以识别主题、事件等,它们还具有赋值的重要功能。但是,这种价值相关性并不一定要暗示任何某种关于行动或事件的评价,对于社会科学家们而言,其兴趣要么在于探寻因果关系,要么在于理解一个行动。值得一说的是,对于韦伯来说,因果关系并非属于某种法则类型(law-like),而是那些通过日常语言加以刻画的事实之间的一种概率关系。

　　韦伯通过拒斥如下做法从而"解决了"新康德主义的问题,即将一门特定科学的构建植根于一个独特的有坚实根据的概念图景中。他以自己独特的方式定义了社会学,即作为一种关乎有意义的社会活动的科学。不过,他将这一定义仅仅视为是其他定义中的一个。他视自己的有关术语和范畴的广泛构想仅仅是其他方案中的一种,而非像新康德主义者那样将其方案视作是独一无二的因而是客观的。由于对读者和使用者颇有助益,于是它被整个地确立了下来。韦伯由此承认了有关概念图式的非充分决定性并将之作为自己的起点,并且对于这些方案本身抱以某种工具性的态度。然而,这并非是一个完全无伤大雅的选择。一些被视作是与他相对的方案以传统新康德主义的方式渴望一种概念上的奠基和高标特立。某种诸如齐美尔给出的定义,它的构造围绕着"社会"概念以及"社会如何可能?"这一问题,不仅仅是与此不同的,而且更具包容性:一种关于社会概念的充分的构想包含着有意义的行动概念,因为要解释"社会"意味着什么就必定涉及它是由人物构成的这一问题,后者将意义赋予他们的行动。这一情形类似于有关国家和法律的法哲学(legal-philoso-phy)概念：在他们通常的设想中，这些概念涉及遵从或者违背法律的公民或主体，亦即有目的的活动者。因此，它们与韦伯的起点（即有意义的行动）之间的关系就是不对称的，并且由此产生了一个与化归问题类似的问题。

如果韦伯能够不借助这些概念而说明国家、法律、社会，或者包含这些事项的实际主题，那么这些概念就是可有可无的了。事情逐渐发展为这样的一种状况：历史上的人们(韦伯对他们有意义的行动提供了一种解释)通过将他们自身的行动视作是有意义的从而预设了韦伯的那个起点。但他们也给出了一种评价并因此以新康德主义的方式预设了一种评价以及一种有价值的方案。作为一个分析者，韦伯在策略上避开了这些评价。他并未事先承诺他们的评价方案，而是将这些方案当作其分析的一个主题来处理。通过将人们的评价和预设变成一个实际的主要问题，他就可以为那些关乎他们的事实提供一种说明。简言之，他们的诸信念塑造了有意义的行动的主要方面。他将这些信念纳入自己的社会学的解释里。这一论证被设计为对某种先验论证类别的消解。任何有关评价性前提的客观的概念普遍性的主张已随风消逝，比如在关于法律的研究中所使用的合法律性或正义的概念，因为存在一个替代者，后者乃是一种有关范畴的社会学体系，它为诸评价前提提供了一种分类，而不是某种关于评价前提的其他方案。这是社会科学反对规范论的一般形式：它将诸如意义和价值这样的事项，或者在此情形中关于法律和国家的信念，当作是一种有待解释的东西，因此便规避了这样的主张，即认为法律描述具有优先的或唯一的确定性。

这些问题在涉及法律时变得尤其尖锐起来，因为法律实践与法律推断引发了行动描述和定义法律术语的问题。以一种非规范的方式运用这些术语会产生一些混乱，但这是无法完全避免的。韦伯通过为法律事实的描述提供某种非法律的词项而部分地触及了这些困难。这种解决方式导致了如下方案,他用合法性一词(他进而用一种纯粹非规范的方式定义了这个词)来替代"合法律性(legality)",后者根本而言是一个独断的或评价性术语。对于一个政体是否合法这一问题的回答实际上取决于这样的可能性,即一个至少在某些人那里被视为是合法的命令将会得到遵守。区别在于:法庭提出了一些对它们而言关乎合法律性的实际的法律问题,但它们是通过独断原则的方式提出的,这些原则本身是评价性的而非实际的,或者包含一种评价性的事实。在某种程度上,这些事实或原则通过公众的认可而成为合法的。但在这种公众的认可中或者关于这种认可没有什么东西可以解决或消除诸如下述这样的问题:这种受到人们支持的法律,即那种实际地被制定出来并且予以颁布的法律,是否是真正的法律?这仍然是一个法律问题。合法性这一概念并未回答这样的问题。公众的认可乃是一个非规范的事实,而关于那种人们相信可以产生法律的立法程序的东西,没有什么可以将这些事实转化为某种新的现象,亦即,真正的规范。

合法律性这一概念(或者法律的有效性)将我们置于何处?韦伯从未借助真正的规范来刻画法律现象,因为他没有必要为有意义的活动提供一种解释。他只需要去说明其他人的如下信念:存在诸如真实性(genuineness)或合法律性这样的东西。这意味着这一概念由于下述事实而成为一个重要的配角:对法律有效性的信念使得历史上的人能够为他们自己的行动或他人的行动赋予意义。这一在法律史上已经得到实现的方式反映了这一差别,并且涉及对过去法律原则的理解。

……如果我拥有一种在我之前的"法律根源",通过它我意指一种关于法律知识,作为一种法律编码、古代的法律表述、一项判决、一卷私人文书,或其他什么东西的源泉,那么我就必须首先获得一幅包含法律原则的图景,一种它逻辑上预设下来的关于法律法规的有效性。(Weber 2000,53)

73

为了解释的目的,韦伯刻画了关于重构过去法律原则的两步过程。第一步涉及一种情感。"我发现了这一点",他这样说道:

> 通过尽可能深入地走进当时法官的灵魂;通过询问当时的法官在面对某个具体的情形时会做出怎样的判决,如果我眼下正在重构的这种法规是其决定在原则上所依赖的基础的话。(2000,53)

第二步则是对其意义进行某种理想化的操作。实际上,法官们在不同的法庭上的所作所为经常是变化不定的,甚至是彼此矛盾的,因此,一个在过去被采纳的法律原则,诚如以一种历史人物的角度对它的理解,就不能简单地将其看作是法庭的决定。它本身就是一种双重的抽象提炼:一方面,它源于某种为了刻画一个群体和时代的特征而产生的关于个体历史人物的信念;另一方面,它源于个体原因和行动的混乱现实。重要之点在于,这种对于过去法律原则之意义的理想化是一种解释性的和社会学的而非规范的。我们的思考带着对过去法官视之为确定的东西的理解,按照他们所理解的方式理解那些原则和法律,并且不考虑他们在法庭上的那些判决在实际法律上正确与否。

有关这种有效性的问题,在韦伯看来,尽管对于那些处于某个(提供判断的)法律系统之具体操作中的法官和律师而言是不可避免的,但对于一门事质科学(reality-science)的探究而言,考虑这一问题是不适宜的。对他而言,它们必然基于一种教条化的考量。但是,对于诸如紧急事件、特性,以及法律秩序的有效性这类实际的历史问题,在韦伯那里,它们可以被整体地从关于法律自身之有效性的考虑中抽离出来。通常,在法律领域中造成这种混淆的东西乃是关于法律有效性在社会学上的和在教条上的意义,它们非常接近于另一种事实:要理解那种法官从中获得合理性的原则在很大程度上等同于某个新晋的律师学习法律的意义,就像社会学的解释者着眼于使用中的实际意义来考察它们。这就是为什么后来使得构建一种社会学的法律体系成为可能，最终，它主张法律即是法官的所作所为（Pound 1911-1912）。不管是新晋律师还是法律历史学家，他们都必须要从一堆关于实际法律判断的复杂而异质的相互冲突的数据中构造出一种理想化的形式。但是也有一些偶然情况出现，其中这两种有关有效性的思考方式彼此分离了。其中一种涉及做出一个判断的情形，这是法律体系的主题，在那里，我们关于理想化的兴趣正确地延伸至某种虚构法（novel law）的情形里。对于社会学法律体系的传统的拒斥在于它无法解释法官何以会如此这般地行事（尽管对此一种可能的回应认为通过对那些原则的理想化的使用，他们自己必然要主宰审判活动，就像新晋的律师所做的那样）。另外一个例子关乎革命法（revolutionary law）之合法律性的问题。存在这样一个典型的可以通过教条化的方式提出的问题：那些被加以修正的方面还具有效力吗？但是，关于某个领域自身的规范的合法律性并不具有历史的重要性，而且关于那些教条的考虑纳入历史讨论中乃是犯了范畴上的错误，就像通过历史人物解释行动本身一样。当然，韦伯并未通过对合法律性的信念来拒绝做出解释。毕竟，这是他著名的关于合法性原则之形式的范畴化的主题。他也没有否定历史人物通过这些信念而行动。但对他而言，这些信念是某种有待解释的东西而非是对某种给定的东西加以接受。

74

## 凯尔森的回退论证

诚如鲍比奥（Norberto Bobbio）在一篇经典的文章中所表明的（1981），凯尔森承认韦伯所确立的那种关乎社会科学与法律科学之关系的基本方式，不过有个例外：与一般的规范论者一样，他试图确立一种具有优先性的描述用以规定一种只能被识别为是规范性的普遍解释，并且试图论证这种解释是必不可少的而且必然是规范的。他敏锐地实施这一计划，同时又没有明目张胆地坠入某种循环。诚如已经指出的,描述问题的一个范型在于如下主张:关于某种礼拜仪式的一种社会学描述并不完备,因为它并未考虑到活生生的上帝的临现这一事实。很明显,这是一个循环。只有对一个信徒而言这才是一个事实。凯尔森需要做得更好,而不仅仅是以一种与他的法学理论相一致的规范的方式为有关法律的事实提供某种描述,并由此宣称只有这种规范的解释才是可接受的。他必须要表明,在某种意义上,这种描述具有普遍必然性。在其漫长的生涯里,他通过各种不同的方式一再地回到这个问题,某些方式有时候还相互冲突。因此,着眼于凯尔森,我们需要考虑关于这一问题的那些广泛的论证,而每一个均包含自身的困难。

75     凯尔森的核心乃是一种关于合法律性的回退推理模型。法律自身制造了一个关于回归的问题。存在这样一个有关法律辩护的典型案例,它贯穿于凯尔森法律体系模型的构造中:

> 当一个规范的有效性以某种方式立足于另一个规范时,便产生了一个关于高级规范与低级规范的关系问题。一个规范立足于另一个规范,就像高级的立足于低级的,如果后者的有效性建立在前者的有效性之上的话。如果低级规范的有效性植根于高级规范的有效性,其中高级规范的确立产生了低级规范,那么高级规范就包含着相对于低级规范的某种宪法的特征,因为宪法的本质就在于匡正诸规范的确立。[Kelsen(1979) 1991,257]

简言之,在法律中,存在一个关于有效性的等级链条。一般法律受制于立法规范,后者赋予它们有效性。这一关于法律的双重解释的问题在一开始就紧随其步。是什么确保了那些立法规范?如果并不存在这样的保证,那么由一撮强盗构成的团伙也可以有某种权威,宣称它也是一个国家,声明其制定法律的规则,赋予其权力并使之合法。合法律性这一规范性事实,就无外乎只是一个关于权威的成功论断的社会学事实。法律推断的回退最终将只能是一个社会学事实而非规范性事实。

诸如此类的考虑构成了凯尔森在其著名的基础规范理论中有关法律的那些出色讨论的基础。这个推理是这样的:只有一个规范才能确立另一个规范。经验事实不可能确立一个规范。日常法律的诸规范是有根有据的。因此,存在某个为其提供有效性的规范就成了它们具有正当性之可能性的一个条件。某些规范,其有效性源于另一些规范,源于一些立法规范。而这些立法规范其有效性则源于其他一些更为基本的立法规范,比如那些源自宪法的规范。但这种终极的宪法规范,在规范意义上,其有效性也必须要得到某种保证——被确保为一种普遍的法律。这就要求一个更高的、更基本的规范,或者他所谓的一个使这一回退得以终止的基础规范。因此,存在一个基础规范,它事实上为一切真正的法律秩序提供了有效性。若不做这样的设定,那么整个合法律性的问题,连带着合法律性与关于合法性的社会学事实之间的区分,就一起崩塌了。

这是一个先验论证,并且具有先验论证的典型问题,即关于结果——那种被确立为必然性的事物——和描述的非充分决定性。首先考虑描述的问题:我们必须承认存在这样一个真正的区分:法律国家与以国家面目呈现的高压组织系统,不可能通过那些有关它们或它们历史的因果事实来做出这样的区分,也就是说,这是一个规范意义上的区分。由此,我们承认存在某种东西,它需要一种规范的解释。对于凯尔森的这种康德式的推理,保尔森[Stanley Paulson (1934) 2002;Paulson 1997,209-212]借助在康德那里的关于两种先验论证的区分来给予了某种刻画。第一种呈现为一种回退形式,它意在表明当做出一个论断或论证时在逻辑上就要求某种东西。在眼下所讨论的情形中,有关法律的各种各样的事实,以及关于法律有效性的事实,要求一种较之因果解释的世界而言更多的事实。第二种则呈现为一种渐进的形式,也是凯尔森试图想要确立的形式。这种论证形式不仅仅是确立那种在逻辑上要求的东西(它们无法从一类特定的主张中获得,比如在此情形中的因果论断),而且还需确立什

76

么是按照下述方式被要求的：某种答案排除了相同类型的其他答案，而且，允许某些假定的结论可以从这种重新确立的断言中推导出来。对一种辩护需求的确立是很容易的；但要确立那种终极的辩护，即那种独一无二的坚实有效的回归之终结者本身，则是一件困难的事情。

先验论证的一个一般性问题在于，即使某人承认了论证的回退形式，且已经先行承认了某个特定的、业已使用的描述所具有的独特的正确性，他也会发现，对于什么是在逻辑上加以要求的这一问题的答案并未得到充分的确定：一个令人信服的需要某种前提的故事并不必然地导向一个唯一的结局。而这也是凯尔森所面临的问题。在论及法律有效性或者那种从人们相信为法律的事项中区分出来的法律时，确立一种规范性解释的诉求是一回事，而对于这种规范性提供一个单独的说明，将其视为是某种唯一确定的并因而是客观的事项，并且由于其内在的特性而拒斥其他一切替代选项，则完全是另一回事。然而，对于规范理论而言，不存在任何替代选项。这里，除了越过那些替代项（如果它们还算是替代项的话）推荐一种既定的方案外，别无其物，不存在任何外在的特性，比如那些运用这些理论的历史事实的预言力、简单性、或忠实性，就像那些经验理论中的情形。

77　　对于基础规范这一概念而言，如果我们认识到在凯尔森那里它并非是一个包含着某种确定性内容的概念，那么它就并不那么神秘。毋宁说，它被用以标示一种源自他如下这一推理的东西：回退论证规定了需要某些东西来保证他视之为一个事实的一种规范意义上的区分，并且这种东西本身必须是一个规范或一个规范事实。进一步，它必须是一个独立的事实，而非某种装着比如为法律秩序或国家提供辩护的诸可能性的口袋。简言之，它必须是一个真正的葆有真理的规范，而非仅仅是一种"理由"。但是，当我们开始考虑这一基础规范所可能包含的内容以及它获取这种内容的方式时，我们便又退回到了一种混乱。究竟是什么东西赋予基础规范本身以规范的有效性？如果它是规范的，那么这种内容必定源自一个规范。但是根据基础规范的定义，它不可能奠基于其他更深层次的规范。那么，它究竟源自何处？有关法律的社会学家可以为与此平行的经验问题给出一种非规范的解答。像韦伯这样的社会学家可以为规范化信念产生的因果条件给予某种描述，比如，在一种危机状况下法律制定者的魄力。但是这种解释完全是另一码事——它用以说明人们规范化的信念，也就是说，那种引导他们接受诸如法律事实这类事项的信念。因此，这种解释并未赋予那些信念以有效性。[①] 我们将会看到，凯尔森对于这一有关起源的问题，以及关于基础规范的有效性问题给出了各种各样的回应，每一种都意在确保基础规范的规范特性，并且试图规避任何诸如韦伯那样的非规范的解释。每一种方式都一再地出现于讨论规范性的文献里。

## 法律问题，法律解答

为什么在凯尔森看来，合法性与合法律性之间的区分是规范论的一个坚实根基？它又是如何运作的？考虑一下他对于革命法问题的回应。根据他对其所做的解释：

> 18 世纪法国大革命以及 20 世纪俄国革命成功以后，其他国家表现出了一种与其不同的倾向，它们不认为那种通过革命所确立的高压秩序是一种法律的秩序，不认为革命政府的所作所为是合法的行为，因为一方面它违背了君主政体的合法性原则，另一方面，它废除了生产资料的私有性。由于后一个原因，美国法院甚至拒绝承认俄国政府的革命行为是合法的，它宣称那些所作所为不是一种国家行为，而是一群暴徒的恶行。[Kelsen

---

① 甚至上帝发出律令这一事实也并不充分。为了从仅仅作为因果事实的一个律令中得出应当，我们还需要某种特定的有效性主张。相关论述参见 Kelsen(1925,2006,194-195)。

(1925) 2006,49-50]

78     这个例子包含了一系列凯尔森的关键点。一个国家是否算得上是一个国家或者只是一个匪窝乃是一个规范事实而非其他什么种类的事实。为什么？因为它是由法院决定的。因此，它有别于一个国家出于外交的目的对另一个国家的认可，后者是一种国家的而非法院的事务，它不是一种自发的或实际的行为而是一种政府行为（尽管它受命于国际法）。它也不是一个社会学事实，因为它通过法律规范的运用从而受制于法庭。诚如凯尔森所言："在法律领域，不存在一个'出于其自身'的事实，没有那种瞬间确定的事实，只存在这样一些事实，它们的确依赖某种法律程序当中的法定权威。"[Kelsen (1925) 2006,211]确切而言，它才是一种"事实"，因为法院可以正确地或者错误地运用这些规范。因此，当我们实施那种必然的逻辑回归，并将合法律性的事实追溯至其逻辑的决定因素时，我们是在问究竟是什么东西为下述这一问题提供了一个最终的决断：一个国家是否具有真正的法律秩序抑或只是一种暴徒的联盟？它们又是如何做到这一点的？因此，这个事实最终变成了一个司法事实——它变成了一个行使法律的事实，因为法院断定它是一个法律的事实——而且还是规范的，因为法院不是独断地，而是通过运用法律来做这一切的。

    在某种意义上，这是一个毫无瑕疵的"始终规范的"论证。合法律性，在眼下情形中即指一个革命政权的合法律性，是一个法律问题，它奠基于法律的根基。国家本身的合法律性或许可以被视作一个元法律的(meta-legal)问题，诚如凯尔森青年时期权威的自然法学理论家耶林(Rudolf von Ihering)所主张的，这一问题受制于历史的法庭[(1872) 1915,189]。不过，存在某种未经粉饰的实际的事实，即法院的确决定着诸如此类的问题。它们并未听命于历史的法庭——或者它们或许会如此（就像我们将会看到实际上它们的确如此）——它们这么做仅仅依据一条规范。如下这一规范乃是国际法的一条基本原则：国家必须承认其他国家。法院运用这条国际法并赋予它有效性,使之成为一条真正的法则,它所决定的那些实际问题乃是有关真正法律事实的问题,因为它们业已建基于诸法律规范。因此,合法律性与合法性之间的区分就是真实的、始终规范的,并且也是实际的。

诉诸国际法,以及国家法院认可国际法这一事实,促使凯尔森附加了两个重要的主张:第一,法律无需借助一个国家来得以运转;第二,承认其他国家的法律是合法的即意味着承认了合法律性的原则,以及因此它是一个超越了特定的法律体系同时又赋予它们解释的法律原则,并认定不同的法律体系之间不存在法律上的冲突。他以这种方式克服了新康德主义的局部规范性的问题:局部的合法律性只有通过指向国际法的诸普遍法律事实或许才是关乎法律的。

这是一种关于眼下法律规范性的说明——说明了法律如何可以被构造为一个规范的统一体,后者被当作一条法学原理,也就是说,作为一个说明,它确保了法院在承认其他法律系统时如此这般地做出了它们的决定。但是,作为这样一种关于法律规范性的说明,它显得有点奇怪,很大一部分原因在于对合法律性的决断整体上呈现为一种回退。主张法院将一个国家承认为是具有法律秩序的,或者认为法院承认一种国际法——法院的确所遵从的惯例或业已确立的规则,这是一回事;而声称这些规则和惯例如何成为法律,则完全是另一回事。对于某些条约之合法律性的真正的规范性解释,诚如凯尔森所做的那样,会主张"法律规定其自身的创立。国际法同样如此。它的创立出于其自身的运作。当两个国家订立一项条约时,它的功能类似于国际法的机能"。[Kelsen(1925)2006,354]但是条约本身——类似于国际法在某个国内法律体系中扮演着一项法律的角色——必须要趋向于成为一项"法律",后者依据一些法律规范而被制订出来。国际法立于诸条约之后,并赋予后者法律效力。

这就是国际法,作为一种法律秩序高于国家,使得在两个或多个国家之间订立有效的规范成为可能,这些规范就是国际规

79

范。正是这种一般的国际法,尤其通过它的"必须遵守契约(*pacta sunt veranda*)"这条规则(它确立了某种用以规定国家必须尊重契约的规范),使其作为一种源自其自身规定的条约而发挥作用。[Kelsen (1925) 2006,354]

这告诉了我们法院何以必须要为事实做出解释,亦即,以这种规范性原则。但它并没有说明,那种立于背后的为诸契约赋予法律效力的国际法的规范性原则源于何处。按照其定义,它不可能源于契约,因为后者以它为前提。它不受命于任何事物。但是凯尔森告诉我们,诸如这种契约必须要加以秉持的原则是一种真正的法律,并且非常类似于国际法的情形,它包含习惯法所具有的特征。

当我们依照这一回归论证的路子一直前行,就是我们所到达的地方。然而,为了实施这一"无国家的合法律性"的论证工作,凯尔森需要承认某种习惯法的有效性和规范特性。除此,他就无法立足于国际法。这种习惯法从何而来?凯尔森对此提供了一个一般性的回答:

80
　　　　　另一方面,习惯法的规范源自那些受制于法律秩序的个体的行为。在前者那里(法令上),制订规范的权威并不等同于遵守规范的个体;在后者那里(习惯上),它们至少在某种程度上是等同的。为了考虑存在某种制订规范的习惯这一事实,无需让一切个体都遵从或听命于那种出于习惯的规范,以便参与到习惯的制订中;压倒性的大多数都这么做就意味着是充分的,因此,一些个体就有可能受制于一个源自习惯的规范并且又未参与它的制订。这一点在习惯法的一个规范那里尤其有效,后者从某个时刻起开始变得有效。鉴于这样的理由,诚如有时候做的那样,将习惯法解释为"一种默认的契约"就是不恰当的,尤其是在涉及国际习惯法的时候。[Kelsen (1925) 2006,229]

"习惯的这种创制功能,亦即制定法律,拥有和立法一样的无可争辩性。"[Kelsen (1925) 2006,227]行为创造了习惯法。这种"制订法律的"权威不是一种立法院意义上的,因为并不存在这样的机构,而是在于这样一个事实:一个"压倒性的大多数"的参与者如此这般地行动,好像其行为是规范的。在那些早期的著作中,凯尔森并没有说"好像"。但是它是对于这一章节的一个自然的阐释。这点与关于塞拉斯的如下讨论(第五章)相关:规范力量的源泉,诚如凯尔森尖锐地指出的,不是"一种民族精神或团结社会(*Volksgeist or solidarité social*)"[Kelsen (1925) 2006, 227]。对于凯尔森和韦伯而言,这些都是一种虚构的产物。①

对于一个规范论者而言,如下这样的主张看上去至少会有一点不可思议:行为自身能够制造任何规范的现象,或关于法律的特定的规范现象。但这并非是行为自身,它是那种压倒性的大多数所具有的制定法律的权威在这一行为中,大概也在他们对于该行为者的规范态度中的展现,尽管凯尔森并未明确认识到这一点。眼下,我们暂行搁置这条推理线索并稍后再做讨论。这导致了一个特定形式的转换问题,即某种明显是非规范的事项究竟是如何产生一个真正的规范事项的这一问题,在眼下的讨论中,这种非规范的事项即是那些态度和行为。但在这里,通过对关于合法律性之源泉的历史秩序的翻转,产生了另外一个问题。

为什么其他国家的法院的决定应当取决于如下这一问题:一个既定的国家是一群暴徒的结合体还是一个在法律上得到认可的真正的国家?准确地讲,这并不是凯尔森的主张。他或许会认为法院所

---

①　如果法庭根据一个规范而将其识别为一个事实,那么它们会摆脱虚构吗?在佛罗里达州最高法院戈尔-布什选举争论中有关"人民意志"的情形的确发生了类似的事情。法院声称立法院"明确地将佛罗里达州人民的意志作为指导原则"用于官方选举(*Albert Gore*, *Jr. and Joseph I. Lieberman vs. Katherine Harris*, *as Secretary*, *etc.*, *et al.*, SC00-2431, 18, 2000)。[然而,对这一主张的支持(*Gore and Lieberman vs. Harris*, 17-18)并未提到"人民意志",而是转而描述选举的程序。]是立法院而不是法院做出了这样的识别,但是法院接受了这样的意愿。根据凯尔森自己的推断,它们应该避免了虚构。法律程序有能力将非事实变成事实。这一推论所导致的循环问题接下来将予以讨论。

承认的乃是一个业已存在的合法律性。但这导致他自己的问题。如
果合法律性被理解为是一个属于"法律领域内"的事实，如他所言，它
就必定"在一个法律程序中得到了权威部门的认可"。一个革命领导
者仅仅宣告法律的权威是不充分的，因为这种宣告预设了一个前提：
即领导者本人就是权威。那么，外邦法院所认可的那种东西究竟是
什么？是一种关于合法律性的规范事实吗？还是一种非规范的事实
（它通过法院的认可变成了一个法律事实因而也是规范的）？因为按
照凯尔森的论证，它必定是一个规范事实——一个区分国家与暴徒
团体的形式，他认为这是无法通过社会学的解释获得的。不过，这个
例子连带着这样的问题：这一情形颠倒了法律和社会学的关系。外
邦法院没有权力改变这一社会学的事实——无权将一个国家判定为
是非法的并且取而代之。它们只具备这样的权力和职责——识别那
种它们可以有效控制的事实，诚如凯尔森所认可的那样。在有关法
国革命与俄国革命的情形中：

> ……一旦这种革命的强制秩序被证明是有效的，它们就成了
> 一种合法秩序，革命政府成为国家政府，而它们的行为亦成了国家
> 行为，换言之，成了合法行为。[Kelsen（1925）2006,49-50]

于是，就某物何时变成法律这一问题，凯尔森的回答回到了一个
同样的观点：一个法律事实即是那些被法院予以认可的事实，或是源
自一些自身被规范地加以约束的其他方式。比如，通过一个立法院
或国王合法地授权来制定法律。但这里究竟是什么东西得到了认
可？法院所关心的是否是根据某些特定的规范原则从而洞察到合法
律性的存在？诚如凯尔森自己所承认的，它们并非在这么做。它们
所确知的仅仅是一个关于实际规则的事实——类似于那种凯尔森斥
之为没有充分地表达法律实在性的"社会学的"事实。在这些实际的
领域中，法院（包括国际法）没有识别出一种关于法律规范性的特殊
的非社会学的品质，因为，这里没有半点出自法律的连续性，至少就
其日常的意义上而言，因为这种连续性并不依据法律，而是通过强力

获得的。

因此，这一论证就依赖于某种模棱两可。实际有效的控制是一个无法律的、非规范的事实。法院承认这样的事实并赋予其法律意义。因此，在这些认可的情形中，法院的作用不是去构造那些关于革命政权自身的诸法律事实，而是明显地源于实际控制的非法律的事实。法院并未给这一事实添加任何实际的内容。因此，关于合法性的社会学事实即是这里所有的事实，而法律的意义就立足于社会学的意义——与凯尔森所要求的那种依赖关系相对立。不过，虽然如此，凯尔森或许会坚持说这一事实源于法律的意义，它立足于法院的一种独断的或规范的考虑。因此，尽管它本身不包含规范的内容，在某种意义上，很明显，通过法院所运用的法律，它仍然可以成为一个规范事实。

奇怪的是，这一事实与合法律性相关，它在给出判决的司法审判中获得了意义，但是在法律上却并不具有这样的意义：为了那些革命政权的主体而赋予这种政权以有效性。不过，凯尔森对此有所回应。并不存在这样的一种合法律性，它仅仅对某个国家的人民法院具有意义。对于凯尔森来说，法律乃是一种统一体，尽管很明显实际的法律存在多样性。国际法将所有国家的法律统一为一体。法律上的冲突可以通过法律自身来化解。而那种统辖任何法律的国际习惯法将所有这些事实构造为一种法律的事实。因此，这种法律的视角贯穿于整个构造工作的背后，而所有相关的事实均处于这一视角之下。

# 视角的问题

如果将合法律性的观念作为一个有关视角的问题加以考虑，那么将会引发一些新的问题。不同视角之间具有什么样的认知关联？不同种类的视角如何能够彼此相关？视角的观念是否会导致一种视角相对主义？这些问题一度引发了激烈的争论。拉斯科作为韦伯在

82

哲学上的同僚和对话者,在韦伯撰写其方法论的论文期间,写了关于法哲学(*Rechtsphilosophie*,1907)的大学授课资格论文并提出了这一问题。该论文为社会学(按照齐美尔新康德主义式的理解方式)与新康德主义的法律科学概念之间的关系提供了一种清晰的说明。拉斯科为如下两类事项之间的区分绞尽脑汁:一方是关于那种日常的、普通的、生命的、生活的,以及社会的具体现实性的根基,法律借此塑造为一个概念;另一方是概念自身的那种固定的、坚实的、普遍的,以及永恒的特性。他以一种特定的方式表述了视角主义的问题:法律与社会学是两种截然不同的塑造事物的方式,而生活的根基,至少部分地在概念上拥有其独特的属性。对于这一根基而言,社会学与法律,或者社会学的视角与法律的视角,立足于相同出发点。他通过下述发问构造了这一问题:这种在概念上未塑造其实在性的根基是如何与我们的那些用以塑造具体经验对象的诸概念相互照面并彼此相处的?(参见 Schuhmann and Smith 1993)这便颠倒了概念化的问题:概念在构造对象的过程中发挥着作用,但是,这种(坚实的)概念秩序本身不再能够完全决定其内容。语词的那种字面上的、定义的稳固性被带入一种动态的、活生生的体验中,并且它们必定不再是充分完备的。①

对于这一社会学与法律的视角之间的区分,凯尔森给予了各种各样的相互冲突的回应,而且这些冲突与评论者们对其工作的认识程度密切相关。早先提及的那种构想,即认为除了在一个法律过程中所识别出的那些事实外并不存在一个法律事实,源于他最早与这一问题死磕的意图。其中,他将法律视角当作是一个视角,不过它是被特许的[(1925) 2006,221]。在这一时期,他强调法律的客观性与

---

① 当前,神经科学的工作表明了关于知觉的 75% 的神经效能源于大脑自身,而 25% 则来自知觉神经。如果我们将来自大脑的资源当作是概念化了的,那么这就符合拉斯科的关于日常对象世界的构造图景,后者的实施借助于某种概念的渗透和某种未加形式化的经验的实在性(Gawande 2008)。

韦伯的解释的主观特性之间的冲突。这引导他认为:

> 韦伯对于社会学法学的对象的定义——行为个体使行为适应于一个他认为是有效力的秩序,并不是十分令人满意的。根据这一定义,在不法行为个体没有意识到法律秩序时犯下的不法行为就会溢出相关的现象之外。[(1925)2006,178]

这是一个误导。韦伯并没有像凯尔森所认为的那样主张眼下所讨论的主观意义必须是行动个体的行动所赋予的那种意义。对于韦伯来说,一个法官如此这般地做事同时也是一个具有主观意义的行为。不过,凯尔森还有一个更能与韦伯文本相契合的论证:

> 个人行为之所以关系到法律社会学的范围,并不是因为这种行为"适应"法律程序,而是因为法律规范规定这种行为是条件或结果。个人行为只是因为它是由我们所预定为有效力的法律秩序所决定的,所以才构成一个法律现象。具有这种条件的个人行为是规范法学的对象;但从实际上发生或大概将会发生这一点而论,它也是法律社会学的一个对象。[(1925)2006,178]

这里的推论是:法律社会学的领域是由法律秩序所决定的。法律秩序是规范的。社会学旨在搞清楚一个被当作"规范法学之对象"的事项实际上发生与否。因此,它依赖于规范的视角但又不承认这种依赖性。就此而言,这并没有离开韦伯自己的主张多远。对于韦伯而言,诸如"法律"这样的概念在构造社会学的主题时,既是有价值的也是必不可少的。但在凯尔森那里,法律究竟是什么这一规范性问题仍然有一定的地位,而在韦伯那里则不是。在后者看来,存在两个有关法律的有价值的相关概念:一个将意义赋予人们的行动,它的习得有赖于决定什么是他们归之为确定的东西;另一个则被社会学家(或历史学家)和他们的读者所共享,从而他们可以和读者产生共鸣。这两个概念在某种规范的视角中"正确"与否则无关紧要。

为什么凯尔森坚称"规范法学"乃是有关主题的决定性因素?为

84

什么凯尔森无法将关于诸如国家这类事实的社会学的构造和法律的构造之间的差异仅仅视为是一个关于视角的问题、一个关于不同的概念发展(它们以日常语言或一般表达为起点并向前发展)的问题?这将威胁着规范法学变成一种分裂的学科。而且它或许还与新康德主义的如下观念相契合:通过将自己纳入一个按等级组织起来的概念系统或科学,从而变成一个事实,并且具有了客观性。然而,这将会错失掉一些重要的东西。如果凯尔森承认合法律性的观念是世界的一个特性,它源自并受制于一种法律科学——韦伯赋予其独断科学的名号——那么他就会承认法律的规范性是一种特殊学科之推理形式的特性,而非世界本身的一般的实际特征。[①] 他也许会采纳弗里德曼的办法,将规范法学视作一个规范棱镜(1998)——一个有关法律科学之独断学科的规范棱镜。但这种事实的组织仅仅受制于法律科学,而这恰恰正是他想要规避的。法律科学的视角仅仅受制于法律科学的实践者。而这种制约仅仅是认识论意义上的,人们通过推理可以应付该视角所确立的对象,而非规范意义上的。

因此,凯尔森必须要否认任何从非法学的日常事实之根基中构造的可能性——言及事实的根基已经是规范的,并且其事实,按照正确地所指出的,具有一定的约束力。他将这一论证建基于一个清晰的关于描述与概念化之本性的理论之上——即这样一个理论,它很难以清晰的形式构造出来,但显见于关于规范论的一般的论证中。

　　　　除了国家的法学概念外,没有什么国家的社会学概念。这

---

① 关于凯尔森的一些二手文献精确地刻画了这一主张,参见保尔森[(1934)2002,xlii]。这样的观点,即法律科学与某种"司法层面"相关,属于凯尔森之前的一些文献(cf. Patterson 1950)。问题在于,与这种层面是否存在解释上的相关性,或者是否所有的解释工作都可以很好地完成同时又能规避掉它。在其早期著作中,凯尔森意图主张,在某种意义上,真正的规范性需要将自身纳入某种解释之流中。类似地,拉兹亦隐晦地坚持这样的看法,他使用"规范性层面"这样的说法并且提出了一个相似的主张,依据理由的行为反映了我们的识别能力,比如,气压计的下降就是"即将到来的天气的证据"(Raz 2009,18)。但是这并没有解决这一问题,即是否这种识别和证据为了成为解释因而必须是正确的,或者正确性本身从来就是隶属于解释的。

样一种关于国家的双重概念,在逻辑上是不可能的,即使先不挑明其他的理由,同一对象也不能有一个以上的概念。只有国家的法学概念:国家是——集权化的——法律秩序。社会学的适应法律秩序的实际行为模式的概念,并不是一个国家概念,这种社会学概念预定要有法学概念的国家概念。[Kelsen（1925）2006,188-189]

简言之,对于国家的社会学的研究完全是可接受的,只要它承认社会学的概念预设了法学的概念是唯一正确的。

在其晚期的著作《关于法律的纯粹理论》(1934)中①,他转移了阵地,或许是为了回应韦伯出版于 20 世纪 20 年代的那些有关法律的实质性的著作。很明显,在这些著作中,韦伯细致入微地考察了法律现象,包括对于在不同的法律秩序中什么是确定不变的这一问题给出了社会学的说明,包括构建了一个国家理论用以阐明和解释法学的国家概念,也即是说,将其解释为一个"包含信念的"现象。凯尔森的新观点似乎承认了这一点,他主张那种根基、那种概念予以组织的质料是非规范的。他由此甚至更加接近于弗里德曼的那个规范棱镜:

　　那种其客观意义要么合法要么不合法的外部事实总是一个可以通过感官加以体验的事件(因为它发生在一定的时空中),并且因此就是一个受制于因果性的自然现象。然而,这样的作为自然的一个因素的事件,并不是法律认知的对象。使得这一事件变成一个合法或不法行为的东西不是它的物理实存,后者受制于自然中的因果性法则,是缘于对它的解释的客观意义。这种关于行为的特定的法律意义源于一个"规范",其内容指涉这个行为;该规范将法律的意义赋予这个行为,因此可以通过该

85

---

　　① *Reine Rechtslehre* 有两种英译版本,第一种英译为 *Introduction to the Problems of Legal Theory*[(1934)2002];第二种英译为 *Pure Theory of Law*[(1960)1967]。

规范来解释这个行为。这个规范作为一个解释的模型而发挥着作用。换言之,评判某人的一个发生在特定时空下的行为"合法"(或"不法")是一个特殊的亦即规范的解释的产物。而且,即便是认为该行为包含着自然现象的特征,这也只不过是一个特定的解释而已,它不同于规范的解释,亦即它是一种因果解释。[(1925)2006,45]

这一"外部事实"貌似是一个新的根基,而且它是规范的。这些事实仅仅通过解释,或者毋宁说通过一个规范的解释模型变成了规范事实。

这一推理促使凯尔森提出了一种新的构造与社会学的关系的方式,即平行论(parallelism)。他认为,在法律社会学中,

86

……认知的对象实际上并非是法律自身,而是自然中的某种平行现象。这类似于生理学家的工作:他探究那种伴随着某种感觉或引发这些感觉的条件的化学或物理过程,但是他并没有阐明感觉本身,作为一种心理现象,无法通过化学或生理学的方式来解释它们。作为一门具体的法律科学,《纯粹法理论》并未将其目光投向作为意识予料的诸法律规范,也并未聚焦于有关法律规范的意图或想象,而是关注作为(qua)(吁求的或设想的)意义的法律规范。而且,《纯粹法理论》中的一些物理事实仅仅是作为法律规范的内容而被触及的,亦即它们均受制于法律规范。《纯粹法理论》所探讨的问题即是某个意义领域的特定的自主性。[(1934)2002,14]

这表明了一种向早期著作里那种强烈主张的回退。"实际吁求的规范(actually intended norms)"并不受制于任何人的意图或信念,而是意义领域里的一种独立自存的事项。这些自主的规范事实即是纯粹理论要讨论的主题。至于人们真正的想法并不是这里的主要问题。它们毋宁说是社会学的问题。

诚如我们已经看到的,意义并未脱离韦伯的策略,他将社会学定

义为对有意义的行为的研究，并且写了相关的著作来探讨当法官们思考关于有效性的理想时究竟在做什么，但是在解释和理解法官的行为时，他并没有触及有效性的规范性内涵。凯尔森通过这样的论断来与韦伯区分开来，即"并未将其目光投向作为意识予料的诸法律规范，也并未聚焦于有关法律规范的意图或想象，而是关注 qua 这样的法律规范的（吁求的或设想的）意义"。换言之，韦伯所考虑的是使用中的意义，后者体现在实际的社会行为中并且受制于所涉及个体的吁求或设想。但是，凯尔森又在考虑什么呢？而他所考虑的又是如何与实际的法律关联起来的？凯尔森似乎假定了，事实上存在一种结构用以回应所谓的"法律规范"，后者从"意识予料"中分离出来，并且成为某种模糊的人类团体的公共吁求。或许这种结构就是一切制定的法律包括基础规范所预设的东西。然而，如果没有这种一般结构的设定，这里也就没有什么可以讨论了。韦伯不需要这种预设，对他来说，在一种解释性的意义上谈及法律秩序，其根据在于某些关于统治或支配秩序的理想范型的建构，但它们并不具有规范意义，除了那些处于其统辖之下的，并且相信其确立的那些权威形式富于有效性的人们。出于便于解释这一实用的目的才构造出了这样的范型。

87

　　凯尔森在其生涯中不断转移阵地，但是其核心问题始终不变。为了以某种特定的方式将法律理解为是规范的——并非仅仅是一些被规范地加以解释或理解的社会事实，而是作为一种内在本质上就是规范的奇特事实——人们就需要一种有关规范性的解释，这种解释，通过那些诸如源于规范的规范规则或在规范中得以识别的事实规则，从而是圆满的、自发的。而且，他们还需要认定这种事实不可还原为非规范的，也不能以非规范的方式加以解释。然而，这种圆满被证明是某种幻象：存在一些我们也许可以称作非规范的情形，即要么那种源自规范的规范规则变得无效，要么并不那么圆满。在习惯法的情形中，显而易见，规范产生自一个非规范的事实——行为。在有关"合法性——合法律性"这一区分的情形中,那种法院所认可的事实——即有效统治这一事实——无法区别于那些作为社会学的主题的非规范事实。用凯尔森自己的话来说,有关一个规范事实的封闭秩序的观念是天方夜谭。甚至包括那些立足于非规范事实的规范。这样的一种观念,即基于一些本身非规范的事实构造出一个特殊的规范棱镜,则避免了这一问题。而且,就像我们将会看到的那样,这是凯尔森最终要达至的方向:他拯救了诸规范的结构这一观念,但抛弃了圆满这一观念。

## 法律的祛魅

凯尔森的论证以一种生动的方式展示了规范性论证的某种怪异的二元结构。诚如他联系纯粹理论对它所做的那种解释所表明的,他的兴趣不在于意义的吁求,这是韦伯的术语并用以标示人们实际上相信和理解为意义的东西。正是这种实际的意义,存在于一个意义系统中,后者立足于个体的各种各样的信念和理解之上,而这些信念和理解构成了那种意义的吁求。

为什么要诉诸这样的一个意义领域?因为对于凯尔森同时代的人而言,比如卡西尔(Ernst Cassirer),很显然的一点是,存在一个自发的符号领域,它包含内在的联系、结构,以及可确定的特性,并且个体的心灵与这一领域相互作用——尽管确切地说这一相互作用究竟是如何运作的这点仍然是神秘的。不过,在有关法律的情形中,相信这一领域存在的动机要更具体一点。这一说明取代了关于合法律性与国家的五花八门的流俗见解,比如这样的观念,即认为国王通过神授的权力来实施其统治,而这种神授的权力则是那种最终源自上帝的权威所沉淀的结果。凯尔森当然不接受这样的理论。但是他也同样拒斥对这些理论所采纳的一种社会学式的进路,至少就其生涯中的这一阶段而言是这样的,这种进路在韦伯那里则是旨在将它们归为一种合法性的信念。凯尔森接受韦伯的这种归类:在他将法律归于习俗、启示、法令的范畴中时,他几乎重塑了韦伯的策略。不过,韦伯对这些信念持一种完全祛魅的态度。对他而言不存在这样的一个问题:即它们的存在真的或者大约接近于一个隐藏着的规范性真理。出于解释的目的,存在那种人们所相信的事实——在一个国王的那种神秘的神授权利以及通过仪式对它的传递中,或者在传统习惯的神圣中,或者在法律系统的合理性中——就足够了。

作为他们的同时代人,哈格施托姆则对这种观点毫不留情。他乐此不疲地搜集古代罗马法的迷信仪式里残留下来的例证,并且将法律的规范性视为仅仅是另一种迷信观念,即法哲学应当自行废除。这与韦伯并没有多么大的不同。对于韦伯来说,一如对于哈格施托姆,关于正义与权威的信念的根源,或者确切地说是得到辩护的权威,与迷信相互交织在一起。对韦伯而言,法律权威的原始基础是神赐的,并且后来逐渐注入传统习俗中,而后人们信仰它们因为它们乃是一种古老的习惯。通过一些迷信观念,最初对于神赐权力的归属得到了概念上的塑造。它的权威特性,以及典型的对领导者与生俱有的特殊力量的信仰,就其本质而言均源自迷信。迷信或迷信思想的概念,以及神赐权利的概念都彼此紧密相关,在某种意义上,神赐权利的存在是迷信概念的一种精致化的独特的子范畴。就其根源而言,情况类似于之前的 *tabu*:禁忌依赖于某种神秘力量。

哈格施托姆的工作与韦伯不同的地方在于,他强调那种在一切法律活动中作为核心的神秘特征。哈格施托姆试图提供某种版本的错误理论(error theory)。对于哈格施托姆而言,那些为法律提供辩护的原则对于一个运作中的法律秩序不仅不是多余的(就像对韦伯而言的那样),而且也不能仅仅将它们适当地安置在一些虚构的范畴中:一个教条的范畴。相反,它们是一些虚假的信念。然而,这是就迷信是虚假的意义上而言的,或者是在如下这种意义上而言的:一些神学上的信念在一个非信仰者那里是虚幻的。哈格施托姆没有冒险

89

将这些信念予以合法化,就像凯尔森所做的那样,也没有想着以如下方式提供一种理解视域取而代之:或许可以将这些信念看作是真的,亦即当作一种独断科学。

这些结论事实上都是凯尔森毕生所拒斥的。然而最终他放弃了。他最终承认,这种回归论证最后并不导向一个真正的规范,而是一个"仅仅思想上的(亦即虚构的)规范"[(1979)1991,256]。他总结道,基础规范在费英格(Vaihinger)的意义上是一种"真正的虚构"。用费英格的话说,所谓真正的虚构,即"不仅与现实相悖而且其内部是自相矛盾的"[(1979)1991,256]。① 诚如凯尔森所说的:

> 根据费英格,一个虚构是一种认识手段,当人们无法通过手头的工具达到他们的认知目的时就会使用这一手段(1935:13)。对于基础规范的认知目的有赖于那些源自一个积极的道德或法律秩序的规范的有效性,亦即将那些断定规范的活动的主观意义解释为是它们的客观意义(即有效的规范),并且将相关的活动解释为是断定规范的活动。这一目的只能通过虚构才能达到。值得注意的是,基础规范不是费英格的 As-If 哲学意义上的一个假设——诚如我自己有时候所刻画的那样——而是一种虚构。一个虚构在如下意义上有别于一个假设:虚构伴随着——或者说应当伴随着——这样一种认识,即现实并不赞同它(85页及其后)。[(1979)1991,256]

为什么虚构与现实相冲突? 因为一个基础规范的预设——比如,关于一个宗教道德秩序的基础规范,"人人均遵从神的律令",或者是一个法律秩序的基础规范,"每个人均按照历史上第一部宪法所规定的那样行动"——涉及某种不存在的东西,亦即一个使其变成一

---

① 韦伯曾说过国家是一种虚构。而凯尔森则对那种主张国家与法律相互分离的理论给出了一种复杂的批评,因此,与此类似的主张对他而言就应当是合法律性乃是一种虚构。

个规范的实际的意志活动。它也是自相矛盾的,因为它导致了一种
回退:"它象征一种最终道德或法律的权威的可能,并因此生发出某
种权威——显而易见,它是一种虚构的权威——甚至比它更高。"
[(1979)1991,256]这种回退要求一个更高的权威——上帝或者是
关于宪法的那种原初的催生意志的创始者,在那里他们获得了一种
权威。但是,要求他们通过自己的意志创造出那种基础规范则与此
相矛盾。简言之,凯尔森认识到,如果拒绝接受某种神秘的普遍意
志——它天生是自我约制的并且不涉及其他的权威——那么就没有
任何方式可以产生法律的规范性。

　　神话必须要面对一些细微的理解标准,而且它们所包含的那些
推断必须能够是可追索的。*Tabu* 的模型符合这一标准,当我们将这
些信念放置在未经"祛魅"的前现代的背景下时尤其如此。因此,哈
格施托姆和韦伯均聚焦于法律的起源问题,并提供了一种补充性。
他们对待迷信(在韦伯那里还包括神赐权力的神秘性)的态度是一样
的。但是这些解释没有一个将合法律性确立为真正的事物。对于哈
格施托姆而言,理解法律即在于从现实因素中分离出那种神秘的因
素,而这一分离的结果是将法律还原为事实,并且将法律秩序还原为
一种有关预估人们行动的残酷的真实性。剩下的一切东西,比如约
束的观念和法律规范性的观念(包括规范性自身),在哈格施托姆那
里,均整个地坠跌进虚假的范畴中。

## 作为典型规范论者的凯尔森

　　看起来,凯尔森的漫漫生涯与当代规范论似乎并没有多少交集,
但事实上,它展示出了规范论最为基本的特征与问题。值得一提的
是,当这些观念出现在盎格鲁-美国的法哲学中时,它们以一种温和
的方式发挥着作用,尤其表现在哈特的著作中,他或许可以算作是一
个典型的规范论者。但是,在一个重要的意义上哈特仅仅触及了凯

尔森之前所达至的那些结论,而并未揭示出其深层的含义。他坚持了这样一个基本的观点,即规范依据规范而产生。但他终结这一回退的方式截然不同。普通法规的制定有赖于一个更高的规范,比如议会以女王的名义颁布一项法令,在这一确认法规的情形中,"英国依据女王在议会中所颁布的条令从而将其确认为一项法规"(Hart 1961,99)。他认为,诸如此类的法规最终都植根于承认这一社会学的事实。简言之,他与凯尔森在其晚年所推荐的主张如出一辙:他坚持了法律规范性的内在意义——规范依据规范的意义而产生——并以那种作为起点的规范性为代价。事实上,这是为了承认的合法性而对韦伯做出的另一种妥协。

　　法律规范性的核心问题等同于关于规范性的一般性问题。而那种"解释的必要性"的难题也是一个一般性的问题,即主张存在某个方面,它要求某种特定的解释,在此情形中即是对于有效性的解释;其给出的解答是,存在诸如法律的有效性这样的事项,它超越人们通常所相信的那种有效性。但是,在它们当中除了信念别无他物。律师唯有通过考虑人们所说的东西以及他们认为包含着法律有效性的东西来学习什么东西在法律上是有效的;并且最终他们获得了一种关于有效性的信念。被传达的东西就是这种有关有效性的信念。那种关于实际上所言之物的世俗的解释事实并不能为真正的有效性这一先验的事实提供辩护。只有通过有效性对法律事实的描述——一种社会学家通过有效性的信念所给出的描述——才要求那种关于有效性的先验事实。

　　当然,如下也是法律的一个特性:法律观念与神话紧密相连,就像一般的规范观念那样。人们在实际中将法律设想成是一种约束(如果他们事实上果真这么做了),其理由极其五花八门、奇特怪异,包括从上帝促使我们遵从这些权威是因为它们代表了大地的神圣秩序这样的观念,到诸如 *hau* 或 *karma* 这样的观念,或者主张如果人们违背了其生命的誓言就必定会遭受死亡的打击这样的观念,——

不等。凯尔森在论证基础规范乃是一种极其特殊的虚构时——一种彻底的虚构并且是自相矛盾的,而不是某种半吊子真理——直面了这一问题。人们或许会认为,这种关于约束性的信念的多样性以及法律最终的权威基础,反映了这样的事实,即普通人只能通过神话才能理解这种神秘性,但是作为这些神秘性之内核的规范性则事实上是真实无疑的。毛利人的确带来了某种真实的责任,就像非洲的迷信享有者们所做的那样。他们仅仅通过一些错误的理论来解释那些行为。但是这样的论证意图在有关下述问题的解释上导致了一些障碍:它们错在哪里? 为什么是错的? 它们是怎么成为一种错误的? 为什么以相同方式构造的关于规范力量的理论却是正确的?

由此,法律有效性的问题产生了一些争论,这些争论与规范论在别处所引发的那些争论如出一辙。先验论证的主要问题在于对替代选项的排除:社会学声称要为法律提供一种别样的说明。对于这些争论,凯尔森给予了许多标准的规范论者式的回应。这些争论的核心在于认为社会学家们偷换了主题。但是,以一种非循环的方式处理这一论证是困难的,尽管凯尔森采取了截然不同的构想形式。有关附加力的主张作为法律的约束特性出现在了法律情形中,而它无法通过一般的解释来予以说明。关于循环的问题,有这样一个明显的例子:对于这种附加力做出说明的需求只出现在将法律描述为一种约束的过程中——这种描述并不依赖于任何类型的经验事实。它是法律的一种特征,就像一般的规范性,是无法通过经验的探究而获得的。

然而,在另一种意义上,法律规范性的问题只是一个较弱的例子。如下这样的主张是一种常规的看法:某些种类的主题,特别是规范性以及概念,本质上就是规范的,因此不管人们所考虑的是什么样的主题都是不可避免的。在这些情形中,不同于法律,并不存在规范概念的(或进行的那种论证的)替代物。凯尔森对合法律性的说明并不是一个关联于所有规范论的典型例子。对此还有另外一个理由,诚如我们所见,凯尔森小心地拒绝了诸如民族精神或团结社会这样的集体观念的神话。然而,许多规范论者的解释采纳了类似的集体观念,特别是共同体和集体意向性的观念,或者诉诸一种关于"社会"的集体观念,即一种作为规范性之渊薮的社会观念。凯尔森自己转向了意志概念,将其作为合法律性的基础。因此,就需要直面集体意向性的问题。在接下来的三章里,我将依次处理这些问题,它们始于下一章的一些概念,再下一章的集体意向性概念,以及最后一章的合理性概念。

# 第四章
# 洗礼(lustral rite)以及概念系统

……现如今,一切抽象物均被视作是一种错觉。它们仅仅
是一种说法。甚至哥白尼,尽管他的学说发人深省,他也发现用
托勒密的方式刻画太阳的升降非常简便。而在数学中,诸如无
限小、虚数、负数、无理数以及假分数这些说法用起来很便利,尽
管事实上,数学家们完全认识到了这些心灵产物其内在的荒
谬性。

Franz Brentano[致 A. Marty 的信,March 1901 (1930) 1966,
64]

在一个重要的意义上,法律规范性充当了一个范型:通常关于规
范性的思考方式立足于某种类似于法则的概念,比如道德法则,或者
某种类似于法律义务的义务概念。区别在于,法律规范性在某种意
义上只是一个选项。韦伯时代的法律思想家,包括韦伯自己,钟情于
某些拒斥法律的人,比如无政府主义者,或是托尔斯泰的那些当代拥
趸。这些人的存在,以及他们截然不同的价值取向暗示着对他们而
言,遵从法律本身就是一种价值选择,而不是对某种外在于人的并且
不受制于选择的规范性的必要的屈从。这就是凯尔森以一种令人困

惑的方式在他的下述建议里所传达的想法：韦伯无法说明一个拒斥法律本身的罪犯仍然是一个罪犯；诚如我已经指出的，韦伯会以一种社会学的方式回应这一点，即认为正是那种与其他事项（比如法官）相互牵连的意义将某人规定为一个罪犯。

规范论者可以接受这种具有可选择性的规范性，尤其是他如果考虑到了真正的非选择性规范性（nonoptional normativity）的问题时，这种规范性与我们理解自身的那些基本范畴，或是与理解本身，或是与理性，或与某种具有同等根本性的东西紧密相连。由于这样的理由，规范论者很可能通过将其视作与规范性毫不相关且毫无意义从而规避了凯尔森所面临的那些麻烦。规范论者或许会说，通常将法律视作规范性的一个范型仅仅是一种怪异之举，它无法提供一个真正的规范性基础，而那种所谓的法律规范性也只是被瓦解为一个有关信念的社会学事实。将规范论的主张建基于信念自身——亦即建基于信念、理解以及思想的本质——使得规范论者无需考虑规范权威的根源问题，包括那种使得法律规范论者晕头转向的根源。的确，主张信念作为一个规范概念，乃是对韦伯的一种"你亦如此"式的最好回应：他立足于信念概念去解释法律规范，并由此帮助自己获得了一个他未曾明言的规范概念。

更一般地（或者它所表明的），可以通过如下考虑来捍卫这一规范论的大本营：这些考虑促使规范论者将它们作为自身思考的条件，比如"概念"本身就是一个规范概念这一事实，以及对于思想和语言之本质的某些直击要害的实际考虑。在这些关于法律的考虑中存在某种极为有趣的平行现象，这一点我并未将其与凯尔森相连，但是它的确在凯尔森以及他的那些新康德主义的前辈们（比如施塔姆勒）身上得到了呈现。这些作者均按惯例主张，事实上一切有组织的社会都包含法律。其背后的含义在于，眼下所讨论的这种法律乃是一种普遍法律，即意味着它是某种规范性法律，因此这种法律的规范性就是一个普遍的事实。这一论证仅仅是貌似实际的。凯尔森和施塔姆

勒不会着眼于这一事实,即是说,波利尼西亚人的社会是围绕"大人
物集团"构造而成的,而不是通过法律。他们要么会调整其定义以至
于将其排除在有组织的社会之外,要么拓展法律的定义,将大人物的
意志纳入法律之中。但是,它作为一个事实这件事始终是得到承
认的。

类似的推理充斥在有关非选择性规范性(nonoptional normativi-
ty)的文献中。哈格兰德(John Haugeland)在其极富影响力的《获取
思想》(*Having Thought*,1998)一书的导论中给出了一个冗长的列
表,其中他罗列出了一些无需任何论证的问题。这些问题包括,在人
类和动物的认知之间是否存在一个基本的区分,什么是理解,以及许
多其他诸如此类的问题(1998,1-2)。书中的那些论文则进而构造了
一系列冗长的论证,它们旨在澄清理解、语言等诸如此类之可能性的
条件,因此它们是以一种毋庸置疑的和无需争辩的方式构造的。其
风格在于不断重复地使用诸如"真正的"(比如像"真正的规范性")、
"合适的",以及"本质的"这样的词,比如在下述这样的主张里:"将正
确性瓦解为适当性即是抹掉思想的本质特征"(1998,316)。

如下这样的想法有点惊人:我们是如此地理解"理解",以至于我
们可以宣称只有人可以这么做,而鸟儿、蜜蜂、受过训练的跳蚤、狗还
有海豚都不可能做这件事。然而,拿这类主张用作自身依据的东西
甚至更加让人惊心动魄。与法哲学中的那种平行的情形相类似,这
些主张的要点在于确立所描述事物的规范特性这一事实:存在一种
包含着规范性的被称作概念内容的真实之物,并且思想、理解等根本
而言都不可避免地是一种规范概念。如下这样的观点并没有多少新
奇之处:概念领域有别于自然领域。然而,这些论证实质上在它们声
称要为规范性给出某种说明时便会面临一定的风险,认为这种规范
性包含某种形而上学的内涵,后者对于作为一个虚构的存在(being)
范畴的"规范性"必定实存(existence)提供了一些说法。

该论证的一种形式是这样的:社会总是在概念上得以构造的;

97

"概念"本身就是一个规范概念；成为概念的即意味着隶属于一个特殊的非自然的事实领域；社会只能通过那些构成它的概念而获得理解，因此一种自然主义意义上的社会科学的理解就是不可能的。在20世纪50年代，彼特·温奇对于当时出版的维特根斯坦的《哲学研究》[（1953）1958]抱有某种特定的理解（语言观念论者），在该理解方式的影响下，他提出了上述论证。温奇的经典著作《社会科学的观念及其与哲学的关系》（1958），包含着某种非选择性的规范性论证，它最为直接地与凯尔森对于有关法律的社会学理解的拒斥相平行，并且特别地提出了一些问题，诸如韦伯通过"相信"规范而不是规范自身的方式对诸如法律这类事物所做的说明。在本章中，我将像上一章对凯尔森所做的那样处理温奇：详细考察一开始的那些规范性论证并且看看它们是如何消解的。

## 自然主义的核心问题以及对规范性的重申

98　　诚如我所建议的，反自然主义论证最初的举动就是断言某种特定描述的优先性。比如，如果谈到认知这一概念，问题涉及当言及某人认识某物究竟在意指什么，那么就会出现两种平行且相互冲突的主张。其一，一个自然主义者主张，认知无外乎就是 $x$，其中 $x$ 乃是对一种比如因果的心理学过程所做的非规范的、自然主义的描述，至少在某些情形中，借助某种外部的证明，它是可以测度的。赫伯特·西蒙（Herbert Simon）花了多年时间研究模式识别。他的工作处理这样的问题：模式识别是否真的是一种认知？或者它是否是一种算不上是认知的其他活动？是否存在一种无法纳入自然主义特性中的（用塞拉斯的话说）剩余价值[（1956）1997，sec.9，30-31]？反自然主义者会主张说无论那种心理学理论所描述的是什么，在某种充分的意义上，它并不是一种认知，只存在其他的一种对认知的正确描述，而且这一描述包含某种非自然主义的特征。比如，这一认知通过关于某物概念的概念特性(比如一只猫不可能同时又是一只狗)而将某物识别为一种包含着大量其他事物的东西,并且这些含义表明概念之间的一种逻辑的,因而是规范的联系。于是,这些联系,其本性就不能理解为是因果的。因此,按照塞拉斯的话说,真正的认知已经包含在理由的空间[(1956) 1997, sec. 36, 76]中了,而且那种剩余价值构成了其推理联系,即一种逻辑的或概念的联系并且无法通过事实的自然主义的形式加以把握。

一些其他的情形以同样的方式发挥着作用。这些情形中至少存在两种描述——比如,关于一个行动或一个精神现象——它们在经验意义上是等同的,但就其内在含义而言则并不相同。其中一种描述并未提及规范的、概念的联系;另一种则明确地处于"理由的空间"。"理解"也同样如此。一个自然主义者或许会主张,总体来说理解在社会世界中或多或少得到了很好的安置,人们能够以某种方式预测和回应自己的意见和行动(也包括对别人的意见和行动),这一方式与别人的预期相一致并且对他们而言是可以预估的——能够通过图灵(Turing)的测试并且将这种测试运用在别人身上。对于同样的事物,反自然主义的刻画会坚持认为,理解(understanding),或者恰当一点儿说是领会(understood),包含某些更多的东西:一种视域融合、一种对一般规范的或概念的内容的统辖、一种对责任的共担(它有别于那种世俗的因果心理学的事实,比如仅仅是一种态度)或者别的什么超越了经验并且是外在的东西。这些论证中的核心所在是某种系统的观念:逻辑的或概念的联系使得事物超越了经验;因此只能通过规范的构想来构造出它,因为这些联系是规范的。

没有这些论证,反自然主义就无从谈起。不过,存在另外一种论证,其中,反自然主义者在自然主义的描述中发现了某种规范的成分。根据规范论,规范性的一个秘籍就在于正确和错误这一对观念。因此,如果理解的正确隶属于理解概念本身,那么它就是一个规范概念。其他概念的联系与此类似:猫不能同时也是狗隶属于谈论猫和狗的逻辑。说"我的猫是一只狗"是无法理解的,这种不可理解无关乎某些有关犬科类动物的科学事实,而是关乎"猫"、"狗"这些词的逻辑以及它们之间的规范性联系,后者使得有关它们的主张成为合理的。换一种略微不同的方式说,即使是在自然主义着力描绘的那些解释中也存在某种规范的因素,而自然主义者对此则束手无策。这一因素表明了这些解释的一种真正的规范特征,或者至少表明了规范特征的不可避免性。而一种对任何意义上的规范性作用缴械投降的自然主义就不再是自然主义了。

值得一提的是,自然主义者对此论证并非毫无抵抗力。"概念"这一概念本身或许可以以其他的方式加以概念化(的确,无论正确与否,就像它一贯在认知科学的背景下所是的那样),而形形色色的关于正确的观念(自然主义者或许正确地观察到它们乃是某种"自然的"训练过程中的副产品)或许可以被诸如"相信正确(believe in correctness)"这样的观念加以代替。然而这些辩护导向了某种二阶意义上的问题。"信念"是否较之"概念"或"正确"更具有非规范的特性?规范论者会否认这一点,他们立足于这样的观念:"信念"已经是一个包含着规范内涵的词项。相信某物就已经承认了一组逻辑的因而是规范的联系,已经被迫"承诺"了某些特性。尤其是接受了某人信念的合理性内涵。反规范论者(这是对这些思考者的一种统称)在构造其自然主义的理论时非法地借助于一个规范概念。

与此相随的一个背景性问题是:这一争论是否可以通过非此即彼的做法从而得到一劳永逸地解决?温奇尤其关注这一点,他基于某种对于维特根斯坦类似的解读,将其讨论的起点放在那些我已经详细呈现过的描述所运用的推理方式,并且逐渐促使他让步于自然主义的一个关键点,而且在他当代的一些继承者那里同样承诺这一点。我将会谈到这一点。

# 温奇的社会科学问题

100

温奇写过两本经典的社会科学哲学的著作。它们引起了远远超出这一晦涩领域的广泛共鸣。其一是《社会科学的观念及其与哲学的关系》(1958)。其二则是他的论文《理解原始社会》["Understanding a Primitive Society"(1964) 1974]，它缘起于他在牛津和麦金泰尔的著名交锋，其中麦金泰尔坚持理性的普遍标准以及评判其他文化之合理性的必要性。[①] 其他文化合理性的问题以这样的方式进入了哲学家的一般视野，并由此激发产生了一些重要的哲学著作，比如戴维森的《论概念图式》("On the Very Idea of a Conceptual Scheme)[(1973) 1984]。眼下所讨论的那个背景问题就源自《理解原始社会》("Understanding a Primitive Society")一文。这类似于凯尔森阐明基础规范之虚构性的那些章节，尽管它们远未这么清晰并且在解释上具有很强的发散性。诚如凯尔森的那些章节所显示的，它同样承认了或者说貌似承认了一个关键的规范主张。这篇文章本身是对《社会科学的观念及其与哲学的关系》中一章的拓展和修正，其中他批评帕累托(Vilfredo Pareto)认为施洗本质上就是一种洗礼的主张。温奇并没有确切地说明他论及帕累托的那些原始章节究竟存在什么样的问题。这便给我们留下了一个小小的历史哑谜。他对自己早期的那些讨论做了注解但是并未给出评论。两个篇章之间的关系问题无法直接得到回答，只能通过对篇章本身的讨论而给予某种间接的回应。它是对埃文斯-普理查德(E. E. Evans-Pritchard)在战前关于阿扎德人(Azande)的一本著作的一章进行的拓展性分析，在那里，他处理了巫术信仰之合理性的问题(1937)。

帕累托提供了一种解释性的说明，其中，他主张对于各种各样的

---

① 对这一颇富成效的交锋之历史背景的交代以及相关的讨论参见 Lukes (2002)。

行为而言,可以通过将它们分解为一些要素的方式来理解它们,这些要素包括对它们的信念,它往往是神秘的(或者按他自己的话说是非逻辑的),以及它们基本的或一贯的特性。他的要点在于,那些关于这种一贯形式的理论总是变化不定的,而这种形式本身却始终是恒定的。他的论证如下:得到表达的信念对行为而言是一种蹩脚的指引,人们在自己很多的行为中都表现得毫无逻辑可言,而对许多行为真正的解释必须要到那种一贯性中去寻求,而不应着眼于行为的那些五花八门的组成部分。洗礼就是一个例子。诚如帕累托所说:

101

> 基督徒有施洗的习俗。如果某人只知晓基督教中的程序,那么他就不知道它是否可以加以分析,以及如何来分析它。进一步,我们拥有一种对它的解释;我们被告知施洗礼是一种洗刷原罪的仪式。但这仍然不充分。如果我们没有同级别的其他事实作为参考的话,我们就会发现要想在施洗这一复杂的现象中剖析其构成要素,其实是非常困难的。但我们的确拥有这种类型的事实。异教徒同样有受洗圣水,并且抱着一种净化的目的来使用它。(Pareto 1935,para. 863;引自 Winch 1958,105)

他继续论证这一观点包含某种理性的精神。人们通常拥有一种模糊的感觉,觉得水是某种可以净化道德的东西,就像它冲刷污垢一样。然而,人们通常却并不以这样的方式来为自己的行为进行辩护。"需要的解释远非那么简单。因此,他转而去探寻某种更复杂、更庞杂的东西,并且很快就发现了他要寻求的东西。"(Pareto 1935;para. 863;引自 Winch 1958,105-106)。

我们可以将此视为一种略有点自然主义的模型。人们实际上对于净化持有某种模糊的前规范的观点,他们以令人困惑的方式将此拓展至他们(错误地)构想出来的精神领域。然后,他们构造了一个复杂但虚假的理论——即我在此称作"折衷理论"的东西——来为其提供辩护,而现在他们改变了这一理论,与此同时对那种基本的仪式行为却未加任何变动。因此,施洗的原则就类似于某种虚假的科学理论——一种谬误——它为世俗的行为添加了某种超自然的神秘的内容,这非常类似于哈格施托姆论证法律——一种真正的运行于因果世界中的强制系统——寄身于某种有关约束、意志等事项的神秘观念里。意料之中的是,这种附加的内容被仪式的参与者构想为某种对这一现象本身而言是根本性的东西,并且对于该现象的正确描述也同样是根本性的。

　　温奇认为帕累托的特征描述本质上是有缺陷的。他做出了如下这样的推理:行动在逻辑上与意图相连;为了成为一个行动而不仅仅是一点反应,它必须是一个受制于意图的行为(屈从于通常的意志的限度、人类的谬误等诸如此类的东西)。施洗中的神父意图要给人施洗,亦即,意图将受洗者接纳入其共同体,而通过借助某种活动实际上这一共同体同样是耶稣的肉身,在此活动中,耶稣不仅仅是一种象征,而且基于某些神学,它乃是耶稣的真正临现。神父并没有意图要表演一种洗礼仪式。因此,施洗行为并不是一种洗礼仪式的表演。用时下的词来重构温奇的论证,他即是在说,圣礼(Holy Baptism)活动的诸构成要素即是一种意图,除此,我们就不再是在谈论圣礼而是别的什么东西。因此,它暗示着信念使其成为一种活动而非其他另一种。信念的联系处于理由的空间:逻辑的、概念的,因而也是规范的。以别样的方式刻画这一活动,比如当作一种洗礼仪式,并且为了在这种刻画之下解释该活动,纯粹是一种偷换主题的做法,并且抹去了该活动的根本特征。

　　对于这种"描述失误"的论证,我们可以区分出各种不同的版本,但眼下我们还是以某种原始形式(温奇不但没有对其进行辩护,而且还小心地避开了它)作为开端。这种原始形式是基督教神学家们所使用的。对他们来说,"洗礼"乃是对施洗的一种坏的描述,其理由是:描述基督教圣礼活动的唯一恰当的方式就是基督教的方式,换言之,要严肃地对待大写字母 H 和 B。只有遵从以如此方式加以刻画的那个活动的各个要素之间的推理联系,以及其他的相关信念(比如

102

相信在圣餐礼中上帝之临现是一个根本的特征），才有可能触及这一活动的本质之所在。简言之，为了解释和理解圣礼，人们必须以它自身的基督教的方式来解释和理解它；这就要求皈依为一个基督教徒并且认可这些方式的有效性。

在我们这个时代，诸如此类的推理方式会让人有点不爽，或者甚至会认为基督教版本的圣礼实际上没有任何意义。当然，像"通过这些神圣的神秘之物与耶稣之肉身相融"这样的说法以及耶稣现世的神学理论催生了漫长世纪的宗教战争并且延伸至现代社会，而且，如前文所言，它们也象征着韦伯所谓的祛魅历程。承认这种表述并不意味着那种任何人都应知晓的事物乃是任何解释或理解得以行使的条件。

但是对于自然主义者来说，同样的怀疑论适用于关于思想本身的传统表述。为什么诸如"信念"、"概念"这样的事项应当有别于施洗（在它那里，悄悄地纳入了可能的虚构内容，后者作为一种描述性事实，与关于这一现象的某种渗透着理论色彩的描述紧紧相随）？自然主义者向规范论者提出了这样的问题：在思想语言和施洗语言之间是否存在一种显著的差异，使得规范论者得以规避这一风险并且断言关于思想的（规范的）传统语言是极神圣的（不同于有关施洗的语言），而那些声称是非规范的、关于思想之传统语言的替代者（比如一种自然主义的心理学式的表达）其实是一种偷换主题的做法，是一种描述的错误，并且错失了该现象的构成特性？为什么规范论者主张必须以不改变主题的方式来理解规范论会不同于基督教的主张，即认为要正确地刻画施洗就要求承认基督教的整个信仰？简单来说，为什么关于诸如信念和概念的语言不只是一种折衷理论呢？

温奇没有说明为什么他不接受基督教对于施洗的解释，后者在他们看来是唯一有效的描述。但是，如果他所倾向于接受的选项取代了仅仅作为理智类型的问题——亦即，降低了对宗教在理智上的重视，并且我们希望取代那些忽视了上帝的描述（除了那些信仰上帝的人对他的刻画)——那么我们不也就可以肆意地取代那些有关其他事物的、对于经验的识别目的而言绰绰有余的描述并同时忽略掉那些我们不喜欢的内容？如果这一点对温奇而言是可接受的，那么它为什么不能在一种稍稍拓展了的意义上被帕累托(他似乎已经实现了这种预期中的重述)接受呢？为什么温奇的重述就是正确的，而帕累托的则不是？

温奇自己对帕累托有所回应。帕累托借助忽视意图与行动之逻辑关联的描述方式越过了可接受性的防线。行动的描述与意图——它们包含某种"内在联系"，或诚如我们这里要说的，规范的推理关系——彼此相连，并且与它们的行动紧密相随。这是这些描述之优先性的依据所在，同时也是它们排除其他那种单纯的因果描述的基础。然而，这里我们碰到了一个小小的历史难题。作为《社会科学的观念及其与哲学的关系》论证的关键点，"内在联系"这一术语也出现在了《理解原始社会》中。这个词的意思在很大程度上等同于时下当言及"逻辑联系或概念间的联系是规范的"时所意指的东西。内在联系是概念间的，或概念与行动之间的逻辑联系，它们内在本质上就是规范的：它们具体指明了正确性的标准，并且是概念的而非仅仅是心理学的和因果的。温奇是否抛弃了所有这一切？如果是，又是为什么？或者，他是否提供了一个更好的构想？

## 温奇的让步：内在联系的终结

阿扎德人对温奇提出了一个重要的问题。原因很简单：阿扎德人无法以规范的方式进行推理，而他们自己的概念，根据这些概念间的内在联系，要求他们进行推理。它们似乎走向了某个社会，后者整个地背离了他们自己观念里的那些规范。在阿扎德人那里，围绕着使用毒谕来识别女巫这一活动，曾构建了一个颇为精细的观念体系。然而，该体系及其推理联系直接导向了一些显而易见的但是他们自己却忽视了的矛盾。通过毒谕来识别女巫，阿扎德人的这一信念第一时间就导致了这样的结论：所有人都是女巫，因为那种被当作绝对可靠的毒谕的证据，连带着对"女巫是遗传的"这一被当作教条加以接受的理论，会很快地导致这样的结论，即所有人都是女巫，因为在每个人的家族谱系中，一定有某个人根据毒谕而被确定为是女巫。然而，他们不但没有导向这一结论，而且在向他们指明这一点时，他们拒绝承认这种矛盾。

立足于温奇自己的看法，那么面对这一怪异的情形时他将会给出什么样的方案呢？对于规范论以及反对克里普克关于规则的倾向性解释及其后续的相关文献——包括前文提及的那些塞拉斯式的作者（这一观念对于塞拉斯自己那些关于集体意向性的论文而言同样是关键点，下一章会谈到这一点）——而言，存在一个关键的动机，亦即这样的一个问题：一个群体对于比如什么是正确地使用一条规则或意义所持有的意见，是否构成了何为正确的最终评断？如果仅仅是一个群体赞成的问题，那么关于正确性的现象似乎就会瓦解为一个自然事实——该群体成员的赞成行为——一种行为的分析，蒯因对此乐此不疲，而诚如上一章所述的，凯尔森为了规避集体意向性而不得不着眼于习惯法的情形。规范论者希望保留某种理论上的可能性，即这些集体的意见有可能是错的，并且希望论证某个群体中的成员（甚至所有成员）在他们对自己语词的使用或意义的理解事实上是错误的，并且挖掘出他们错在何处。简而言之，有关群体意见的经验事实是不充分的：这一情形中的剩余价值即在于对群体的诸规范的正确使用这一规范事实。正确使用和意义均是规范的，因为最终的评判者就是那个使得他们发现自身错误的规范。该规范本身无所谓错误与否，它不同于群体的意见，后者有可能是错误的。但是阿扎德人混淆了这一论证，不仅在于他们固守自己的错误，而且还在于其行为方式相当一贯地遵从了其他的样式。

105    因此，对于克里普克关于遵守规则的讨论的核心问题而言，阿扎德人的情形就是一个绝佳的例子：在我们看来，共同体错误地使用了其自身的规则。但是克里普克对此所说的（也是维特根斯坦所说的）对于规范论而言并无多大帮助：

> ……如果整个共同体都赞同某个答案并且坚守这一点，那么就没有人可以纠正它。在此共同体中就不存在纠正者，因为按照前提，整个共同体成员都赞同它。如果纠正者来自该共同体之外，按照维特根斯坦的观点，他没有"权利"做出任何的纠正。（Kripke 1982, 146n87）

无论如何，阿扎德人都赞同：当向他们指出某个错误时，他们拒绝讨论它。但是，有人或许会质疑他们会坚守这一点。克里普克在维特根斯坦的语境中对于这点是否可能提出了疑问。

> 对于一个我们所有人都认可为"正确"的回应进行怀疑是否有道理？显然，在某些情形中，一个个体可能会质疑共同体是否是正确的，在此之前的某个特定的时刻，该共同体赞成一种回应。但是，该个体是否会质疑该共同体事实上不会总是错的，尽管它从未纠正过自己的错误？（Kripke 1982, 146n87）

后者就是阿扎德人的情形。问题在于，说一个共同体永远都是错的是否合理？而这一点似乎正是规范论者想要说的。克里普克指出：

> 在维特根斯坦的框架下构造这样的质疑是困难的，因为无论它是不是一个问题，就"事实"而言，我们或许总会出错；或许并不存在这样的事实。（Kripke 1982, 146n87）

但是他又补充道：

> 另一方面，在维特根斯坦的框架里，下面这点仍然是真的：对我来说，那些关于共同体所通行的回应的断言，没有一个需要去制订某个算术问题的结果；我可以正当地自己计算出结果，甚至可以说，它隶属于我们的"语言游戏"。（Kripke 1982, 146n87）

　　自行计算出结果隶属于我们的语言游戏,即是说,计算本身就受制于这样一个相同的考虑:如果整个共同体永远都会赞同我计算的方式,对于计算结果的正确性就无需一个附加的检测。所有这一切表明,存在一种规范的规范性约束着或者嵌入了计算的方式。如下这样的可能性,"他们"拥有一些从未遵守过的规范,并且即使向他们指明了这些未得到遵守的规范他们仍然选择忽视之,甚至在克里普克那里,也是愚蠢至极的,而非是可以设想的。但这恰恰是阿扎德人所控诉的东西。

106

　　这里,我们将会做出什么选择? 有人或许会认定阿扎德人作为一个群体是非理性的。但这是不可能的。首先,它看上去仅仅是对帕累托的重申,后者认为非逻辑的思考充斥在社会中。但是,对规范论者而言,非逻辑的思考仅仅是一种打圆场的做法。如果一个社会事实上是非理性的,那么它就会同时也是非规范的,因为构成规范性的事物乃是诸如意图与行动这类事项之间,以及信念之间的推理联系。没有这些,人类就与动物无异,仅仅受制于因果性。这就是温奇的核心论点。更重要的是,它切断了意图与行动之间的唯一的、独特的、理性的关联,而帕累托将施洗刻画为洗礼仪式的整个论证本身就非法地依赖于此。

　　但这种特殊的、独一无二的——并且不可化约地是合理的、概念的、规范的——关联究竟是什么? 人们可以想象如下这类情形:其中,概念完美地与行为契合,没有谬误,没有意志上的虚弱等。在这些情形中,由于那种关联是完美无瑕的,因此在理性的关联与某种关于行为的因果解释之间也就没有了差别;或者是这样一些情形,其中上述关联并不完美,包含有错误、意志的虚弱、意图和信念得不到满足,它们被称为个体的非理性,后者乃是遵守规则和概念使用行为的经典模型。但是阿扎德人的情形两头不沾。这一观念——认为一个群体可能像个体一样是系统性非理性的,亦即他们的言行通常或者几乎总是无法与他们的意图相一致——似乎也是一种不可能性:他们从来都无法相互理解,或者从未理解过自己。这点非常重要,因为这一考虑构成了捍卫规范论的第二条线索:如果没有某些一般的有关合理性这一规范概念的事实,就根本不存在理解这回事儿。无论如何,这不是阿扎德人的问题,因为他们在此背景之外是合理的。因此,这里的问题是系统的,或者说是共同的:阿扎德人与巫术相关的实际活动并不适合他们自己所认可的巫术概念。

因此,问题以一种不同的方式被提了出来:为什么在我们那些关于阿扎德人巫术概念的解释里,某一种解释较之其他的要得到更多的青睐?毕竟,帕累托自己为施洗提供了一种说得过去的解释:即认为施洗活动包含一种合理的内核,它构成了净化的观念,后者被错误地(但同时是可理解的)加以普遍化了。这与温奇试图寻求阿扎德人巫术信仰的合理内核又有什么不同?通常在施洗情形中起作用的一种回答是这样的:该活动由一组清晰的可理解的概念所构成;依照这些概念行动就相当于一种生活形式;而要理解它们就要掌握这些概念及其使用,由此我们就可以通过这些概念本身决定合理性的谬误与实效。如下这一点在阿扎德人那里不起作用:我们貌似掌握了他们的概念以及使用它们的标准,但是他们似乎并不理解,当他们通过使用这些概念来消除每个人都是女巫这一认识时,就犯下了一个错误。

107

这就意味着,要对一个特定群体的规则或概念给予某些经验的表述会面临一个问题。解释必然地涉及识别一个活动的合理内核,要克服依照某人的信念和意图而行动所产生的谬误和失败;为什么帕累托所采取的方式能够规避这一点,尤其是他关于谬误的处理方式?温奇提供了这样一种原创性的回应:行动与信念之间的关系是一种内在联系,而当基督徒们进行施洗活动时,他们意在践行某种截然不同于洗礼仪式的东西。但是在这里,那种内在联系不仅在识别意义上的谬误的情形中脱离了行动,比如为错误的小孩施洗或者施洗之即洒了错误的水,而且每时每刻都在吁求一种有关这些概念的逻辑内涵。

温奇察觉到了这将会使内在联系的原则遭遇巨大的挑战。但他的替代方案又是什么呢？他可以将这一内在联系原则当作一种规定性理想或分析真理从而使其免于非难；他可以主张"我们已经误解了他们的概念"；他也可以对埃文斯-普理查德（Evans-Pritchard）做出这样的回应："无论他们意味着什么，他们也无法意味你认为他们所意味的东西。"然而，这将会使他处于一个糟糕的境地：对于那些概念没有一种可以替代的理解，而如果那种埃文斯-普理查德从温奇所处理的那些转译中获得的方法是错的，那么它就会波及处理这些方法的一切转译。在任何情况下，这种转译在通常意义上都不会出错。阿扎德人没有去修正人种学家的观点，或者没有理解那个向他们提出的问题，而且不存在任何可供我们理解的替代性转译。

然而，温奇采取了一种不同的回应方式——尽管其不同之处未曾得到言明。他通过诉诸倾向或习惯抛弃了（或者说修正了）内在联系理论。其精要之处在于："深陷于那种将阿扎德人的思想归于非自然地行使所产生的泥淖——一种矛盾，并由此而对误解深感罪责的，不是阿扎德人，而是欧洲人。"[（1964）1974,93]在为这一主张提供背景的过程中，他诉诸"我们的理智习惯"[（1964）1974,93]。而且他被迫做出了一个重要的让步，大体而言，即是放弃了内在联系作为一种原初理解的观念：

> 关于在一个人类社会的文化中人类的合理性表达自身之形式的阐明，不能仅仅简单地诉诸某种已完成活动的诸规则在逻辑上的融贯性。[（1964）1974,93]

首先，这意味着，理解要求理解比概念和它们的内在联系，或用时下的话说，那种相关的推理联系更多的东西。但是，对那种强加于其他群体概念的谬误的修正——眼下即阿扎德人的巫术概念，在那里，阿扎德人自己并没有将错误"自然地"强加于它们，亦即那些明显显露出那个矛盾的地方——则是一个处理自然事项的问题，即那种

"理智习惯",在人们的思想"自然地"加以行使的地方,它可能充当着某种决定性因素。理解要求关于倾向、关于习惯的知识,它们制约着概念的使用。但这还不够。在抽象概念与人们实际所做的并且被承认为正确的推论之间存在着某种差异。若这听起来有点似曾相识也不为过。这与我们上一章所处理的是同一个问题,即与凯尔森和韦伯相关的这样的差异:正确地解释某个法律的方式——它与规范事实相关——与法官实际诠释这一法律的方式之间的区别。

这里,情况与此相似:就埃文斯-普理查德的情形而言,人类学家很好地理解了阿扎德人。这基于如下理解:他可以转译他们所说的并且能够报道他们的巫术信仰。就此而言,他就像韦伯所说的法律史学家深入过去法官的灵魂来理解他们事实上是如何诠释法律的。当我们谈论这一理解时,问题便产生了。韦伯此举出于某种理想范型的考虑,诚如上章所讨论的,他很大程度上采纳了拉斯科的方式——一种有关活生生的法庭思维的不完备的固化和理想化。埃文斯-普理查德,至少按照温奇和麦金泰尔对他的讨论,采用了一种不同的模式,一种规范论的模式,其中,一个群体拥有一组概念,这些概念彼此之间具有内在的或逻辑的联系。这些联系比如可以使得概念形成一个系统,它包含诸如外在性这样的特征。在先验论证的语境下,我们对这些观念的运用游刃有余,并意在达到这样的效果:为了获得辩护和有效的法律,就必须存在这类结构。然而,在解释其他文化的语境下,关于阿扎德人巫术概念的主张必须被视作有一种不同的情形——或许像某种类似于假设的东西,它与那些概念欲以构建的那种行动相一致(或者不一致)并且赋予其意义,以及在某种意义上提供了一种解释。

将此思考为一种假设有助于厘清某些问题。我们先从这样的观念展开眼下的讨论:即究竟谁具有权利可以决定一个概念之所是以及对它的使用正确与否。凯尔森对此的看法是,存在一个法律规范性的事实并且法官们应当考虑到这一点。但这就假定了任何人——

109

或者至少任何一个受过专门训练的人——都可以触及这些事实。若着眼于大陆法的结构，则有这样一个假定：法学教授们为法官提供了他所依据的那些解释。惯例很少扮演正式的角色，而那种解释本身并没有被当作是司法体系的一个重要构件。法官的工作是将法律运用到某个特定的情形中，但是他并没有通过确立一种惯例来规定法律。如下这样的想法有一定的道理：一个对于诸规范拥有最好理解的人——比如法学教授——能够按照那些意义来指导其他人。在人类学的情形中，情况有所不同。存在一个概念系统这一观念本身就隶属于一种假设。人类学家构造出那些概念并且以此来指责阿扎德人，这就为满足那种假设提供了内容。但是，人类学家并没有权利决定什么是正确的或什么是可理解的。人们或许还会附议说人类学家没有权利决定一个词的意义，除非是在一种衍生的意义上，后者依赖于其他人说这个词时所具有的意义，或者依赖于他们通过自己的言语和行动按照这个词的意义做出了什么样的反应。

有关权利的问题暗含着这样的观念：存在某种关于规范性的事实，其他人可以借助这些事实来获得一种对阿扎德人的理解。扬言阿扎德人误用了他们的概念不是一种苏格拉底式的练习——让他们回想起自己的那些规范并且按照这些规范来活动——而是力图训练他们接受一种关于什么是自然的全新的意义。这将涉及对一种充斥于他们概念使用中的权威（类似于学校老师所具有的）的运用。不过，学校老师仅仅可以教授自己的那些习惯，促使学生对于这些新的习惯能够感到自然一些。而他的这些习惯与那些被取代了的习惯所依赖的权威基础并无差异。可以说，它们表明了他所在的群体对于什么是正确的所持有的立场。这就是为什么下述这一维特根斯坦式的观念是恰当的，即群体外的成员无权这么做。这一关于权利的强烈观念将在第六章中获得某些意义。

110　　那么温奇的让步具有怎样的含义呢？正是这样一种让步，以至于那种概念的、规范的，甚至是在有关理解的语境中，均不存在某种最终的定论。但是他并没有深入拓展这些想法。的确,他几乎是隐秘地使用着"习惯"、"自然地"这些词。但是,他本可以继续问这样的问题:"这些就够了吗?"规则内涵的正确性或谬误性,或者在推理中对概念的使用,其本身是否就是在对"正确"一词及其衍生词的使用中一个有关于自然性的问题,并且最终无外乎是一个有关"习惯"的问题? 关于谁具有最终的定论并如何得出这一定论的问题将是本章接下来的部分所考虑的事情,并且它将我们带回至那个作为我们讨论起点的有关洗礼仪式的问题。重点在于:规范论的说明依赖于关于如下事项的观点:一组编织在某个系统中的推论。该系统内容之间的联系(比如其概念内容)必定是规范的而非自然的,并且不存在这种相关事实之概念的替代者。不同于法律,这些联系是非选择性的。不过可以看到,事实上这里存在一种平行的秩序,后者出自倾向和习惯,而且对于说明诸如阿扎德人巫术话语的这种实际的解释工作,要求我们承认这一平行的秩序,因为正是这一秩序与阿扎德人的活动相契合。在最后一章,我将给出这样一种建议:这种平行秩序,严格地说来就是理解,事实上做了一切解释的工作,而对于那些置身于语言和实践背后的推论所构成的一个规范性系统的预设则是画蛇添足之举。

# 描　述

关于预设一个貌似必需的规范系统的理由,我们到现在可以看得很清楚了。对于像温奇这样的身处这一传统的作者而言,有关那种本质上的概念主体或规范主体给予社会的或自然的解释,对于说明那些在其概念内涵中恰当地得到完整描述的现象时总是显得不够充分。换言之,社会学的和自然主义的解释总是在替代或变换主题,并且构造了一个解释的对象,较之有待解释的东西而言,这一对象干瘪了不少。这些思考者同样坚持一些主张,这些主张依赖于对那种有关真实性和根本性的概念的自由使用。这两种坚持的主张之间到

111 底是什么关系？关系非常密切：这些主张依赖一种特定的描述，并且在之前谈到温奇时我所说的那种浅层的意义上接受这一描述，而且，它们还立足于拒绝重申任何诸如"改变主题"之类的问题。

温奇至少对拒绝帕累托的描述提供了基础——即那种隶属于意图和行动的诸概念之间假定的内在联系。内在联系理论变成了一个坏理论，或至少是一个不充分的理论。而这使得事情发生了变化：若没有这一理论，那么在那些特定种类的描述中做出筛选的根基就崩塌了。为什么？温奇的让步提出了一个关键的问题：在关涉一些实际情形时，比如阿扎德人的情形，那种内在联系、那种规范的概念联系等，究竟具有什么样的地位？我们能否假定，如果我们拥有正确的描述，那么我们对那种内在联系的定位就会正确无误？着眼于阿扎德人的情形，答案是否定的：那种内在联系最多只是一种类似于假设的东西，它与人们实际的思考方式一致或者不一致；对于人们那些可加以比较的思想而言，假设乃是某种外在的东西。在此情形中，该假设失效了。当然，它也可以成功；那么那种比较最终就会达成一致，由此他们所做的那种实际的推论就与那种在规范模型中的推论相一致。在此情形中，人们会说诸规范已经完全地被习惯化了，被具体化了，等等。这将会为人们简单地采取某种忽视打开了方便之门，比如将那种有关具体化的事实以及这些推论对产生于人们行动中的实际的因果推理过程的依赖均视作是无关的。简言之，诸规范可以给出一种解释而不涉及自然世界。

对温奇而言，一如对于帕累托，那些源自关于描述之适当性的考虑的主张是依赖于理论的。在此情形中，可以看到这些联系是循环的。由于温奇假定在那些概念化的意图和行动之间存在某种真实的、非因果的、内在的联系，他就可以断言一种作为行动的关于行为的描述，因为它包含着特定的基督教信仰与圣礼活动之间的概念联系，并且较之其他描述具有逻辑上的优先性；而且诸如帕累托那样的自然主义的描述是不充分的，因为活动的实施者并未想要进行一种洗礼仪式。但是,阿扎德人的情形则表明了如下断言:使得关于那些主题的实际推理符合一种规范模型,这仅仅只能是一种假设。可是,这就意味着我们要改变描述,并且破除那种循环。有关我们在给出说明之即所假定之物的主要问题并不构成那些业已通过规范的、内在联系的语汇加以描述了的事实,毋宁说,是某种关于那些主题的蹩脚行为,后者在蒯因式的层面上乃是规范论欲图规避的东西。大体而言,温奇的让步承认了人们无法做出这样的断言:简单地通过检视其概念从而厘清那些有关其主题的思想中所包含的内在联系。这些断言必定被证明是与他们的所作所为相违背的,而这种检视或许会很好地表明他们以截然不同的方式进行思考。

如果规范模型仅仅是一种假设,那么这里的论域就被抹平了。不存在一个优先的描述使得规范模型的真理成为必需的。描述从假设中抽离出来,有关规范论的那种循环推论被瓦解了,而自然主义者则被认为是提出了其他的假设。自然主义者并没有被强迫做出声明什么是真实的以及什么又是严格虚构的。他可以质问那里究竟有没有任何东西,并且主张意义、概念等是以完全不同的方式构造起来的。诚如布伦塔诺(Franz Brentano)的名言所表明的,他甚至可以抛弃"概念"这一概念,而是将它看作是那些语词从过去的物理学一直到诸理论被取代后仍然在使用它们的过程中所运用的一种便利工具。以不同的方式构造意义,并将概念的规范语言视为过时的,这可能的确会被证明为不可能做到的:规范论并没有预先承诺一种有关成功的保证。但是在达至这一目的的过程中,较之温奇被迫接受关于施洗的基督教理论,或较之帕累托被迫接受参与者的词汇,自然主义并没有更多地被强迫接受那些反自然主义者的辞令。

# 意义的结构?

我们所构想的那种概念秩序——它导致了那种阿扎德人并不承

认的矛盾——究竟是什么？回想一下，温奇试图为那些使得理解一个原始社会成为可能的概念给出一种说明。他假定这些概念在某种意义上本来就隶属于该社会。他同样有这样的想法，尽管它并非是其思想最初的关切点，即认为存在一种逻辑的或概念的——亦即规范的——联系，它们不仅仅存在于该社会成员的意图和行动中，而且存在于这些概念的彼此之间。因此，关于一个社会的诸概念构成了一种规范的推理网络或系统。

113　　　　人们以各种各样的方式设想着这种一般结构。早期维特根斯坦在《逻辑哲学论》(*Tractatus*)中主张"为了理解日常语言而形成的默默的约定是很复杂的"。[(1921) 1961, 37, para. 4.002]他以这种方式提及语言就暗示着他所关心的乃是一个局部的而非普遍的结构。麦克道威尔在《心灵与世界》(*Mind and World*)中批评了这样的观念：

> 当我们致力于使其他人可以理解时，我们所利用的是这样一种存在于如下两者之间的关系——即世界与某种在别人的思考中已经作为一种概念系统而存在的东西之间的关系；以便当我们开始探寻最初难懂并在此系统中运作的概念性能力的内容时，我们正在为这幅侧面的图像填充细节——一边是概念系统，另一边是世界——尽管最初仅仅是一个大纲，但自始至终我们都可以获得这幅图像。(McDowell 1994, 34-35)

我们试图加以理解的那些人获得一个概念系统，这一观念即是局部规范性背后的那个观念。麦克道威尔强调了一个不同的要点，他试图论证，当我们理解本质上对我们并不透明的其他人时，我们的确依赖于一组更深层的概念，而我们已经和他们共享着这些概念，因此，在我们开始理解别人时，我们：

> 开始和他共享概念系统中的一个立场，从这个立场出发我们就可以和他一起来关注世界，而不需要突破将这个概念系统包围起来的边界。(McDowell 1994, 35-36)

申明我们所有人均共享某种普遍的概念结构,这是在其"彻底的不可通约性"中消解关于其他文化问题的一种方式。诚如我们所见,麦克道威尔指出了如下这一观念:进化产生了这一结构,而塞拉斯则诉诸某种完全虚构的理性存在者的"共同体"。

布兰顿则关注局部的规范性。他着眼于语言的规范性,并将语言视为一种规范的推论活动的结构,后者受制于一种有关这一活动中诸承诺的绩评体制。布兰顿认为这些推论结构是局部的,相对于共同体的,或者按他所说的,是"社会的",并且它们具有一种实践体系的形式。这是一个极为广阔的体系,它最终可以借助命题的形式得到清晰详尽的呈现。布兰顿指出,该体系的每一个部分原则上都可以加以澄清,并且通过此举我们就可以认识到自己的这一特征:一种受制于诸规范的散漫存在:

> 尽管所有的道义态度和实践推断均知道卷入绩评并不能马上清晰地以断言和原则的形式呈现出来,但是,这里并不包含某种具有构成性内容的实践,后者原则上不受法典化的影响——它够不到明晰之光的照耀。自始至终都明显地作为规范的存在,在表述发展至此一阶段,我们能够清楚地认识到自己*乃是*规范的存在——这种认识在两个层面的意义上均得到了实现,其一,我们*乃是*规范的产物,其二,这些规范反过来又出自我们,自始至终明显地作为散漫的存在。在表述发展至此一阶段,我们能够清楚地认识到自己*乃是*散漫的存在——这种认识同样也在两个层面的意义上得到了实现,其一,我们是自身概念(亦即出自我们并被我们所消耗的那些理由)的产物,其二,它们反过来亦是我们的产物。(Brandom 1994, 641-642)

这一说明是布兰顿支持表现主义(expressivism)的理由之一,后者乃是这样一种观念:声称这样一种结构并非意在提供一种解释,而是表明我们明显已经所是的东西,即我们自身概念的产物。但是,作为个体,我们与这种结构之间的关系,其本质又是什么?我们将之内在化了吗？真的存在这种结构吗？

　　首先考虑这样一个事实，亦即重述人类学家里奇（Edmund Leach）的一个旧的评论：英格兰教堂里成千上万的婚礼参与者，所知道的无外乎只是他们所参与仪式的意义的一个极小的片断。这就产生了一个有关所有权的问题。温奇并不考虑这些问题，他似乎假定了相关群体中的每个人拥有相同的概念。但是布兰顿考虑到了这一问题，他认识到，在语言的情形中，人们的确拥有自己的语言使用，即一种个人习语（idiolect），而这种个人习语与其他人的并不相同。为了挽救一种关于语言的观念——即作为一种独立的、在某种非字面的意义上被所有言说它的人所共享的规范结构，布兰顿主张存在一种唯一的统一的语言，它包含一组完备的规范的推理承诺（通过语词的使用意指特定的事物），而每一个个体说话者（因而是他们中的绝大多数）均部分地掌握了这种语言。这就使得他可以挽救一个外在的、单义的（univocal）规范结构的观念，同时认定它严格来讲不是为人"共享"的。但这会导致一些与温奇所面临的相同的问题：在概念层面上存在的那些事物以及它们彼此之间理想的联系，简单而言，有别于人们实际的思考、推论、言说等。布兰顿对于这一问题的解决策略是这样的：将那种差异变换为一个关于未完全掌握的问题，而对那种根本结构的一种完全的掌握将会表明这种表面的差异仅仅是一个融贯整体的各个部分之间的差异。但这并不能为阿扎德人提供帮助：他们似乎并非是没能掌握任何东西，而这一观念——他们作为一个整体未能掌握自身的概念——至少令人深感困惑。这里的问题似乎就关联于分析者，关联于某种共享结构的概念以及某种意义（在其中人们可以断言这种共享）。

　　"秘密联系"这一概念是我自己提出的，但是它所指出的问题则关乎人类学家对共享结构这一观念的运用，也关乎哲学家对这一观念的诉求：共享那些我们误用了的概念。重要之处在于做出如下区分，温奇一开始就想到了这点：一方是这样的情形，其中，存在一些为

115

了正确地使用规则而共享的规则和标准；另一方是人们误解了自身的概念但却持续使用着它们，就像阿扎德人所做的那样。同样重要的是，将这些情形与下述这样的情形区分开来：对于那种设想中的被一切理性存在者所共享的规范理性结构的滥用和误用。在第一种情形中，那种秘密联系在于，无论是规则的阐释者还是规则的遵守者均要理解这一规则，这是一个关于使用共同的正确性标准的问题，而且，无论是对于分析者还是该共同体的成员，对于该规则的归属都被要求按照其使用者那样来理解它，并且对于符合规则的行动的理解同样要依据规则的使用者，亦即通过诸如错误这样的方式。为简便起见，我们将这一层面视为关于可理解性的层面。下一层面则较少涉及秘密联系的问题。阿扎德人是这样一种情形：其中那种假定的概念结构不同于人们实际的活动，并且使我们可以对那些概念的使用者所具有的坏习惯提出批评，虽然他们貌似以一种可理解的方式在使用那些概念。

正是在这一层面上，传统分析的道德哲学开始起作用。它声称要处理"我们的"概念并且通过矫正我们实际的使用而将它们返还给我们，这些使用包括那种可理解的但却又不像经过净化和修正并返还我们的那样合理或融贯。第三个层面已经很少涉及秘密联系。它涉及那种约束我们的规范理性的普遍标准，我们可以认识它，并且促使我们基于有关这些标准的普遍拥有从而去理解其他人。出于这种考虑，关于何为可理解的与何为合理性之间的分裂就是彻底的，语言、文化、理论、实践主体等都是可理解的，共享着一个关于规范合理性的普遍内核。

虽然"他们的"巫术概念和他们对这些概念的使用之间的差异有 　116
些怪异，但阿扎德人是可理解的，这不仅仅是因为我们可以指出，按照他们的习惯如何使用这些概念。为什么？因为我们可以理解它们：巫术理论只不过是另一种折衷理论。它服务于调和的目的，它是禁止某些行为的方式，它做出评判并且给出解释。而且，与其他的折衷理论一样,就像维纳(Paul Veyne)就希腊人和希腊神话所说的,它是一种"信仰",在此意义上科学理论则不是。它对于一个实施责难、惩罚,以及驱邪活动的社会机体而言是根本性的,或者说是不可缺少的。就此而言,这与我们自身文化所具有的特定的有关蓄意伤害、人格、坏的意志、权利等观念没有什么区别。当我们通过那种寻求有关人格和意图的实验证据的方式来观照这些观念时,并没有对它们提出什么挑战。

在学习他们自身的文化和语言的过程中,阿扎德人所要求的是那些我们(出于我们自己的理论和解释的目的)称之为概念与概念内容的推论和言说的习惯。阿扎德人拥有大量个体的推断样式,我们可以将其从一个群体中抽象出来并将之归于一个群体。语言的使用本身尤其并非是一致的或一贯的。它不断地发生变化。词典编纂者的工作就是与这些使用保持同步并且解释它们是什么意思。但是,这相当于是将它们的意义简单地交付于那些足够庞大或足够高级的群体中的成员。我们可以将此看作是一个词典编纂的模式。词典的作者忙于追踪这些使用并以系统化的方式予以表达。这必然地涉及简单化、基于一个用法出现频率的选择性、某种关于如何广泛地理解这一用法的判断,等等。确定的一点是,对于语言的变化存在一些"自然的"约束:人们出于理解而交谈,因此他们以他们自己能够被人们理解的方式说话。

如果按照韦伯的想法,只有将某个群体的那些概念看作是一种类似于假设的东西,它才可以通过习惯推理的实际结构被证明是错误的。那么,这种假设究竟是什么?或者更恰当一点说,由于它是一种假设,一种可以出错的主张,那这究竟是一种关于什么的假设?表现主义对此问题无能为力——它假定存在某些要表达的东西并且还是规范的,但是并没有就这种表达的正确与否提供一个标准。在某种意义上,我可以说我所意味的东西,并且拥有某些这么做的权力。但是除非我假定了自己的那些意义表达乃是关于一种结构的表达,否则就没有理由说这是一个结构的判据，或有关诸如"概念"这类事项的解释之必要性的判据，并且也没有理由认为我自己的意义乃是对那些包含在某个隐秘结构中的事实的表达。在第六章，我将讨论一种关于如下观念的替代观念：即认为我们能够说一个词的意义有赖于某种集体的结构。

　　与温奇一样（他被迫诉诸习惯），对布兰顿来说，存在一种经验的、非规范的、显见为因果的时刻，就像我们在下一章所看到的，而且克里普克和塞拉斯亦到达了同样的时刻：有关共同体这一观念的意义问题、共同体的回应，诸如此类。这些正是承纳规范性的领域。应该很清楚，我在这里所呈现的有关阿扎德人的说明并未依赖于任何这样的集体观念。塞拉斯自己主张："我们的常识世界图景乃是一种非常粗糙的解释框架。"（1974，457）我所谓的那种有关阿扎德巫术的折衷理论是一种寓居于每一个阿扎德人头脑里的理论。他们恪守这一理论，因为它赋予其世界以意义。它对他们的约束一如我们的"粗糙的解释框架"对我们的约束——不是因为任何存在于某个社会或集体意志中的规范事实的隐秘结构，而是因为它们就是我们相信为真的东西——无论是什么意义上的"相信"。那些我们用来与他人交流信念的东西同样制约着我们，但并没有必要将这些约束理解为一个有关规范性之隐秘结构的问题。

　　下一章的重点就是对如下两种展开主题的方式做出区分：一种是集体的，其代表人物是温奇、布兰顿、塞拉斯以及其他隶属规范性传统的学者；另一种是社会的，这一点经常显得含混不清。但规范论者拥有一条与此无关的辩护路径。虽然我们将阿扎德人的巫术信仰解释为一种折衷理论，但它仍然还是一种理论。其诸要素之间的联系仍然是合理的。甚至这里所做的说明还假定了某种合理性。的确，它直接为某种关于伦理学的理性主义的解释所加以承诺的理性化打开了方便之门。我们可以赋予阿扎德人这样的论证：其巫术解释的确是一种坏的伦理理论，并且可以通过如下方式来改进它。将诸如"着了魔咒"这样的观念替换为"缺乏美德",并且将危害和社会善(social good)这些概念弄得更为清楚和严格一些。在最后一章,我将通过关于戴维森(Donald Davidson)的那些论证——它们通常被认为是为这样的观点提供辩护,即任何关于其他文化思想的成功的解释均预设了一种普遍的合理性——来对合理性之规范性的问题做出直接而广泛的讨论。

# 第五章
# 共同体、集体意志以及群体反应

多年以前,诸如"人们的意志"、人们真正的意志这样的观念,在我这里早已归于尘埃;它们均是一种虚构。

马克斯·韦伯(Max Weber),致罗伯特·迈克尔(Robert Michels)[1908,引自 Mommsen (1959) 1984,395]

道德与法律是一种实体,这一观念导致了如下信念:罪恶是可以传染的,就像疾病一样。因此,一个源自个体的罪责就假定了某种集体特征,因为它必然要蔓延至那些与犯罪者共处一室的人,或那些与他保持紧密的社会联系的人。这就是集体倾向对于一个原始的法律秩序显得颇为重要的理由。对于原始人,不证自明的一点是,惩罚是作用于整个群体的,尽管犯了过错的仅仅是单个的成员;而孩子以及孩子的孩子要赎他们父亲所犯下的罪,这就完全讲得通了。因为罪恶就像疾病一样也是一种实体,并且因此是可传染的和可承袭的。的确,甚至是一个集体、一个群体,均被视作是一种实体。如果某人和其他人共享相同的集体实体,他们就属于这同一个群体:血缘尤其被视作是这一实体的基座。血族社群、血缘同胞、整个血缘神话,它们在今天仍然发挥着作用,并且这些观念建基于这一原初的实体化趋向——这一趋向在文明人类的科学思维中并未得到完全的克服,并且它在我们时代的社会理论中扮演着决定性的角色,尤其是在有关国家的学说中。(Hans Kelsen 1946,14-15)

我在此所给出的关于规范性的社会科学的解释,亦即将规范信念视作折衷理论的这一说明,是向这些一般的批评敞开的:真正的规范性不能仅仅是信仰规范性;仅仅相信某物会是规范的并不能使得任何事物成为规范的;真正的约束不是"相信会被"约束;对于真正的规范性观念而言(当然也包括正确性观念),重要之处在于,一个共同体中的每一个成员都有可能出错,可以被加以修正,等等。对下述这一明显的冲突的考虑或许会更加凸显这一问题,这一冲突体现在如下两方面之间:一方面,为"每个人对某事一贯是错误的可能性"(Haugeland 1998,315)赋予意义,包括这样的观念,即共同体中的每一个人关于该共同体自身的规范也有可能出错;另一方面,则是凯尔森给予习惯法的那种解释。可以回想一下,习惯法仅仅是这样一个问题,即关于一个行为以及有关该行为的大多数的或压倒性的大多数的立场。产生错误即是对这一立场的拒斥或行为与此立场并不相符。在凯尔森对于习惯法的解释中,没有如下这一事项的任何立足之地:共同体自身的规范出了错,而某个个体对此则给予了修正,他使其免于出错并诉诸共同体的标准,或者说那些约束该共同体的标准,后者是普遍的并且有别于那种"每个人的"认可,因为这些标准就是"每个人"所接受的东西。①

诚如克里普克所指出的,每个人都是可以加以修正的,如果眼下

---

① 这是一个严格的构想,但它也疑点重重,其理由我们将在下一章简要地做一探讨。这里或许还应当指出,克里普克着眼于群体来对这一问题所做的构想,只有在当相关的语言游戏认可它时它才会面临同样的挑战。而不甚明了的是,习惯法便是这样的一种语言游戏。然而,宪法解释或许应被视作是对一种绝大多数人关于宪法条款这类事项之意义的观点的认可。

讨论的事情隶属于一种语言游戏的话——比如，对于黑洞，每个人都有可能出错，因为它属于有关天文学的语言游戏，而新的资料和理论将会修正我们所信奉的东西。甚至，有关大陆法的语言游戏允许这样的事情。不过，同样随着这些游戏，我们最终面对着一些没有根据的游戏规则，而这种游戏则不允许对它们再进行修正。倘若我们将这些规则的规范性理解为类似于凯尔森的习惯法，我们仍然面临一个问题：一种纯粹在态度或信念上的认同，比如规则是有根据的这一信念，并不能赋予规则以确定性或是确立一种规范性。对此，凯尔森的应对策略是拒绝集体概念，诚如我们所见，他拒绝群体意志，除了那种通过实际的法律程序所表达出来的意愿——比如选举，也即是说，依照规范来制订规范。这就意味着，对他而言，"群体意志"在前法律的意义上并不奠基于法则。而有关集体意向性的理论家们则一般对此持有完全不同的看法。集体意志不仅提供了一种标准，而且还确立了一个回退的终结者——即一种关于规范性的源泉，并且就它不诉诸规范来确立规范的意义上来说，它是原初的。而且，集体意志同样有别于个体意志，并且也不能还原为个体意志。在新近的一些理论中，对于国家的意义而言，每一个体的意志均有可能出错，并且依据某种不变的却又隐晦的普遍集体意志，它们是可以修正的并能得以重生。

诚如本章第二段题词所表明的，凯尔森关于集体概念持有这样的看法：它们立足于一种与有关继承的信念密切相关的认知谬误，其中，有关惩罚的集体的法律事实，亦即他视之为对于一般原始法律（包括原始的因果思维，也当然包括一切因果思维）而言是基本的那些法律事实，它们被视为是群体道德传承的后果，这一传承导致了集体罪恶这一观念，并由此导致了集体的存在。继承这一观念本身就是原始思想的重要构件，是一幅关于疾病和罪恶的粗糙的图景，后者部分是虚幻的，并且充当着某种调节社会的基础，一如其他的"折衷理论"。然而，具体而言，这并非是一个规范的观念，它毋宁是一种与

121

有关罪恶的事实(诸如女巫的实质)相关的机械论解释。基于目前已有的科学知识,我们在回溯的意义上或是在人类学上,将这种机械论视为关于诸如罪恶或坏的意志这类规范性事实的一种说法。就像凯尔森自己所理解的,这是一种例示,它由于那种我们归之于自己的"折衷理论"的错误解释而退回到了其使用者那里,并揭示出这样一些魅力十足的事物——诸如人们的意志以及关于国家和民主的理论——乃是一些半虚构的东西。

凯尔森对真正规范性产生的解释的失败为重新思考集体概念以及作为规范性之源泉的集体性提供了基础。如果我们可以从诸如集体意志这样的概念中剥除掉虚构的内容,或许会剩下某种内核可用来解决规范性根源的问题。集体意向性似乎显示出某种客观的东西,至少对于某个共同体或群体而言的确如此:即一种标准,在某种意义上它是实际的同时又是规范的。但他对这些理论中的神秘因素的批判同样很难被反驳。集体意志、群体意图、客观心灵,诸如此类的概念拥有一个浮沉的过往。围绕这些概念的争论与自由主义和自由个体主义的问题紧密相连。通常,集体的概念被左翼政治和各种反对自由主义意识形态的右翼分子予以利用开展(并且以一种普遍狂热的形式展示出来),尤其是纳粹主义。它们仍然出于政治的目的在哲学中得到了开展(Turner 2004)。至少颇具讽刺意味的是,那种"科学和理性的卫道士们"应当在这些同袍中发现自己。但是,对于迷恋那些集体概念的现代理智根源不能被还原为某种意识形态或政治观念。诚如我们将要看到的,当代哲学有关集体意向性的概念并不源于这些根源,令人惊讶的是,它源于社会科学历史中的某个根源。

## 始于集体陈述(we-statement)

位于当下有关集体意向性之分析策略背后的那种核心的哲学直

觉是语法意义上的。存在某些集体意向的事实,比如诸计划或诸目标(比如一个团队吁求成功这一目标),似乎就要求某种集体的意向主体,尤其当它们作为那种通过"将要"和"应当"表达出来的意图的对象时。① "我将赢得超级碗"并不意指其所说的:只有团队才能赢得橄榄球比赛。因此,说并不存在真正的集体意向者就会面临一个问题。如果所有的意向者都是个体,并且如果这同时也意味着所有的意图都是个体性的,那么,那些显而易见的集体的意向陈述就需要分解为一些个体的意向陈述。以这种方式构造这一问题就使它与有关分析哲学的问题相连,其中我们通过诉诸自己的语法直觉来检验那些分析。

　　与很多规范论的论证一样,集体意向性的情形通常要被迫在下述两种学说之间做出一种选择。一种认为,关于意向的集体陈述真正地表达了某种奇特的、反常的集体意向是受欢迎的。在此情形中,与之相对的则是一种有关集体陈述的说明,后者基于这样的观念:那些集体陈述(比如,关于一个管弦乐队的陈述)应当被拆解为一系列个体意向的陈述与群体成员的行动。当那些意向对象是他们自己的集体时,有关这种还原的典型案例便失效了。比如,一个管弦乐队的所有成员都真切地说"我要出色地演奏出贝多芬第五交响曲"从而导致了大量的争执。"该乐队会出色地演奏贝多芬第五交响曲"并非源于每一个个体想要很好地进行演奏的意图,也并不等同于一系列有关个体的陈述。同样,"我们达拉斯牛仔队将赢得超级碗"也是一样的道理。在此情形中,个体的分析被排除了,因为只有一个团队才能赢得超级碗。"我会赢得超级碗"这句话在理解上是很可疑的,而团队中每个成员都重复这句话也不会增加其可理解性。不过,这样说也是挺奇怪的一件事:赢得超级碗不是任何意向的对象,无论是个体的还是集体的,或者别的什么。如果它不能是一个个体的意向,那么

----

① 关于这一问题的一个简洁而标准的表述可参见 Velleman(1997,29-30)。

它一定是团队的意向。因此,我们似乎就受制于某种语法的根基从而做出这样的让步:那种与赢的意向相符合的东西并不能还原为一系列普通的个体意向。①

123　　　于是,问题就变成了,在缓解那个不具有某个正常人类意向者的意向的奇异性时,如何为这些意向赋予特性;也即是说,获得一个单一的意向并且不涉及某个与之相应的单个心灵。这一单一的意向/心灵模型要求一种实际的群体心灵。塞拉斯自己醉心于一种关于道德的特定的集体说明,并且诉诸某种有关集体意识这一观念的形式。他的母亲翻译了布格勒的那本《价值的进化:一种特殊地运用于教学的社会学研究》(*The Evolution of Values: Studies in Sociology with Special Applications to Teaching*, 1926),而他的父亲则为其撰写了一篇冗长而讨好的导论。年轻的塞拉斯不仅阅读了此书,而且还做了详细的笔记,并且还列出了一大堆进一步阅读的资料。② 这本书旨在将涂尔干的一些观点运用于道德问题。在某种意义上,布格勒的书是涂尔干自己在晚年致力于要写的一本书的替代品,它还留存有一些断章并谓之《道德导论》("Introduction à la morale", 1920)。涂尔干发展出了一套有关集体良知的详尽理论,它既意味着一种集体意识,同时也意味着一种集体良知,作为一种规范的、因果的、心理的集体事实,它外在于某个个体但同时又隶属于其自身的意识或心灵;这种集体良知乃是道德约束的根源,并且也是一个人在特定社会中所具有的道德直觉的源泉。与涂尔干的其他追随者一样,布格勒接受了这一解释并将之视作道德的社会性本质的核心真理,

---

① 这里,人们可能会拿许多这样的例子来嚼舌头:一个人"演奏得很出色",其一部分意思即是他能够演奏得很和谐,而这是一个因果事实,而非语法事实。因此,这种结果的意义不甚明了,我将在接下来关乎集体国家与商品问题的讨论中回到这一点。不过,很清楚的一点是,使得乐队达到一种和谐演奏的状态并不是乐队单个成员的恰当的直接的意图所在,至少在同样的意义上,巴松管乐手自己的演奏就是她的一个恰当的意图之所在。

② 在塞拉斯的文集里,这个册子的复制本充满了拓展性的强调和评注(《价值的进化》,塞拉斯文集,1899—1990,asp199101,book #779,匹兹堡大学,科学哲学档案馆)。

但同时也背离了他早期诉诸集体心理状态这一更为清晰的方面,就像涂尔干自己所做的那样。[①] 这一视角的关键之处在于对约束的想象,它被体验为一种内在性的或精神性的,但同时又作为某种外在的力量,并且与某人个体的冲动相冲突。在涂尔干看来,心灵被分裂为与自身相冲突的两个部分:集体因素与个体因素。

涂尔干被认为是(他自己似乎也同意这一点)对康德进行了一种社会学化的操作:他旨在表明,如何通过我所谓的那种局部的规范性来更好地理解那种康德式的主体对道德律令的服从,并且表明道德体验的条件事实上是社会的——亦即道德属性乃是特定群体的集体心理过程的产物(参见 Schmaus 2007)。值得一提的是,涂尔干不仅被认为将他自己的集体策略区别于源自社会策略的社会性解释,而且还被认为他对社会策略持一种拒斥的态度——比如那些诉诸社会交流和相互学习过程的方式。[②] 可以说,塞拉斯在涂尔干的道路上行得更远,他承认有关道德的集体特性这一实质性真理,而且还拒斥集体意向似乎寻求的那种群体心灵的观念。

然而,塞拉斯实际的论证在于一种分析的操练。他将意向性陈述化归一些子集,并且将集体意向陈述归为一个由诸个体可以真正地做出的意向陈述的子集里。这就避免了将它们当作一种有关神秘

124

---

① 有关涂尔干心灵模型的一个讨论可参见我的《关于一种社会科学方法论的探究》(*The Search for a Methodology of Social Science*,1986)一书。

② 社会策略与集体策略之间的张力植根于相关学说的历史中。首次使用"社会心理学"这一术语的,一个是涂尔干的对手和敌人塔尔德(Kalampalikis et al. 2006,28),另一个是埃尔伍德(Charles Ellwood),他是杜威和米德的学生,并获得了社会学学位。在 1899 年为 Albion Small 的《美国社会学》杂志撰写三篇系列文章之即,他就发表了关于社会心理学方面的论文。在这篇文章中,他比较了"基于个体共同体的心理现象"与"一个群体中的个体相互间的作用与反作用"(1899a,656),并且论证后者要更加基本。在这份文献中,他首次使用了这样一个表达"间性(inter)"的术语:"个体间性(interindividual)。"(1899a,256)在一篇论及塔尔德(Tarde 1901,741)的文章中,他直接使用了"个体心灵的相互作用"(1899c,100n1)以及"大脑间的(cerebral)"这样的表述。这一措辞标示出存在于交互作用论(interactionism)与涂尔干式的集体心理学之间的重要差异,尽管涂尔干并没有提及这一点。这篇文章的修订版收录在《社会学年鉴》(*Anneé Sociologique*,Nandan 1980,65-66)中,在那里,他用"社会心理学"这一术语替换了"集体心理学"。

的集体存在者的表达。但是,这一分析导致了一个非常类似的观念。塞拉斯区分了关于集体意向陈述的两种可能的分析,所依据的一个典型的情形就是"我们反对女人吸烟"。一种分析是非集体的,而上述陈述则被理解为是一个对"我们"中的成员的个体意向进行列举的问题。对于该分析而言,诸如"我们反对女人吸烟"这样的陈述仅仅是一种对个体承诺的描述的一般化,这些承诺关乎某些通过"我们"而被规定下来的人。"我们"仅仅需要获得一串人名即可。如果对其他人的提及仅仅是一种针对女人吸烟的个体态度的列举,那么使用"集体"这一概念就不会为此增添任何东西,因为通过"我们"借助"乔反对……,比尔反对……,萨莉反对……"这样的句子并没有增加任何需要解释的东西。但是塞拉斯则认为他可以对这一分析提供一个颇具决定性的反例,诸如"我们反对女人吸烟,但是我不!"[(1956)1963,198]这样的陈述。根据第一种分析,这一陈述包含某种矛盾:作为说话者的"我"隶属于"我们",而"我们"则是一个普遍的陈述或包括"我"在内的个体的一般化,因此它们均不成立。一种关于个体意向的列举有可能会与"比尔反对……"这样的陈述相冲突,因为"该群体中的人反对女人吸烟"这一列举性的陈述乃是诸个体态度的一般化。塞拉斯对此提供了一种分析,其中这种冲突消失了,因为两个有关反对的陈述在种类上是不同的:"我们反对女人吸烟"指代某种群体的反对,它是一个普遍的集体事实并且受制于眼下所讨论的"我们";"我不"则表达了一种个体的态度,它并不受制于其他人也并不指涉其他人。这里不存在矛盾,因为这两个陈述关乎两种不同的事实。

如果一个有关集体意向的陈述并非是对诸如"萨姆反对……""萨姆相信其正当性……"这类陈述的一般化,那么它是如何与经验现实相关的?这一问题存在于有关这一主张的任何形式里:存在某种不包含集体代理的集体机构。显而易见,如果没有真正的集体代理,也就不存在一种真正的集体发言者,后者可以以一种权威的方式

表达这些意图,即一个个体可被认为能够表达他们自己的意向。用
克里普克的话说,除了一个集体代理,没人有权利像集体代理那样发
言。如果那些陈述仅仅是一种列举,问题就不同了,诸如"乔这个"或
"萨莉那个"就是一种经验陈述。塞拉斯将这一问题的解决视为是其
有关集体意向的一般说明的一个部分,但是当这一特定的解决失败
之即我们仍然会再一次面临这一问题。通常的解决是坚持存在一些
个体的说话者,他们能够表达集体的意向,或者他们的陈述可被估量
为是对集体意向的一种表达。塞拉斯的策略是这样的:可以断言个
体表达了集体意向,因为这些集体意向就是他们自身的个体意向,只
是碰巧它们拥有那种"我们"的陈述形式。然而,仅仅获得这一形式
还不够。正常情况下,根据塞拉斯,关于群体意向的断言与某些有关
其他人的日常事实相关:"在一个群体中,相信 P 或意图 X 做 A 的人
越少,对于该群体相信 P 或者意图 X 做 A 这一陈述的辩护性就越
低。"[(1956) 1963,203]但是,"辩护性越低"是一个很奇怪的说法,
它暗示关于群体的日常事实指向了集体的事实,但不是直接地——
相反,人们倾向于认为,这些事实间接地支持着理论的解释。

　　这里,提及其他人是很重要的。塞拉斯并非是一个单纯的表现
主义者,即认为个体能够有效地"表达"集体的规范性承诺而不考虑
任何有关其他人的经验事实。对他来说,对于自身意向的内省,或者
对其他个体的(列举的)意向的社会学的探究,或者二者的结合,均无
法为关于群体的或共享的意向的陈述提供保障。那么,究竟该如何
是好? 一般地,问题在于如下,一个个体意向,甚至是具有一种集体
的或"我们"形式的个体意向,需要添加某种额外的特性,可称之为
S,从而使得它在实际上成为集体的或共享的。塞尔(Searle)试图通
过下述方式来规避这个问题:他将 S 确立为一种意向的"模型",并且
坚持其他人实际上共享与否根本就是一个与此无关的问题(1990,
408)。但是,以一种解释的方式来运用集体意向——比如解释一个
制约着群体成员的规范——事实上就需要共享某些东西。因此,问

125

题就在于如何为下面这一主张提供根据,那种存在于集体模型(we-mode)中的意向事实上是被共享的。即使我们将那些意向性陈述视为在认识上是毫无疑问的,但是我们仍然遗留下了有关特性 S 的问题,它是关于他者的一个实际的断言,并且通过内省和列举都无法获得它,它似乎需要自己的特定的根基。这种根基究竟是什么?在 S 那里究竟存在一种什么样的事实?

126 　　对此问题的一种回应是关于 S 不存在什么更深层的问题。如果我们能知晓一些有关其他人意向的事情,我们也就能知晓他们那些与我们相似的地方,包括他们互补的地方,以及他们彼此之间的一致性。这点看上去是无懈可击的。但是移情作用除了告诉我们其他的个体意向之外别无他物:它最多只是一种列举。而这还远远不够:对于一个实际的集体意向来说,甚至对那种具有"我们"形式的意向陈述的列举也无法达到充分的要求。凯尔森对于习惯法的讨论表明了问题之所在。如果我们所有人都拥有诸如"吉尔倾向于人们不要偷盗"这样的一系列陈述,我们就将处于凯尔森所刻画的那种情形中。凯尔森并不天真,他的想法似乎是这样的:如果我相信人们不应当偷盗,那么我也就相信自己也不该去偷盗。因此,这种愿望就是一种自我约束。但是,如果它是一种自我约束的话,它就不可能是一种集体约束。而对那些表达了其他人会做什么这一愿望的自我约束所做的一系列列举并不等同于一个约束性的集体活动。因此,在习惯法的情形中,凯尔森被迫做出了这样一个问题重重的论断:个体关于他者行为的那些期望,如果它们被广泛地接纳的话,就等同于某种将所有人约束在一起的东西。在个体对别人的期望——比如希望他们没有偷盗——与某种约束他们的东西之间必定存在一种神秘的转换。

　　塞拉斯并没有提出这一转换的问题。他的关键性文章始于这样的句子:"本文的目的旨在探求关于'应当'的逻辑,着眼于确立它与实践话语的其他关键概念之间的联系。"[(1956) 1963,159]换言之,塞拉斯一开始就给予某种描述以特权,而这一描述本身则问题重重。

而且,这里使用了一些同样的考虑,后者影响着我们早先对此情形的讨论。诚如塞拉斯所做的那样,人们可以暂时以本体论的视角来看待这些表述并立足于它们构造出某种理论。但是这无关乎断言这些概念在进行某种必要的解释工作——如果从我们的本体论中忽略掉这些概念,这就会对我们的信念之网造成某种损害。或许我们在对它们的解释中无法避免一种循环,就像合法律性的情形那样。但这也许仅仅意味着,为了解释的目的,人们需要将那些事实置于某种不同的描述中。这并不意味着,那些处于这些描述中的事实无论要求如何怪异的解释,都需要严肃地将之当作一种解释的必要性,并且为有关这些事实的奇特论断提供确凿的根据。

这一对描述赋予特权的做法在塞拉斯的论证中发挥着重要的作用。他假定,诸如"我们反对女人吸烟"这样的陈述应当表达了某种人们所共享的普遍的约束。因此,他聚焦于这样的问题:人们该如何来确保这些陈述的正确性?他采取了一种非常涂尔干式的思考方式,而非凯尔森式的。这一思考假定,在一个群体中,人们将应当体验为应当,并且假定问题在于确保作为群体成员的我们自己正确地掌握了这一有关应当的共同体验吁求某种 S。塞拉斯通过如下这样的论证来对那种关于我们能否为 S 的断言提供根据的怀疑论做出回应:如果我们能够知道某些有关别人意向的事情,我们也就对诸如普遍意向(比如那些通过某个应当所表达出的东西)是否是共享的这样的事情了然于心[Sellars (1956) 1963,204]。① 简言之,如果我们能够知道其他的意向,我们也就能知道它是否是一个普遍的意向,而如果我们能够知道多数人的意向,我们也就知道它们是共享的,并因此

127

————

① 在此领域中充满了隐喻。Raimo Tuomela 将这种关于集体意向的个体方面视作是某个集体意向的一个"片断"(Tuomela 2005)。吉尔伯特则将个体意向看作是隶属于一股作为整体趋向某个目标的意志之流(1990,7)。这些隐喻包含着这样的想法:集体意向是一个关于自身的并且包含个体意向的事实,而不是一种堆积品,其中个体意向保持着其同一性。

是集体的意向。

塞拉斯承认,对于在一个特定的情形中是否存在普遍的意向,某个个体有可能遭到蒙蔽。甚至是某个群体中的成员"也有可能关于群体的意向遭到某种欺骗"[(1956)1963,205]。但是,为了理解这一谬误并以某种方式与眼下的分析保持一致,塞拉斯必须设计出一种富有新意的方式,用以探讨关于这些意向的一种正确的操作和一种坏的操作之间的差别,并且也用以为这样的主张提供辩护:某个集体中的一个个体成员能够代表这一集体表达其集体的意向。因此,他借助一个新的概念来刻画那种在处理集体意向的过程中所产生的错误:即一个陈述的"真实性"。"真实性"吸收了"真挚"一词(关系到个体意向)很多的认识作用。塞拉斯将此与群体中成员关系的认识关联起来,在如下这样的断言中他对此给出了一点暗示:"一个不具备'我们'模型的个体,亦即没有'群体归属感'的人,除了拥有一点关于应当的'打了折扣'的理解外,再无其他。"[(1956)1963,205]因此,可以有某种关于应当的打了折扣的或是不完备的理解,它们并不是真实的,并且其不真实是因为个体的意向者没有群体归属感。但这并没有帮助我们走多远,因为在后续不同的推理中,我们仍然会面临同样的问题:群体归属感是一种个体感受,或是关于一个集体事实(人们可能会出错)的感受?难道归属概念不是关于我们无法完整地加以理解的(意向性融合)事物的另一种隐喻式的表述吗?

塞拉斯认为:"一个未分享任何群体意向的人几乎没有办法说他是其中的一员。"[(1956)1963,203]这似乎暗示着,意向的共享乃是群体的某种特征,并且是"我们"的一个逻辑前提,它使得这些概念贯通起来。他提出了一个颇为重要的观点:"那些共享的普遍意向的实际存在乃是(不是)参与道德话语的一个条件。"对于这点达至某种一致是一件艰巨的任务;意向的主体间性、S,或者真正的合作意向不是一种给定的东西,毋宁说乃是一项成就。不过,达成一致似乎并不能使我们更接近集体事实一些。关于某些信念的一种粗浅的一致

（仍然是一种个体对这些信念的认同）并不等同于一个集体事实。还需要某些更多的东西。哲学史家、原始思维的研究者李维-布鲁尔（Lucien Levy-Bruhl）在同样的语境中使用了一个柏拉图式的术语"分有（participate）"，并且认为这种神秘的分有是原始思维的一个显著的特点。它就是这里所需要的东西吗？至少，这一构想使得什么是一种真正的集体事实显得更清楚一些：一种是单义的应当，不同的人对它持有不同的理解，而这些理解以类似分有的模式彼此关联起来；另一种是这样的一些人，他们对自己应当做什么抱有某种复杂多样的，同时又或多或少相互类似的信念。是否存在能够区分这两种情形的事实呢？

塞拉斯并没有提出这一问题，因为在他看来，这一关于"我们反对女人吸烟但是我不"的分析排除了唯一可行的替代项。不过，应当明确的一点是这里的确存在一个问题。凯尔森关于习惯法的不尽如人意的分析与塞拉斯的分析之间的区别可以忽略不计。塞拉斯被迫做出让步，即不是"我们"中的所有人都分享那种普遍的群体的应当，因此，与凯尔森一样，他必须满足于某种类似于绝大多数人分享着这一应当的意义这样的事情。凯尔森的有关不要偷盗这一个体的意愿乃是一种关于别人的意愿。它们并没有约束着他们。但是，毫无疑问，个体成员既可以站在公众的角度上说"我们反对女人吸烟"，同时又可以说他们并不反对，而这里并未产生矛盾。因此，对于该陈述存在一种非集体的分析。为了排除其他的替代解释，该论证需要某种更优越的东西。有这样一种方式（源自是否存在某种替代性的非集体解释这一问题），即声称这些解释是被误导的，因为它们反映了某种外部观点，而眼下所讨论的那些事实只能在一种规范世界之中才是可见的。该论证通过规避一种有关替代解释的可能性问题，通过将集体意向纳入规范事实中，从而使得该解释免受攻击并且融贯一致。规范事实的抵抗性在于：这些事实在这样的意义上是规范的，即它们隶属于规范的范畴，后者有别于解释性的和因果性的范畴。这刻画出了一个封闭的世界，其中只有通过规范为规范提供辩护。这就是当凯尔森很多时候想要构造一种纯粹的（亦即纯粹是规范的和非因果的）关于法律的理论时脑子里所想的东西。在这一纯粹理论中，规范事实只有通过其他的规范事实才能被纳入视野。布兰顿在做下述这些事时也有同样的想法：即重新解释"康德一开始提出的自由包含着规范的制约这一主张"，因此"自由和不自由之间的区别变成了一个社会的区分而非客观的差异"。他将这一区分刻画为"社会的"，意思即是，这种区分是通过有关一个共同体的规范区分获得的，而该共同体本身就是借由这些规范的制约而被规定下来的（1979，192）。布兰顿的观点是，规范的事项并不以一组非规范的事实作为自己的条件和包装，而是它们自始至终就是规范的。如果我们将集体意向视作一种隶属于"义务"意义的先验条件，那么当我们行使一项义务时我们同时也必然地在吁求某种有关集体意向的断言。因此，集体意向就不再被解释为一种外在的、客观的事实，而是一种关乎所有特定的规范语汇的一般属性，类似于一种基础规范，其特定的内容、特定的孕育规范的集体意向，只有在该共同体自身的规范框架中才是可见的，并且作为它们规范特性的某种条件，就像基础规范唯有通过法律有效性的事实才是可见的。两种情形均假定了某种作为一个集体现实性的有关义务的事实：通过定义，并不存在一种非规范的替代解释。

当塞拉斯将那种分有的能力称为一种意识的奇特形式时——一种非常涂尔干式的思考方式，他似乎意在规避这种逻辑上的封闭。这一回应也通过如下方式为有关转换的问题提供了一种解决方式，即将它置于一个截然不同的过程中，一种在一个不同的模式中意识发生变化的过程。这种差异至关重要：凯尔森的问题是要为意愿找到一种方法以使它们能够约束其他的意愿，而非仅仅是自我约束的。促使诸意愿约束其他意愿是徒劳的，但是分有意识的约束形式则不同，如果真的有这种东西的话。塞拉斯持有一种类似的观点：我们拥

有某种特殊的进入集体意向模式的生物机能。然而，他的旨在获得
S 的这种有关机能的理论是一种社会理论，并没有脱离他从布格勒
那里所读到的东西太远。对于塞拉斯而言，关于意识 S 这一形式的
前提是有关一个群体概念的内在化。关于群体的一个概念是"内在
化了的"，就像"我们"这一概念。这种内在化在意识中造成了一种变
化，即是一种，或承诺了一种，或用塞拉斯的一个神秘的表述"变成
了"一种意向的形式[(1956) 1963, 203]：在塞拉斯看来，这一意识当
中的变化乃是一种转折的时刻。但是塞拉斯意在将这些视作是一种
日常的实际陈述："内在化"是一个关于因果过程的术语，一个社会科
学的语汇。

　　内在化隐喻式地刻画了一种反应过程，在某种程度上，它表明主
体已然获得了一些或多或少与群体相一致的态度。关于这一内在化
过程，诚如一般情况下对它所做的研究——比如通过一份问答卷来
测验人们的态度，没有什么能够为那些有关共享意图或意识之奇特
形式的论断提供根据。但是，这一术语——如其所是，问题重重——
的确指出存在一种有关秩序化的一般过程，后者在社会相互作用中
得到了回应。问题在于，有关这些过程，一种"集体的"说明与"社会
的"或"相互作用的"说明之间是否存在任何经验上的差异，亦即这样
两类过程，在一个集体事实中包含诸如分有这样东西的那些过程和
基于一种折衷理论仅仅包含主体间认可的那些过程。诚如塞拉斯所
主张的，涂尔干认为，通过这些过程构造出了一个崭新的心灵统一体
（尽管在塞拉斯那里它并非是一个新的心灵存在物），并且这是一个
再正常不过的事实，群体外的人可以（间接地）观察到它，它并不是那
种塞拉斯意义上的"社会的"存在，以至于只能通过该共同体的那些
规范才是可见的。因此，塞拉斯的主张更接近于经验科学，更缺少抵
抗力，并因此向与它对立的假说开放。

130

# 何为集体意向？其根据何在？

如果将意向合作的关键问题——即集体的规范意向本身——当作一种类似于我们只能给予间接证明的理论构造，那么我们就将它们整个地置于日常解释之流中了。但是对于每一个假定中的集体的规范意向而言，似乎存在一种明显的替代解释：这种解释立足于有关某个群体的个体成员对于其世界的一些信念——比如政府是合法的、它是真实的等这样的信念。这些信念并没有创造出一种全新的可称为规范性的东西。但是，它们的确普遍地共享着一些规范意向：它们创造出了一种新的集体的而非个体的约束。但是，如果关于人们所言所行的依据在两种解释之间是无关紧要的，那么塞拉斯为什么要假定首先必定存在某种诸如集体意向的东西？如果这种假说并不具备某种具有决定性的根据以降伏它的那些简单的对手，为什么还要接受它？

131  诚如我们所见，塞拉斯为了有关非集体意向的真实表达，着力寻求一种集体的模拟品并最终走到了真实性这一概念，他并没有继续去追踪那种基于理论构造的模型来思考这些共享事物的路径，也并不追问对于那些触手可及的事实还能给予什么样的其他解释。这里，他听上去就像一个表现主义者。他通过如下这些陈述之间的逻辑联系来规定真实性这一概念："陈述'群体 G 意图人们在 C 中做 A'为真，是该群体成员陈述'人们应当在 C 中做 A'的'真实性'的必要条件。"[(1956) 1963,204]他承认道：

> 较之个体的坦率或缺乏自欺，真实性则是一个更为复杂的问题。人们能够知道他意图在 C 中做 A，但关于群体的意向则又遭到欺骗。该群体借这样的事实分享其意向：其成员的意向模式（相关的）……可是，其成员在此模式中的意向这一事实并不能保证实际上存在一些共享的意向。[(1956) 1963,205]

　　这是否促进了在我们列举个体意向时所产生的那种讨论？在按一种模式展开意向活动与相信之间有何实际的不同？"实际上"暗示着存在某种被蒙蔽了的有关群体意向的事实（即我用 S 所予以标识的），并且因此无法通过任何意向本身中的东西来为真实性提供根据。它必须还要涉及其他人的意向。那么，某人是如何"保证实际上存在一些共享的意向"的？

　　塞拉斯原本可以提及移情，或者共鸣想象（sympathetic imagination），就像涂尔干的社会学的对手们所做的那样。但是他并没有这么做。他依赖于一种间接的方式。诚如我们所见，类似于那些诉诸共同体概念和普遍的群体成员关系（作为有关规则的认识权威性的根源）的做法，塞拉斯诉诸某种"群体归属感"，并将其作为有关应当的一种"较之那种'打了折扣的'理解更为全面的"〔(1956) 1963, 205〕理解的条件。但是，何为一种"群体归属感"？其基础又是什么？它是否立足于除移情之外的任何事物？它有可能出错吗？它可以为什么样的认识断言提供根据？如果除了有关这些规范的表达（或许还是错误的）所揭露的东西外，亦即塞拉斯所谓的"讲述"，并不存在有关群体意向问题的事实，那么，较之我们着眼于个体意向的情形，我们更需要一种有关错误和真实的概念。至少在个体的情形中，人们所做的（尽管或许是以复杂的方式进行的）与他们的意向陈述的真值相关。他们的行动显示出他们是否言行一致。我们已经拥有了详尽的概念资源，包括通俗的心灵理论和一种复杂的语言，后者用以处理诸如意志虚弱这样的事情，从而使这种根据得以展开，即使最后并没有充分地消解掉存在于那些貌似可信的意志归属中的冲突。我们还拥有某种移情能力，无论它多么的可疑，塞拉斯已然假定了它的存在，而且那些"群体成员关系"的思考者们也似乎假定了这一点。

　　着眼于 S，当然也包括一般的集体意向性，问题则以富有意义的方式变得不同了。它们不是个体移情的普通对象，甚至也不是那种人们在其中备感同袍之谊的情感的对象。一个明显的事实是，法律

132

理论依赖于某种虚构的集体意志。如果真实的集体意志触手可得，那么就不需要这种虚构，而且或许也不需要明确的规范。法官们可以直接地运用这种集体意志。这或许指出了这样一点，即哲学传统本身就包含一种有关同一质料的概念的演变，它将这一质料当作是某种近乎虚构的东西。诚如米德(G. H. Mead)和齐泽克(S. Žižek)这样不同的，讨论诸如"广义的他者"或是拉康意义上的"大写的他者"的哲学家们，将它们视作是一种关于个体的心理学的构造，是源于交流的一种因果产物，但并不是那种可被视为现实的真实事实的东西。人们通过某种意向融合的方式来刻画他人的行动，这一事实并未排除这样的可能性，即人们也可以不通过这种方式来刻画它们同时又能达到同样的效果。这正是那种社会学的（因果的）合法性概念所予以例示的可能性。诚如我们所见，人们无需借助对合法律性的说明就可以解释一些处于不同描述之下的事物，它们是一种"正当秩序"，并且事实上无法区分于一种"法律秩序"。"正当"这一描述错失了那种（又可能是非现实的）合法律性的观念。

## 问题的重申

塞拉斯通过如下一系列假定提出了自己的问题：(a)那种列举分析和集体意向性分析均是有关这些陈述的替代性说明；(b)那种集体意向者的本体论模式，无论它作为一种科学理论（或一种本体论）是多么问题重重，它也为一组庞大的集体陈述提供了一种正确的分析；(c)这一问题可作为一种语言分析的问题而得到消解，或者获得可能的理解；(d)集体意向性问题与"应当"的问题相关，并且那些应当乃是集体意向的结果。对于(a)，我已经给出过论证：根本的问题在于解释的必要性，而为集体意向性论证提供根据的困难在于存在某些与此相关的事实，如果对它们的解释不诉诸 S，那么就无法通过这一解释来说明它们或者理解它们。我曾表明，那种有关人们所言所行的相关根据与那种"事实"之间存在巨大的鸿沟。我的主张是,那种假定中的解释问题乃是一个有关描述的人工产物,并且我们拥有一些替代的描述,后者并不要求那些集体的意向解释。

集体意向性的问题可重构为(或更新和一般化为)三派相互冲突的学说的结果,每一种均包含某些相关的强烈直觉。其一是一种分析哲学的直觉——一般的表达需要通过一种相对简单的分析而获得意义,而一个表达的普遍性乃是如下这一想法的根基,即不应当通过一种非普遍的事实来解释它。诚如吉尔伯特(Margaret Gilbert)所坚持的,集体话语(we-locutions)无处不在(1996,19)。这似乎表明,它们不能简单地被归为一种是非对错,更一般地说,不能将它们理解为是立足于某些本身就是局部的理论,或者意识形态,或者文化传统。它也似乎暗示着,对它们的使用不能仅仅是对一般用法的类推扩展。每一种对集体陈述的处理都使得分析变得过于复杂。第二种直觉则是关于真正的社会整体、群体心灵等诸如此类的理论都是虚假的,或是糟糕的,是一种形而上学的余孽,并因此无法充当关于普遍的集体用法(we-usages)的基础。第三种直觉则是认知性的:如果存在某种特性 S,那么它必定能借助一种普通的方式就可以掌握,通过一种人类的阐释。通过对人们言行的体验,我们与他们的相处开始变得融洽,能够自觉地解释他们的行动,并且能够合理地做出预测。但是,在这种体验中,没有任何东西能够为相关意义上的集体意向的断言提供基础——我们拥有某些内在化的东西,它们使得我们可以在下述意义上"讲述"集体意向:它植根于这样的断言,即在其他人的意向之间获得了某种 S 联系。

塞拉斯所提出的解决方案以及集体意向性学派的其他观念旨在通过将集体陈述边缘化从而来化解这些相互冲突的直觉,并对这种异质性给予认可,使其变得不再神秘。对于处理这种集体陈述本身是否还有其他的替代方案?我们先从一个著名的例子谈起。当纳玛斯(Joe Namath)被问及在第二届超级碗中,纽约喷气机队是否会战

134

胜巴尔的摩小马队时,他回答:"我敢担保这一点!"这一承诺极具力度,可是它既显得莫名其妙同时也是无法解释的。与几乎所有的许诺一样,无论它们是否涉及个体或集体的后果,显而易见,纳玛斯的担保受制于各种各样的偶然性——世界不会毁灭,比赛会进行,而且更一般地,那种许诺者所给予说明的通常的条件也具备了。我们可以按照如下方式来理解他的这种担保——"如果我的队员的确按照我所合理地相信的那样做了,那么我保证会为了团队的胜利而做得足够好。"纳玛斯在做出这个许诺的时候,绝无必要为他的队员提供一种超越个体的、非 S 的根据(亦即团队的个体成员分享着这种特定的意向,并且他以一种真正的、立足于其群体归属感的方式"讲述"着这一点),或是给出任何有关"团队"这一集体对象的意向性陈述。对于队员的意向之间的关系,纳玛斯未置一词,也未提及表达团队集体意向的发言人。对于这些意向,根本就不存在任何集体性的东西。关于他的团队成员和反对者,他原本可以像蒯因一样成为一个行为主义者,并且仅仅着眼于他自己的活动给出承诺,甚至可以更少——通过任何一种保证了喷气机队会赢这一预期的根据,他可以为他的担保提供坚实的基础。他的许诺不必是一种反常的承诺,后者处于一种反常的集体模式中。在任何情况下,那天的粉丝均会将它当作是一种个人的承诺,一如其的确所是的那样。

人们在诸如纳玛斯的那种断言中会注意到某些普遍存在的含糊。表层语法经常让人误入歧途。使陈述呈现为一种应当的形式(纳玛斯原本可以说"我们应该要赢"并且经常强调他是这么说的)或许并不充分——这是一种预期,而说话者的那个唯一的承诺是认识性的。一个收赌注的人或是一个时评人也可以以一种可理解的方式做出同样的陈述。如果它确实如此,那么有一点将会很清楚,有关它的承诺是认知性的,而对于诸如"你如何担保它"这类问题的回应就将会触及有关信念的根基。预期的实现有可能作为一个因果事实而要求各种各样的人拥有其特定的意向,尽管或许它并非如此。这一

陈述有可能是一种关于一个（个性化为团队的）对象的完全非意向性
的预期。或者它有可能是这样一种陈述，它关于一个个性化为团队
的，并且由某种包含伪意向性特征的预期者所赋予的对象，比如对一
种在类推的意义上归因于"意向"的回馈所做的回应，诸如"牛仔队总
会找到赢得比赛的方法"这样的运动标语便浮上心头。人们也许会
问，如果纳玛斯说"我们敢担保这一点"时，情况会不会有一点不同。
如果"我们"是可列举的，那么就将会有所不同——如果团队中的每
一个成员也担保了这一点的话。这一断言的基础就会是每个成员事
实上都如此这般地行事：一个普通的经验论断。

　　这些句子通过下述方式建立起了因果的关联：在它们之间，存在
一种令人惊讶的互替现象。诸如"这个队应该赢"、"我敢担保这一
点"、"我们应该赢"，以及"我们想要赢"这些句子，它们通过一个球队
老板或一个球队代表之口说出来，在下述意义上它们都或多或少是
同一件事情：它们当中的每一个均不可能独自为真，除非其他的都是
真的。这便将诸如"我们想要赢"这样的陈述置于某种截然不同的情
形中了：困难在于表明出于因果的理由，它们不是可相互替换的。需
要某种相关的因果事实来使它们成为非互相交换的。如果不存在这
样的事实，我们通过"我们"所意味的也就没有任何神秘之处了。如
果通过表明 S 的因果相关性从而为集体意向陈述提供根据，那么我
们就会面临这样的困境。不过，这将我们拉回到了这一问题的认识
形式。如果我们一开始就无法为关于 S 的实际陈述提供保证，那么
我们也就无法去表明那种因果的相关性。

## 代表：谁拥有"讲述"的权利？

　　纳玛斯的例子涉及一种集体的目的，而非一种集体的意向。然
而，很大一部分集体陈述被用以表达集体的意向。这些陈述引起了
有关它们自身的一些问题。诚如我们所见，塞拉斯围绕下述问题给

135

出了一个详尽的方案,即只有通过一个集体代表才可以表达一个集体意向或者代言一个集体。"讲述"的模式涉及一些原初的事实。为了在集体的与个体的意向表达之间建立一种平衡,我们就必须认定那种在集体模式下的普遍表述是对承诺的直接表达。因此,这一分析的一部分困难在于赋予 S 以某种原初性,也就是说,它独立于各种各样的理论。我将在第六章讨论大量的例子,在这些情形中,以这种方式讨论某些东西的确很有助益,比如,有关我们的表达式或语词意义的那些主张。在这些情形中,似乎的确存在某种权威,后者并不立足于那些给予我们权利以做出这些陈述的日常经验探究。在这一章中所做的那种分析(基于某种移情),同样也可用于有关一个共同体之代表的其他主张中,比如关于该共同体的情感或反应的代表。但是,一组不同的、涉及一些有关代表的断言的情形则完全以截然不同的方式发挥着作用。

本章一开始,我提到了为集体代理辩护的问题,将其视作促使塞拉斯走向"讲述"这一概念的一个动机。在塞拉斯那里,"讲述"包含着一种有关某种方式的复杂说明,其中,一种群体成员关系的意义是真正有权力谈及规范的根源。对于这些诉求的本质,我们需要给予某种关注。源自这些陈述之普遍性的论证暗示着它们在某种意义上必须是真的,而且应当给予一种恰当的分析——对某种一般性语言现象所做的一般性说明——而不是一种解释性的社会理论的说明,后者将其视作一种理想的逻辑构造,或是关于中介的信念内容的一个部分,而非隶属于某种普遍的、可被加以分析的逻辑关系。但是在这些情形中,折衷理论所起的作用则表明不能将这些问题简单地视作是语法问题。关于这些非语法的问题,有两点需加以指出。一种涉及可称之为观念的(ideational)东西,另一种则是副观念的(subideational)。所谓"观念的",是指诚如塞拉斯以及其他人(尤其是塞尔)经常暗示的那样,集体陈述并不依赖于某种自然的、前概念的"群体感",而是立足于一组有关群体的完全得到发展了的概念——如果你愿意,可以称其为一种关于国家、种族等存在的理论。这些观念就是一种折衷理论。这些群体以及与它们相关的群体意识感均是观念的,那种群体意识是需要加以培养的(这种训练先于这种意识,或者催生了一种原初的意义,后者清晰地呈现为一种意识形态的结构),而那些理论(甚至包括那些为国家提供根据的理论)则始终是变化不定的,并且相当强烈地表明这些群体乃是那些围绕着它们的信念的对象。在一种普通的意义上,这些信念即是一种社会结构。要根据那些相关的理论而对有关它们的陈述给予分析,就不应当着眼于分析者所构造的某些替代理论,而是立足于这些信念本身。那些有关人们说话之特性的信念不仅仅是装饰性的——它们是"我们"以及使用集体性表达的根据,如果没有它们,那么这种使用就是不可理解的。类似地,某人可以辩护说"社会"(当然也包括"社会"这一观念)是某种与历史相连的观念,而与某种社会生活的特性无关。我们更习惯于关于某人的这样一种观念,即他拥有一种为其所代表的事物予以代言的权力,不过这种"代言"关系也包含一种观念的(典型的神学的)背景——比如,某个家族里的"头人"代表着这一家族这一观念。

　　简言之,如果集体语言(we-language)是无处不在的,那么这是因为那些为其提供根据的各种各样的观念均是一种普通的老生常谈:存在一大堆折衷理论服务于社会调和的目的,为社会经验赋予意义,为某种权威提供辩护,为那些为他人代言的断言提供根据,等等。但这并不意味着它们仅仅是一些内涵广泛的隐喻,或是它们保证了一种普遍的分析。将它们当作是真的也丝毫没有什么意义。群体的观念不是一种自然的,而是一种构造出来的、理想化的,并且经常是神秘的观念;群体概念是关于折衷理论的绝佳的例示。与之密切相连的那种代表的概念同样也是一种折衷理论。这并不是说这些理论不是一种关于某物的折衷理论。但是关于代表的问题,以及对于借助那种有关代表的理论从而提供一种支持的辩护需求,加固了这种对塞拉斯立足于群体感(feelings of groupness)为集体陈述的基础予以分析的支持,并将其置于一种截然不同的视角中。与其说塞拉斯提供了一种有关规范性源泉的分析,不如说他构造了另一种表象理论,亦即一种旨在为某人提供某种为他人、为集体代言的权力所做的说明。它预设了相关的内容:它诉诸集体性的观念(在他那里,这一点隐藏在群体感的观念中),后者是历史性的、颇具疑问的,并且或许还是神秘的,而非仅仅是一种内在的、非局部的语言特征。诚如我们将会看到的,同样的想法体现在布兰顿的一个重要的论证中。

# 意向的偏见

然而,那种非观念的或副观念的东西——这是就一种通过塞拉斯所谓"群体感"中的"感"这个字在其残余形式中所标识的层面而言的——与一种关于集体语言的普遍性的理解相关。让我们首先着眼于那些认知科学的陈词滥调。人类拥有极强的模仿、效仿能力,并因此具有移情的能力。我们最为重要的那些反应均包含这些能力。在某种相当基本的、前语言的、认知性的层面上,我们可能会做这类事情:以一种拟人化的方式将世界设想为是由一系列中介构成的;在它们本可以获得的那些结果背后探寻这些中介,使它们客观化,想象它们的样子,并且将它们融入这个世界里。这是一种倾向,在很多时候它都得到了经验的确认。我们所处理的许多事项均是一些得到了某种反馈的因果系统。出于同样的原因,我们所处理的许多事实和对象都可以是一种意向的产物(或是出于某种包含着反馈的事项)。如果人们遵从上帝的意愿,并且认为人们的活动并非始于有关下述差异的一种强烈的先天意义——即缘于意向者的某些事物和仅仅是一种被导致的事物之间的差异,那么"可以是意向的产物"就是一个内涵极为广泛的范畴。当我们安慰一个不小心撞到椅子受了伤的小孩子,说椅子真"坏"并且替他惩罚椅子时,我们就行使了一个立足于这些陈词滥调的小小的仪式。伤害就是一件"可以意向的"事实；而椅子则可以充当那种包含某种反馈的因果系统。较之这个小孩子，唯有一种对世界更加成熟的知识才可能让我们如此这般地说出那样的话。如果一把椅子能够毫无困难地被加以拟人化或者意向化，那么我们就无需惊讶于一些集体对象的存在，或者无需惊讶于我们为了谈论想象中的那种关于"可能意向的"结果的原因而拥有许多详尽而有力的、围绕中介而展开的隐喻。

这是我们获得下述感觉的一种方式，即存在一种集体媒介，因而也是真正的集体意向者。在本章伊始的第二段引文中，凯尔森提出了一个不同的方式。而且还存在其他的版本。我观察了自己的孩子学习集体性概念的过程，值得一提的是，他们对于诸如"团队"这样的词的使用，首先着眼于一种观察意义而非一种功能意义，比如这样的一些表述："我们是同一个团队的，我们穿着相同颜色的短裤。"这一点具有提示意义，一如下述这样的事实：集体的认同总是立足于外在的标识，比如徽章之类的。而将团队的观念加以人格化则自然就是下一步的事了。集体经常被人格化或者被类比为身体，就像"基督教"团体被理解为基督的肉身，或者一个作为政治身体（body politic）或母亲的国家。或许这一点很简单，因为我们倾向于通过拟人化或具身性的方式来理解复杂的东西并与其相处，因为这是很容易的事——我们都是具体的有血有肉的人。

这些考虑使得我们可以应付文献中大量的典型案例。维拉曼（David Velleman）给出了那个关于院长的例子：他询问学院打算如何处理某种空缺（1977，29）。这与教堂为了某物打算做某事属于同一个问题——一种确定的隐喻，并通过我们拥有某种表象理论这一事实从而具有一种确定的意义，借此它可以代表一个学院或教堂，以及这样的事实，我们知道谁可以为其提供答案并因此知晓它所意味的究竟是什么。这便为我们应付普遍性的问题提供了一种替代方案。在一种认知的意义上，我们被迫将教堂，或者国家，或者社会视

139

作是一种包含着目的的事物,并且由于它们包含着目的从而具有一种现实性。① 但是,我们不应在将那种集体目的予以本体论化的程度上屈从于这种倾向。就本体论而言,我们可以将这些陈述置于与一个成人的陈述同样的标准之下,他将一把绊倒他的"坏"椅子加以拟人化。

　　然而,关于集体目的,人们的确提出了一些重要的主张。该如何来定位这些主张呢?一种策略是,通过描画出它们与心理语汇之间的平行关系从而赋予其有效性,并且主张存在一种与大众心理学相平行的"大众社会学(folk sociology)"。如果可以将意向化归某种独立的大众理论的一部分,那么照此,我们就可以对集体意向做同样的事情。然而,这种平行存在着缺陷。尽管它可以表明某种类似于意向语言的东西或多或少是普遍的(Needham 1972),②也并不存在一种普遍的大众社会学。的确,它们是如此的变幻多样——从图腾崇拜到历史上诸如国家这样的特定观念,到一种有关血族关系的观念之间的混乱编排——以至于印象上更加稳固的乃是那些社会隐喻的源泉,比如身体和血族关系。声称这些主张是虚假的或是隐喻的(亦即在字面上是虚假的但是包含某些真的内涵)均有其各自的理由,并且它们与有关上帝意志、为上帝辩护等诸如此类的主张具有同样的认识地位。主张这种普遍的使用无法消解为一种虚构乃是关于这一分析的一种偏见,而它们的普遍性则意味着它们需要一种语法分析。简言之,有很好的理由促使"我们"将社会进行拟人化。然而,知道了

---

　　① 当然,源于普遍性的那些论证切断了每一种进路。讨论我称之为 S 的那种联系,这一事实要求诸如意志之流和意向片断这样的精细的隐喻以表明它们并不是普遍的。因此,集体意向性分析和眼下这一分析之间的对比并不是一种基于普遍性用法的分析与另一种基于隐喻的分析之间的对比,而是一种基于表达了认识不确定性之诸事实的不同寻常的隐喻的分析与一种植根于惯常的认知情形的并包含着普遍隐喻的分析之间的对照。

　　② 不过,芬格莱特(Fingarette)给出了这样一个有趣的论证:中国儒家中并不存在这样的意向(1972,37-56)。他还就儒家道德给出了与这里关于道德的评论一致的描述,他将儒家关于共同体的观念刻画为一种圣礼(1972,1)。

这一点，就为我们提供了理由去质疑那种使用指向了某种解释性的事物，尤其是当它表明，在这种作为一个集体意向陈述的颇有问题的形式中全面渗透着一种与其他主张之间的互换，在这些其他的主张里，集体意向这一概念不再有那令人困惑的涵义。

## 解释的义务：分析理论、社会理论，抑或循环定义？

理论影响的问题关乎一些涉及集体陈述的其他情形。试考虑吉尔伯特对她的分析论证所做的这一概括：社会群体是一个复数主体；而复数主体则由一种共同承诺所构成，并且它马上产生了义务（1996，368）。在何种意义上，这算是一种"分析"论证？诸如"构造"和"产生"这样的词在"创造"与"定义"之间造成了一种系统的含混，因此这是一个至关重要的问题。如果这是一个有关语词定义的问题，那么这一论证在某种循环的意义上是"分析的"：义务当且仅当它们源于共同的承诺时才是一种义务。这大概并不是这里所要意指的。如果我们将"构造"与"产生"当作一种因果词项，或是某种缘于因果语汇的东西，那么这一构想就是一种稚嫩的社会理论：一段关于共同的承诺是如何同时创造出义务和社会群体的传奇。

对于其作为一种社会理论是否恰当的问题，只有间歇地在这一思想本身中提了出来，但是从未被给予过深入的考虑。毕竟，在社会科学中，"义务"是解释性意图的，甚至是理论的主题，而这些意图则与那种共同承诺的解释相互竞争，尽管它们是如何竞争的这点并不总是很清楚，因为它们典型地受到其他的那种集体意向性解释所忽略掉的关于道德与规范性的一些人尽皆知的方面的引导。诚如我在第二章所讨论的，那种关于道德根源的经典的社会理论的说明被当作是某种"原始的"道德。在原始社会中，人们相信存在某种非人格的力量，比如 *tabu*，它们会惩罚那些违背了规范的人。正如我已经指出的，甚至在一些较为发达的社会中，比如毛斯在《礼物》[*The Gift*

140

(1925）1967]中所描述的那些共同体，报答的义务建立在某种非人格的力量之上，后者源自赠送礼物这一活动，它迫使接收者回赠某些东西。关于这些道德体系的一个明显的特征在于它们一贯的非人格性，也就是说，其拥护者并不将它们理解为一个有关"约定"的问题。类似地，就历史和人种学的意义上，承诺与起誓密切相连，比如，在物神崇拜或法律实践中，它们本身就是这样一个典型的案例：作为一种违背誓言的后果，它们本身就是一种实施惩罚的非人格的机械力量。更为一般地，有关道德的流俗解释密切地受制于各种特定的信念，后者通常总是与上帝或魔法相关。这些就是在认识意义上对那些非人格力量之信念的承诺的主题，而不是对一种作为这一道德说明之核心的普遍意向的规范性承诺。

设想，我们将这种"共同承诺"理论视为一种关于道德的经验意义上的解释，而非一种封闭的、严密的，使得这一解释获得分析性真值的定义框架（就像我们通过主张 *tabu* 概念并非真正是"道德的"，从而使该论证避免风险的那种情形）。如下这样的主张或许是可行的：那种作为这些道德体系的如此显著特征的道德力量的非人格性，就它们的参与者而言，仅仅只是一种错误，并且他们所设想的那种非人格的力量仅仅是他们自身共同承诺的一种具体化的、受到误解的产物。在涂尔干那里，当他主张原始社会对于神的崇拜是一种关于社会崇拜的受到误导的形式时，他其实提供了有关类似事情的一个极好的翻版。不过，涂尔干对于集体心灵的本性给出了一个更为一般的说明，它支持这样一种观念：那些具有一定认识限度的个体将无法掌握集体意识的实在性，并且他们自己还会陷入一种歪曲误传。在主张下述见解的思想家那里问题变得截然不同："好吧，道德体系当然是共同承诺的结果，毕竟，即使是赠礼体系也只有在人们对它实现了共同（这是规范意义上的，而非仅仅就认识意义而言）承诺的时候才会起作用。"现在，这似乎成了一种对证明无动于衷的断言，它的真假仅仅在于那些词项的意义，并因此是非解释性的。它充其量是

141

一种关于道德的定义，并且具有一定的倾向性。

# 共同体反应

诚如我们所见，塞拉斯使用了诸如"内在化"这样的社会科学的表述，并且将集体意向性归于一种日常的社会过程。他的"表现主义"，亦即他对于集体意向表达的说明，乃是一种实际的讲述，具有经验的正确性，并且关乎某些切实的事物。不过，在他对集体承诺这一概念的某些使用中，涉及一些虚构的或假想的共同体。在一种自然的意义上，关于一个共同体的正常特性可以由如下的定义来加以把握，即这样一种传统的社会科学的观念，一个共同体受制于面对面的相互交流的联系。这使得一个共同体区别于一个社会，后者受制于某种非人格的关系，比如一个国家里市场或市民中存在的那种消费关系。诚如德福雷斯（Willem DeVries）所说的，当塞拉斯借这样的信念——"在有关道德的'我们'的成员关系里包含着所有唯一的理性存在者"（2005，266）——来刻画康德时，这种"道德共同体"就是一个虚构的产物。塞拉斯追问如何将这种共同体视作是真实的，并指明了两个条件，即"将自身视为一个理性存在者即是（隐秘地）将自身当作是那种普遍地受制于理性存在者的认识之责任的主体"，以及"那种旨在提升认识价值的主体间的意向暗含着主体间的一种直接增进福祉的意向"（1967，VII，S144：225，引自 DeVries 2005，266）。塞拉斯得出了下述结论：尽管第一个条件看上去并非难以置信，但是就第二个条件而言，"尽管皮尔士（Pierce）对此付出了很大的心血，它仍然是有问题的，并且如果没有它，那么有关一个包含着所有理性存在者的伦理共同体的论证，并且作为'理性事实'的主要的前提，就是不充分的"（1967，VII，S145：226，引自 DeVries 2005，266-267）。

我早先讨论过，这种有关共同体的讨论涉及一种社会科学的共同体观念。这是一种通过它对某些规范的依附而得以规定的共同

142

体,而不是通过遵守这些规范,它们具有一种经验性的可观察特征,后者关乎在自然意义上被定义群体的生活,比如借助面对面交流的事实而获得定义的一个团体(Gemeinschaft)。这确保了一些共享规范的存在——它们借助定义而获得了存在。但是,主体间的各种关系,作为一个"自然主义的"事实,仍保留着定义的某些部分,而这一点是不言而喻的。这里,需要这些异类(riders)的一个理由在于:为了将这种基于定义的共同体观念——这种通过与规范的一致性而被加以定义的共同体——与任何实际的共同体关联起来。这是凯尔森在处理革命的合法律性问题时所面临的那些问题的一个变种。如果某些人并没有实际的权威,那么通过一种关于法律权威性的定义从而来表明他们是某个合法国家的代表,就是一件并不那么靠谱的事。"合法律性"或许是一个专门的理论概念,而何为这种理论的重点并不是很清楚——很多人依据各种各样的合法律性理论来充当国家的合法代表,就像欧洲王位的那些觊觎者,他们很少有机会使那些诉求获得认可。凯尔森承认,国际法完全否定了这样的诉求——这一有效加以控制的崭新的社会学事实基于国际法使得这些革命政体成为"合法的"。更一般地,在规范性解释与它所说明的实质之物之间存在某种联系。

规范性共同体与实际共同体之间的联系在关于规范性的不同说明中得到了不同的规定,并且包含着存在于规范性解释与实际解释之间的某种相同的含糊。克里普克言及共同体,并且诉诸这样的观念:成员关系是由规则的统辖所决定的——这是一种封闭的、始于规范的共同体观念,而非社会学的。但是,他的意图并不在于提供一个理想的或虚构的规范性共同体的图景。毋宁说,他跟随维特根斯坦意在描述实际的行为。然而,有关这种联系的一种康德式的形式则与此截然不同。这正是那种关于理性界限的康德式说明的一个要点所在,它旨在排除某种非理性的东西——即并不隶属于那种受制于理性规范的存在者的共同体(或者说并未遵从于它们)——比如各种各样的他并不赞成的那些宗教学说。该意图最终导致了那个事件〔对此毋庸置疑,诚如洪特(Ian Hunter,2005)对该事件所做的分析〕:他因借哲学的名义来质疑神学而受到普鲁士当局的谴责。类似地,在罗尔斯(Rawls)那里,存在一个在合理性的公共空间中进行政治讨论的学说,但这并非是一种对实际情况的说明:罗尔斯忽略了有关反对堕胎的政治表达,后者隶属于一种真正的、在实际的自由主义民主中得到认可的政治学说,它是非理性的,因此并不适合在公共空间中给予讨论。诚如哈贝马斯这样的康德主义者将当前所有实际的公共空间的推理视作绝非是完全合理性的。某种理想的话语共同体为公共空间的推理提供某种规范标准。

关于共同体与共同体规范,存在这样一个社会学式的概念:通过那种针对违反规范的人而被给予的约束力来识别这些规范。这一"反应(response)"的观念与关于错误识别的观念相一致。就其讨论所及而言,关于错误的理解借助于对错误的举动所做的反应——它可能贯穿于从不理解到各种约束的整个领域,并且立足于那种共同体成员依其行事的折衷理论。它还可以简单且富有成效地从那种试图在某人的说话中获得预期结果的失败中感觉到这一点。涂尔干甚至主张为了一开始制订规范,这种偏差是必要的。社会科学的传统为不同类型的规范、规范与使用,以及晦暗不明与清楚明白等诸如此类之间所存在的差异提供了足够的空间。就存在某种有关规范谬误这一问题的事实而言,它可以借助这些差异而得到刻画。问题的关键在于:人们需要去学习这些规范,他们必须要像社会科学家一样行事,按照他们实际使用的那样去观察它们,搞懂什么是需要理解的以及那些反应究竟是什么,然后去理解它们。

一个更为有趣的问题是:是否可以避开这些考虑来规定规范概念? 类似于维特根斯坦与克里普克,布兰顿试图在规范性观念与实际活动之间维持一种紧密的联系:

正是决定在某些特定的时刻一个言谈之语言使用的实际的

人类社会实践从如下事实中得到了澄清：即眼下所讨论问题中的那些共同体同样可以在相关的时刻使用其他的信号。(1979,188)

144  正确性自身最终立足于共同体的反应：

> 详述一个社会实践就是指明那些可以算作某个共同体在做出如下回应时所指对象的东西：即该共同体将某个特定的活动或表达视作是对这个实践的一次正确的行使。对于社会实践的识别标准诉诸共同体的判断(这里，"判断"一词并不用来指那种反应是一种明确的言语评价)。该共同体所能说的、所能做的无外乎是那些活动的自身实践的正确性所能触及的范围。(1979,188)

在布兰顿那里，问题归结为何为这种"反应"：它是否在"共同体之外的客观的"这个意义上是一种客观的对象？或者，它是否是一种特殊意义上的"规范的"东西？他对此回答道：

> 简单说来，一个社会实践的客观表达即是这样一个问题：它能够预测到共同体将在何时会产生那种反应，这是一件困难但并不神秘的事情。但是，如果这种为我们识别某个社会实践的反应并不是一种客观的反应，而是一种必定与其他社会实践相一致的活动，又该如何呢？(1979,189)

他指出，如果第二种实践依赖于某些标准或根据，那么"甚至在更长的束缚中也不存在任何障碍，正是如此，它们最终趋向于一个产生于某个客观化了的反应的活动"(1979,189)。这里所有问题的重点在于：那些实践活动均规范地(而非因果地)彼此相连，因此它们就是规范的。

什么可以算作是正确的取决于共同体，亦即那种共同体反应的形式。这听起来像是社会学家们的那种"约束(sanctions)"和"反应(reaction)"，并且在某种意义上它就是那种客观化了的"反应(response)"。但是，这些反应并未耗尽那些实践的意义，它们由彼此之间的那些推理联系所构成，并且它们是非因果的，因此，根据规范论者们的论证逻辑，它们是规范的。在布兰顿看来，那种试图借助于预言来刻画这些事实的做法是荒谬的,因为"对于一个将那些束缚当作是规则而非例外(比如语言实践)的共同体而言,这种关于一个社会实践的客观描述都要求一种关于共同体中的任何成员永远都会做的那些所有事情的期许"(1979,189)。这一论证果真有效吗? 这里使用的那种因果与规范之间的区分对于规范论而言是重中之重。在此情形中,它所涉范围超不出目之所及。事实上,布兰顿承认,在他通过推理活动予以刻画的东西那里,存在一种与此相平行的因果过程。他认为,对于这一领域的认识而言,我们不能将其视作一种因果知识,因为它会吁求某些难以达到的东西,即一种关于共同体中的任何成员永远都会做的所有那些事情的期许。关于人们将会做的事情的一部分预期何以排除在外,布兰顿并未给出回答;而且,他还对下述这样的一种可能性保留了看法,即个体之间通过对语言实践的部分领会而互相打交道。但是对于一个该语言的学习者而言,问题就不同了。对于人们反应的预期隶属于这种内在的学习过程,而且必定如此。更进一步,它还被扩展至并逐渐变成了某种详尽而通俗的折衷理论的主题。

布兰顿的这种解释所存在的问题可以直接地在共同体反应这一观念中得以管窥。他选择与实际相连的地方在于:共同体反应是这样一种东西,它在规范的和客观的领域中是同一的,尽管对他而言这些反应只能在它们的"社会的"或规范的描述中才能得到恰当的理解,后者保存着那种辩护的束缚关系以及那种立足于实践的推理联系。但是,这里的"共同体"究竟是什么? 什么样的事实对于成为"我们中的一个"(1979,193)而言是关键的? 它们是一些规范的事实吗? 关于通过"我们"所意指的那种共同体是否存在一个规范的事实? 何谓一个共同体的反应? 它是规范的还是因果的,抑或两者都是? 我们的讨论可以首先着眼于最后一个问题。为了使人们从前规范的领域走向规范的领域,为了使他们成为"我们"中的一员,为了让他们融入一种文化(诚如麦克道威尔所言),或者为了使他们经历那种诸规范通过修正而不断内在化的过程,他们就必须首先要在一种前规范的意义上处理那些反应。除此,他们无法做其他的事情:他们缺乏任何能够给予他们一个规范性视角的规范的东西。这也就意味着,那种社会化了的、开化了的、规范的人们眼中的反应活动不同于前规范的人们所体验到的——因此,即使是上述那种两者兼具,它也不是针对这些前规范的人而言的。

当我们尝试理解这种"共同体"以及在其中形成共同体反应的那种意义时,所有这些都会变得清楚起来。首先,在初学者的体验中,一个共同体并未像一个共同体一样做任何事情。那些反应——约束、澄清迷惑的表达和行动,惩罚,等等诸如此类——由个体所掌管。进而,这是一种对正常社会世界的粗糙的充满着谬误的体验。它尚未得到分化或者并未分解为关于规则的错误的运用和正确的运用,尽管它的确包含着所有关于谬误的自然的指引或随附,那种约束、关于迷惑的自然标示等诸如此类。因此,那种包含着共同体反应的意义就已经开始从现实中逐渐抹掉了。那种未开化的、尚未成为我们一员的、前规范的、正在熟悉门路的人不得不遭遇那些他们体验到的事件所形成的团团迷雾。当然,这些并非是一种经验论断——所有这些均遵循着"规范—因果"在其中发挥作用的那种方式。

诸如"共同体"和"我们"这类观念并非是一个原初事实,至少对于那些未开化的人而言是这样。谁属于或者不属于某个共同体这一观念,或者促使某人成为一个成员的东西,取决于所使用的是何种共同体概念,以及有关谁属于"我们"的什么样的折衷理论或诸学说存在于这一组织中,并且还取决于对所有这些做出回应的事实。比如,在美国,关于共同体的社会学研究源于小城镇居民与围绕它们的整个国家之间的冲突,这种冲突构成了那种在经济上相互依赖的人所具有的自我观念的核心,他们共享某种特定的惯例而非其他,并且与不同的个体相互关联。他们绘制了这样的一幅地图,其中包括诸如教会成员的家庭住地、当地报刊的订户、强力洗衣机的物主等这样的东西,用以表明这里起作用的究竟是一种什么样的关于"城镇"与"国家"的意识形态构造的事实。对他们而言,"共同体"并非是某种毋庸置疑的自然事实,而是一种关于某些切实之物的折衷理论。哲学上的规范论立足于一个共同体的成员关系、"我们"、融入一种文化等诸如此类的观念,这是一个至少能引人注目的事实。当然,这些观念也正在被当作一种类比加以使用。但是,它们直接地源于那种通俗的折衷理论,并且与诸如前述那种洗礼仪式的类比,在这里就体现为一种成人礼(某些戒律得以运用),或者是获得一个驾照。它们仅仅作为一种虚构适用于语言的规范性或合理性,或许在创制那种规范棱镜的过程中是合适的,但是并不适合用来解释人们的实际行动。

　　或许,还应该补充如下一点,即那些关于群体的真实的或虚假的观念无法彼此区分开来。存在一种类似于鲍德温效应(Baldwin effect)的情形,其中,习得的东西逐渐变成一种本能,后者的运行关乎任何集体。一方面,集体通过一些在字面上虚假的并且经常是荒谬的信念得到了定义,而它的成员则按下述方式行事:一个部落的成员是一些产生于历史上某个特定时刻特定山丘的人们的后裔,是一些与上帝订立了某个契约的人们的后裔,或者他们通过某些法律事实彼此相互制约,比如一些竞技契约的签署,而后者本身就依赖于形形色色的虚构。另一方面,存在某种类似于群体意义的东西,一种如此这般产生影响的等价物:它影响着人们行为的方式,影响着将哪些人选为某个群体的成员,影响着将哪些人排除在群体之外。这种意义可以引发人们这样一些观念,即他们的群体成员关系如何影响着他们的行为和彼此相关的方式,无论这些观念是否是真的。而且,这些信念还影响着关于这样一些人的经验事实,即那些与他们相遇的、与他们情感相通的、与他们(包括很多其他事物)具有某种镜像关联的人。因此,通过注意到这种诉诸群体意义和共同体反应乃是一种对于真正的社会交流的复杂事实所进行的虚假抽象,我并非是意在暗示这些观念(诚如那些其行为正在得到解释的人所持有的那些观

147

念)有效力。但是,我的确想要说明这样一点:在规范论者的论证中,通过将它们视作一种自然主义回退的终结者,规范论者便诉诸某种在对于规范论者的论证工作不可或缺的意义上并不真实的事物——亦即,一个处于规范推理之外的铁的事实。

那种潜在的实际内容,那种在与一个包含着成员关系界限的共同体的创生的类比中构造出来的东西,那种被纳入该共同体的繁文缛节、承诺,等等,究竟是什么?让我们首先着眼于那个关于谬误的关键问题,或是对那种被布兰顿视为一个推理活动的误用,在布兰顿眼里,这种推理关系是非因果的。甚至那些钟情于这些类推的人也必须得承认这些活动是习得的,而且这种学习必须通过规范性假设本身奠基于有关共同体反应的那些"客观"质料之上。布兰顿本人承认关于反应的那些事实的实在性,以及它们不可化约的非规范特性。这些反应和反馈处于一个关于解释的正常世界里,甚至对布兰顿而言,它们也是有关谬误的确定事实。"共同体"这一观念是一种理想化的东西。学习属于一个因果过程——即使是对虚假信念的学习也不例外。规范的推理联系,一如它们在社会世界里的实际运行,是对一些因果过程的重述或理想化。绝非是将一种特殊的崭新的"规范的"事实镶嵌到相关的过程中。通过规范语汇所重述的乃是一些同样的事实。这些语汇并不具有任何优先性。它们并不与某种本质相一致。在每一个层面上,都存在一种非规范论的替代性描述。

社会科学史即是一部从理智倾向到意向化的社会现象的解放史——这也正是韦伯所谓的为世界祛魅的进程的一个部分。比如,如果我们想要理解市场经济中的价格,我们若寻求一种可见的手,就会一无所得,于是我们想象一种不可见的手,后者我们可借以买卖双方的个体决定来加以解释——这就导致了一种不可见的手并不出自任何想要制订价格的人之手(群体的或者其他的)。但是这么说颇具讽刺意味。并不存在一种不可见的手。有关 19 世纪数据的一个很好的比喻是关于一个强力统治者的形象,他指定了每年自杀人数的精确数目,仿佛是一部法律。但是,问题的重点当然在于根本就不存在这样的统治者——但是那种结果,亦即关于自杀的一个可预测的数目,却能作为一种个体决定的结果而发生,并且不包含任何集体机构和命令。着眼于这种理智发展的庞大机体,那种集体机构的观念就是一种怀旧和回退。

从社会生活的自然事实中分离出规范的因素,这一观念至少自罗尔斯开始便成了伦理学的一个重要主题。凯尔森的关于法律的一个纯粹理论这一观念预示了这一点,并在诸如吉尔伯特的工作中得到了延续。然而,这项计划唯有立足于规范的一面才具有意义。以这种方式对"规范—自然"之区分的使用就是一种规范的区分,它依赖于诸规范的定义,或规范理论,它提供了那些规范的因素,它们被设想成是独立自存的,并且被用来构造那种脱离了自然主义或因果性考虑的现象。它并不是存在于自然的或社会的现实性中的一种说明性的区分。只有在对某种规范棱镜的构造中,我们才能窥其一二。

# 第六章
# 合理性或可理解性

　　最后三章引出了相同的结论。那些规范论证要么最终成为一种循环,一个典型的原因在于它们涉及有关事实的一些带有偏好的描述,而这些事实只能借助某些奇特的需要我们"慢慢适应"的理论模型来加以说明;要么处于一种在一个虚构中得以终止的回退里,比如在塞拉斯和克里普克那里所发现的那种虚构的共同体和成员关系的观念,而这种虚构只能通过使之免于与其对立的自然主义解释的侵扰才能得到维持。经常有这样的一种论证,那些循环并非会带来什么坏处,它们纯粹是无害的,是无法避免的,因为它们最终引出了正确的结论:除了这种循环再无路可走,仅仅因为理性支撑着理性,就像它应当所是的那样。但是,如下事实则将这一无罪辩护推到了风口浪尖:几乎在所有包含规范论主张的领域里,都存在大量的相互竞争的循环论证。但这并不是最后的一锤定音。对于这些考虑,规范论者给予了一个有力的、表面上颇具说服力的回应。它呈现为类似这样的表述:

　　　　有关初始、共同体等观念的虚构特征的一切相关事项都是可以接受的。不过,重点并未移除。在针对规范论的这一对策中,自始至终都贯穿着关于"社会科学"进路的讨论,后者违背了论证游戏的那些基本的规则。而对于诸如"信念"这样的概念的使用就是一个关于这种违背的标示和例证。脱离与它们相连的那些概念(并且以一种规范的、辩护的方式相连),人们就无法有意义地使用这些词项。带着这些词项,与意向、意义、概念等一道,人们于是一条道走到底(in for a penny in for a pound)。在相关概念中,人们无法自主地做出这样那样的选择。信念概念所要求的核心之物即是这个最为显著的规范的哲学概念:合理性。人们无法将信念建立在说话活动的基础上,甚或在尚未假定说话者之合理性的一面时就将说话活动当作是有意义的。而这就意味着假定了意向性、概念获得、规范意义上的"概念",以及所有其余的事项。

151

　　无论如何,关于社会科学进路的讨论显得言不由衷。它并未真正地将社会科学当作一种纯粹因果科学理论来加以讨论,后者将会是一个真正的替代选项。它无拘无束地依赖于诸如理解这样的观念,依赖于进入法官的灵魂,等等。理解是一个规范概念。信念概念也是规范的。将这些概念加以框定并且将它们当作一种折衷理论(一种通过表达这些观念的语言来解释人类文化多样性的方式)是一种误导。有关领会和理解的核心事项是无法消除的,因此眼下所讨论的那种对用法的框定或戏谑就是空洞无物的。我们可以轻视诸如"共同体"、"我们"、"初始"这样的隐喻式表达,但是这些隐喻背后的所暗含的东西,那种相互领会和理解的事实,是真实的,并且也是规范的。如果社会科学的方案面临这种困境,那么显而易见的是,一种承认因果性而拒绝真正规范性的形而上学将要求一种关乎规则的具有规律性的进路,并且同样很清楚的一点是,这种进路提供了某些关于人类行为、语言活动,以及思想的描述,而它们彻底迥异于我们想要解释的东西。如果社会科学的方案承认,诸如理解、领会、合理性等是社会科学的知识不可或缺的组成部分，那么它必定会承认它属于一种规范的操作，就像温奇在半个世纪前所论证的那样。

由于这种对理解的依赖性，社会科学的替代方案就并非真正与规范论毫无瓜葛，因而也就并非是一种真正的替代方案。它完全寄生于它假装要予以清除的那种规范语言里。的确，不再迷恋这样那样的奇怪信念——君主或关于合法律性的基础规范概念的神圣性——就是可能的，同样可能的是，显明诸如"共同体"这样的观念乃是关于经验事实的一种理想化的产物。但是，想要整个地进行祛魅是不可能的。总是存在某些东西，比如模态逻辑的那种规范的、逻辑的关系，即使是对于最为坚决的祛魅者，它们也是不可或缺的。而甚至对于像因果性这样的关系，一种假定的规范关系的替代者，如果不触及那些存在于因果推理中的不可或缺的规范的、概念性的因素，它就无法得到理解，诚如整个世纪以来祛魅者们（比如休谟、孔德、皮尔士以及罗素）的失败所显明的那样。

关于逻辑的例证表明了针对这些问题的一种社会科学的方案彻底失败了。社会科学的方案依赖于以一种非规范的方式重述相关的事实。规范论者假定，如果一种规范的描述是可能的，那么我们就必然要接受这一点，而倘若无法认可这一点，也就意味着我们无法解释某些剩余价值。社会科学的方案坚持这种剩余价值就解释的意义而言是多余的。但是规范论的假定是正确的。在逻辑的情形里，没有一种外在的、因果的再解释能够把握住眼下问题中的那些关系。能够做到这一点只能是一种规范的描述，而这一点同样适用于一般的合理性的考量。逻辑既不能被理解为一种虚构当中的信念问题，也不能被视作是一种虚假的大众教条。伴随着关于这些事实的唯一可能正确的描述，以及关于这些事实之逻辑的唯一可能正确的规范性描述，反驳就

此偃旗息鼓。无论如何,整个计划无法成功地予以实施,其理由
自亚里士多德指出人们需要通过逻辑才能反驳逻辑开始已为人
所熟知。合理性是一个规范概念。合理地说服任何人接受任何
事物都要求人们承认一种关于合理性的规范诉求,以及关于合
理性的规范性。

　　诚如社会科学的进路旨在要提供的那些错误解释,就提供
一个真正的替代性解释而言,它们并不能给予任何帮助。理由
有很多,从显见如"虚假"本身就是一个规范概念到戴维森所确
立的那些更为隐秘却更加有力的考虑。戴维森表明了宏观谬误
是晦涩难解的。当我们为了谈论人类行为而论及那种作为意向
行动结构的相互联系的"一条道趟到头"的言说方式时,意思即
是说它们不能是"虚假的"。或许,这组概念里会有一些奇特的
添加品,比如诸如天使和恶魔这类以隐秘的方式影响我们行为
的宗教概念,但是这些由意向、行动、信念,以及欲望所连接起来
的庞杂的概念却是不可取代的。最多可以对它们进行一些轻微
的修正。由此,它们不可被视作是一些折衷理论。奇特的原始
族群拥有一些不同的概念或者缺乏某些这样的概念,这一事实
并不具有任何意义——他们必定拥有一些在功能上等价的概念
或者它们只是对我们来说是不可理解的。而这些概念具有的那
种"一条道趟到头"的特性使得一种循环指控不再有害。在这些
彼此紧密相连的概念领域之外不可能存在任何解释,因此,某种
循环,或者至少是貌似的循环,就是无法避免的。重要之处在于
认识到这些概念的不可规避性,并且承认这一点。一旦理解了
这点,我们就会发现,那种社会科学的进路所提供的替代的错误
解释就并非是真正科学的,而仅仅是对某种物理主义的形而上
学偏见的运用。至于先验论证,存在许多可能的并相互冲突的
哲学分析,这一简单的事实并不意味着任何东西:如果核心的东
西是正确的,并且它们是三段论省略式的(enthymematic),亦即

存在一些被压缩了的并且需要它们所依赖的那种推论来加以完善的前提，那么必定存在某些正确的东西，它们填补了那种三段论省略式所遗留下来的鸿沟。这正是规范论解释所要提供的东西，并且其策略在于避免掉入那种断言宏观谬误的陷阱，而这也是任何关于我们日常推理的替代解释必须要做的事情。"基础主义"仅仅是一种如下认识的产物：不存在任何东西可以替代这样一种承认，即我们的大多数信念都是真的。

在我看来，这就是我们需要通过对那种关于规范论的社会科学的批判（并且作为一种替代）的捍卫来予以驳斥的回应。关键的问题涉及有关合理性和理解的相关观念，涉及在其中它们可被视作规范的那些意义，涉及在其中社会科学的解释可被当作是建基于规范性的那些意义。在这最后一章里，我将要讨论理解是否是规范的这一问题，以及那种与理解问题相关的合理性的意义，我将之称为关于合理性的"可理解性"观念，以此区别于那种更为直接的、以好坏判断理性的规范性问题，后者涉及在可理解的主张、理论，以及学说之间做出区分。这一区分在康德式的理性概念中具有核心地位，并且对于我所谓的那种"基础主义"同样也是关键性的。

这一区分类似于在本书中我们一再遭遇的那种规范性的双重意义，比如，关于法律有效性的社会学意义与真正规范的意义之间的区分。规范论者诉诸规范合理性的不可或缺性，将之视作最终的判词以及对规范论的最强的辩护，他们认为，随着对于那些包含着真正规范的、得到辩护的合理性意义的合理行动的描述，一切反驳都烟消云散了。说得更直接一点，规范论者否认在"社会学的"合理性与直接的合理性之间存在任何区别。如果存在这样的区分，那么我们就会面临那些在法律情形中所遭遇到的同样的问题：一方将会是一种解释意义上的，另一方则将是对合理性的一种说明，它是其他可能说明中的一个，脱离于解释之流，并且与它所解释的世界保持着一种颇有问题的联系。我马上要转而讨论的就是这一区分。

# 戴维森的论证关乎什么:可理解性还是合理性?

　　我在这里描画为规范论回应的许多推论,尤其那种与可理解之物密切相关的重要部分,有赖于对戴维森的某些关键文献的特定解读和推崇。诚如其被证明所是的那样,这些文献与第四章所讨论的那些核心问题密切相关。《论概念图式》[(1973-1974)1984]表达了他对"图式—内容"这一区分的拒斥。在《一个关于陈词滥调的不错的精神紊乱》("A Nice Derangement of Epitaphs",1986)一文中,他对错误的处理直接指向了他最富争议的下述主张,即通常情况下,作为工具的"语言"的不在场是可理解的。戴维森认为,他的主张所包含的内容是这样一种激进的、明确的想法:这一主张表明了声称"所有的人类——至少是一切说话者——共享着某种普遍的图式和本体论"[(1973-1974)1984,198]同样是不可理解的。

　　听起来,戴维森所拒斥的那种理论似乎正是我前文借规范论者之口所表达的那种理论。这是一个值得深究的奇特问题。这篇文章何以渐渐被它所反对的那种惯常的见解所吸纳?我们可以通过两个主要的步骤来重构这一过程。第一步,要在戴维森那里获得这样的看法,即他表明了可翻译性是可递的(transitive)。如果可翻译性的关联不是可递的,那就意味着存在不可通约的图式的可能性;而如果它是可递的,那就意味着我们所遵从的标准是唯一的准则,[①]于是也就暗示着终究存在一种普遍的图式。充分的可递性要求从语言 L 到语言 P 的翻译应当包含可以从语言 N 对 L 进行转译。如果这点无法满足,那就等于是承认了事实上可能存在一种不可通约的图式。这一解释立足于对戴维森驳斥"图式—内容"之二分的一种特定的、

154

----

　　① Susan L. Hurley (1992);Thomas Nagel (1986);Mark Johnston noted in Susan L. Hurley (1992,108n23).

一定限度内的解读,即一种与独立性相关的理解。戴维森仅仅指出了,如果将图式和内容视作彼此独立的东西,那么我们就不可能获得关于它们的任何理解。由此,一种解释认为,戴维森就二者的关系提出了一种"相互依赖"的模型,而非完全抛弃了这一区分(Hurley 1992,99-101)。另一种解释在一个不同的向度上对其实施了一种"去激进化"的操作,即主张他所反对的乃是"支持这样一幅图景的那些隐喻:一个独立自存的图式和世俗的内容"(Thorton 2004,58),而非这个区分本身。

这一新的解读引出了第二步,即阐明戴维森明确地否定了各个图式之间存在一种"中立的立场,或者一种普遍的坐标系统"[Davidson (1973-1974) 1984,198;参见 Hacking 1982,61],后者用以意指与它所意谓的相对立的东西。这并非是字面上所显示的那样对一种普遍图式的否定,相反,它旨在拒斥一个独立自存的内容领域。于是,我们就可以借助康德式的观念来阐明这一点,诚如麦克道威尔所言,世界"无法独立于概念的空间而得以构造,在此空间中,主体性获得了其存在"(McDowell 1998,309)。尽管明显与那篇文章的主要主张相冲突(既不可能存在一个独立自存的图式,也不存在某种不可通约的图式),这一解释通过下述这一(得到说明的)主张而变得貌似有点道理:即关于广泛地被秉持的信念存在宏观谬误是不可能的。倘若关于有意义的日常信念的怀疑论注定是不着边际的,那么这一事实也就表明有关日常信念的各式各样的通俗的形而上学观点是有根据的。

那种关于翻译的不可递性(intransitivity)将会拒斥这样的观念,即不存在像不可通约的概念图式这样的事物,并且它也将肯定某种普遍图式的存在,因为解释的可递性将要求我们事先就拥有翻译所有语言所需的一切资源。只有这种"关于翻译之可能性的条件"才能排除关于语言 A 的这样一种情况:即说语言 B 的人可以将 A 翻译成 B,但是却无法将 A 翻译成 C。这一可能性的排除将意味着,在某种意义上，无论将 A 翻译成 C 需要什么样的资源，它们都已经包含在 C 中了。在有关这一论证的那些通常的形式里，这就等于是说，"我们"必定拥有在任何图式中进行翻译时所需要的任何资源。

# 对错误的重新考虑

戴维森提出了一个不同的并且更显克制的论证：如果说 C 的人恰好就是正在翻译 A 的说 B 的人，并且如果他们确实能够翻译 B，那么根据假定，他们也就能够翻译这些对 A 所做的翻译——从 A 到 B 的翻译终究存在于 B 中。这有何不同？它与错误有关。对戴维森而言，翻译并非简单的是对一种包含着对应语句的翻译手册的使用。毋宁说，它既包含着语句的对应，同时也包含关于失败的解释，这些失败产生于这样的情形：某种东西在一种语言里是真的而在另一种语言里则是假的。戴维森的核心例证即是一种典型的错误解释：

> 如果你看见一艘双桅船恰好驶过，这时你的同伴说"快看那艘漂亮的帆船"，你或许就面临一个解释的问题。一个很自然的可能性是你的朋友混淆了双桅船和帆船，并且由此形成了一个虚假的信念。但是，如果他的视力很好并且视线很有利，那么，说他并没有像你那样使用"帆船"这个词，并且他并没有弄错正在经过的船上的辅助桅所在的位置，就似乎更有道理一些。[（1973-1974）1984，196]

他在这一特定的活动背景下以不同的方式使用语词，这一假定要求我们将一整组正确的信念（包括戴维森所说的那种对应准则）归于我们的同伴：他看到短一点的桅杆离船尾远一些，他在谈论同一只船，他并没有在开玩笑或是测试我们对航海术语的知识的掌握情况，等等。稍后，我将对这些假定的三段论省略式的要素做更多的探讨。

这个例子阐明了为什么我们会排除"宏观谬误"的可能性。理由很简单，而且与错误解释自身策略的构造有关，比如眼下所讨论的这个例子。它们依赖于将那些把人们引向错误的正确信念归于一些当他们说出可理解的但是虚假的话语时所犯的那种特定的错误。那些在我们将错误归为虚假时所必须要定位的正确信念，其数量很大。而错误的范围越是广泛，我们解释错误时所必须要依赖的那个信念网络中所包含的信念数量就越庞大。宏观谬误是无法理解的：使得宏观谬误变得可理解就需要一个用来解释错误的更庞大的信念源泉。但是，为了提供那个使错误定位得以可能的背景，人们很快就耗尽了正确的信念。

因此，翻译就像是理论。它们已经包含着关于世界的真陈述；它们依赖那些解释以及错误解释背后的那些理论的正确性，就此而言，它们承袭了理论解释的一切问题，这些问题不仅出现在科学解释中，也存在于心理学中，并且就此问题而言也包括社会科学，它们在为那种错误解释提供根据的过程中起到了一定的作用，这些错误在翻译中是不可避免的。翻译的实施与其余的理解密切相关，它包含着对下述这些事项赋予意义：错误信念、口误（这里指心口不一），以及其他虚构了实际言行之内容的可理解的错误。这种对错误解释以及对理解说话者意图的依赖性，意味着那种作为有关意义主张之核心的翻译也通过通常的理论的虚弱来加以定性：它们不受事实的决定，因此所谓替代的那些理论有可能与那些事实相符合，而新的资料——比如新的行为证据——会要求对这些理论做出修正。

157　　戴维森对此洞若观火。阐释问题强加于我们的那种方法旨在通过下述方式来获得一个初步的大概：将某个说话者的语句归为"（按照我们的看法）实际获得的真理的诸条件"，并且考虑到有意义的反驳。而我们可以通过很多方式来消解这种反驳：假如我们处于那个同伴的位置上，我们就会发现自己不知不觉地上了一堂关于区分双桅船和帆船的课，并且由此我们就可以应付那种支持听话者的反对意见。不过，我们会发现，存在一个当前的资料无法应对的反对意见。如果我们从根本上切断这一推论，我们就会得到诸如此类的东西:错误解释的克制要求一种解释的宽容。"宽容"一词意味着我们需要将合理性归于——在某种意义上是定义为——我们所要解释的那些人,不过我们也同样需要承诺一种最低限度的错误,因为这么做要求确定大量的正确信念或我们也认可的那些信念。在我们需要加以确定的这些事物之间所存在的就是我前文提及的那种三段论的省略式因素,也正是这些因素造成了那些用以说明错误的信念的膨胀,并且如果没有除去关于那些在他们的构造中所必需之物的错误解释,我们就无法清楚明白地拒绝这些因素。

　　这一关乎日常形而上学的结果可以借助一个简单的例子加以例示。试考虑一下印度人关于世界是一个幻象的信念。我们在翻译相关的语句时并未碰到什么麻烦,理由很简单,这种翻译保留了我们所有的信念。处于幻象中的所有事物仅仅貌似是真实的,所以它才可能是——否则就不可能是——一个幻象。我对于街角卖意式咖啡的咖啡馆的信念一直存在着,无论意式咖啡、大街、店铺以及其余的一切是否都是幻象,因为除了它是真的外,在真实的咖啡和虚幻的咖啡之间没有任何区别。如果我们要翻译语词,它们就会指向同样的事物,并排除了这样的事项:在对目标语言的翻译中,我们需要在每一个句子里添加进某种虚幻的因子。但是,这种添加所起的作用仅仅是将这些句子与那个关于世界是一个幻象的信念结合起来。而那种适用于幻象的东西同样适用于其余的形而上学——本体世界、经验实在、现象世界以及其他的一切。对于形而上学而言,那个有关宏观谬误的问题并不具有任何有趣的内容,因为在这些情形里并不存在所谓的宏观谬误。这里,仅仅存在一种关于形而上学事实的有限的错误,或者换言之,存在一种不确定性。这里存在一个问题,即这一点是否适用于有关规范性本身的"事实",并且这里存在一种含糊不清。就其自身而言,似乎规范性样式模仿了"世界是一个幻象"的样式。无论我们是否会断言规范性是一种沿袭了 *hau* 或物神崇拜的虚构或虚假信念,或者无论我们是否会声称它是一种真实的东西,都不

158

会有什么太大的改变。但是,如果规范性就必需的意义而言隶属于那种促使我们一开始就以这种方式说话的机制,亦即作为诠释的一个条件,那么问题就变得不同了——它将是不可或缺的。

看起来,在某种意义上,我们似乎应该从可递性中获得一些更多的形而上学的反响,尤其是从那种显而易见的要求里,即我们事先以某种方式拥有关于一切可能的翻译所要求的资源。但这并非是它貌似所是的那种要求。仅仅着眼于为一种语言构造一种真理理论的问题并且忽视其中错误所发挥的作用,这使得有关翻译的那些重要的特征隐而不彰,并且也使得关于下述事项的理由变得扑朔迷离,即翻译并不要求我们拥有关于所有可能翻译的所有资源——这些资源事先决定好了翻译一切语言之可能性的条件。诚如那些在科学发展中的理论,我们的错误理论以及我们的翻译能力均产生自从一种语言翻译为另一种语言的过程中。这与可递性问题相关。戴维森只需论证当我们把 A 翻译为 B 时所获得的那种翻译能力能够使我们可以将 B 翻译为 C,而无需论证我们对 C 的翻译包含着那些有关 A 的资源。在他清晰的论证中排除了这样的情形,即一些说 C 的人声称他们能够完全理解 B,但是却无法理解那种翻译为 B 的 A。这就意味着,他们不可能理解那种对应以及那种有关错误的解释。戴维森的要点在于,这也许就是断言他们不理解 B 的根据所在。但是,如果没有翻译过程中的那种学习和错误的理论化,那些从 A 开始翻译的人或许就无法理解 C。

这表明,对那种在一个关于确定的(或者预先确定的)翻译之"可能性条件"的讨论中所包含的有关合理性与翻译的讨论进行掐头去尾的做法无关乎这里的重点。翻译的条件与我们时刻变化着的世界知识的一个片段相关,并且依赖于这种知识。但是对戴维森而言,断言这一点会引发合理性之本性的问题,以及由合理性这一规范概念所指出的那个关乎规范性的重大问题。在戴维森看来,"那些我们用来解释和描述思想、言语以及行动的概念不可通约地是规范的"(Davidson 1999,460)。这究竟是什么意思？即使我们对这一有关翻译之可能性条件的问题剔除掉康德主义的因素，看起来，借助合理性的假设以及关于"语言—世界"之关系的规范性，也仍会迫使我们退回到另一种"概念—图式"的划分模式里。或者，对于这两种事项，是否还存在其他更好的解释？

戴维森的实际评论有些慢条斯理。他断言解释的宽容性是不容替代的并且对于翻译而言也是充分的，而且他还提及对应准则，将其类比为关于科学理论的夹心饼模型的那些对应规则。他原本可以断言（事实上他并未这么做），这种解释要求一种关于合理性的假设以及关于某种普遍人类对应准则的假设(1985,92)，并且可以断言它们都是不容替代的和普遍的。相反，他给出了下述这样的见解：

> 存在于解释之中的那种不可避免的规范因素具有两种形式。其一，存在一些关于样式的规范：关于归纳、演绎以及关乎如何行动的（甚至关乎如何在给定一些其他的态度和信念时进行认识）推理的规范。这是一些关于一致性和融贯性的规范。其二，存在一些对应准则，它们关乎特定信念与价值的真或者正确性。这第二种规范指引解释者去解释这样的事项：在他们眼里，在一些重要的方面上，这些事项包含着一些大部分都为真的信念，以及一些解释者所共享的或者他们自己可以想象是在共享着的需求和价值，如果他们拥有关于这些事项的历史并且处于一些相似环境中的话。(1985,92)

对应的准则即是解释的规范，但却不是那种能够帮助人们在解释之间做出决定的规则意义上的规范，相反，它们首先是一种给出可理解的解释的条件，后者乃是获得任何有意义解释的必需之物。戴维森将这些规范刻画为向解释者提供一种"指引(counsel)"：一种解释之宽容性的指引。那种样式的规范与合理性概念相一致。但是它们并不直接等同于合理性概念。就像他所说的："(存在)一些解释者所共享的或者他们自己可以想象是在共享着的需求和价值，如果他们拥有关于这些事项的历史并且处于一些相似环境中的话。"

我们或许要问,想象在这里发挥着怎样的作用? 而且这里存在更多相同的东西,诚如当他发现,翻译需要"那种最终区别于意向和信念的大多数事物"来将言语解释为人类的一种行为[(1973-1974)1984,186]。将之与下述这样的一种观念对比一下就会看到这是一个多么令人吃惊的论断:那种被要求用以解释人类言语的东西,乃是一条获得规范的行为手册的门路(比如通过一本翻译指南),这一行为手册支配着语言实践背后的评价体系。对于有关其他人的那种翻译所要求的知识,戴维森给出了一些截然不同的见解,而且那必定是非行为主义的。简言之,所要求的乃是一种移情作用,后者被用于那些我们关于信念、意向以及价值所知道的东西,用于我们对此可加以想象的东西,用于我们关于一个我们并不拥有的历史可加以想象的东西。

160  一种什么样的合理性(因而什么样的一种规范源泉)被要求用来解释其他东西,这一问题需要与眼下这个问题区分开来。在前面的章节中我们一再地看到,规范性问题包含同样的双重结构。关于合理性,存在一个理想的规范形式,并且存在一种人们实际的推理方式。这种理想形式——比如逻辑或者决策理论——是可理解的推理的一部分,但并非是其全部。在关于决策的心理学文献中被当作一种偏见的某些推理样式不仅仅对我们而言是可理解的:我们可以理解那种想法,即使我们相信它们是错的或者那种推理样式是有缺陷的。在面对某些形式的罪恶是普遍的并因此也是自然的这一反驳意见时,阿奎那被迫诉诸罪恶的"污染物"这一观念。自然的合理性充斥着这种污染物。但是,为了理解和解释人们的行为,我们同样需要将这种污染物理解为一种理想形式。诚如戴维森所指出的,如下这点是毋庸置疑的:我们所拥有通向实际决策之偏见的唯一的途径就是通过正确的决策理论,我们的尝试始于规范模型和识别偏差。但这是对这些模型的一种无害的运用,这种使用立足于作为决策的一个理想典型的模型所具有的可理解性,而非依赖于它的一种强意义上的规范性。

# 可理解的错误

　　错误不是一个行为主义的概念。它是一个规范概念,或许还是一个根本性的规范概念。因此,断言那些关于错误的考虑对翻译而言是不可或缺的等于是承认了规范的作用。而且,在翻译或解释的那些条件中的确存在更多的规范性。合理性就是这些条件中的一个,并且它是一个规范概念。因此,主张那些合理性的假设对解释而言是必需的,这仿佛不仅承认了某种类似图式的因素的必要性,而且还似乎驳倒了蒯因的"两个教条"(1951),并且通过复兴先天综合真理从而承认了康德主义的核心要点。但真的是这样吗?呈现这一问题的一种方式是区分规范性的两个不同的方面。第一种是作为一种约束的、外在的、限定意义上的——"涂尔干-塞拉斯主义"意义上的——规范性",它有别于那种可被标识为"可理解性"的规范性。第二种我们可以称之为"韦伯-戴维森主义"的。① 涂尔干所关心的是义务的约束特征,这一点在不同的社会中获得了不同的体验。韦伯关心主观上有意义的行为,以及使其他人的行为变得可理解这一问题,这是一些在他看来(类似于戴维森)必然意味着"在我们自己的主张中可理解的"事物。这里存在一个规范问题——可理解性同样也是一个规范概念。但是,它不同于那种约束意义上的正确性或合理性的规范概念。理解一个主观上意向的意义,运用韦伯所说的那种标准的翻译,至少就表面而言,这是一个有别于因果的规范问题。

161

---

　　① 这种戴维森与韦伯之间的相似性远超出我在这里所指出的任何一点。我已经在《韦伯论行动》(1984)与《韦伯科学哲学的持续的相关性》(2007c)两篇文章中讨论过这一点。一般的论及韦伯哲学观点的文献可参阅 Bruun(2007)。

　　类似于韦伯,戴维森的问题涉及可理解性问题,而非假定的约束性规范的问题。那种与戴维森有关的错误并未违背任何规则,并且这里并不存在限制,没有借助群体反应的约束,诚如在布兰顿那里所指出的。但是存在这样的一些问题:使自己能被其他个体所理解的问题,以及理解其他个体的问题。这里有一种界限,但它们是关于可理解性的界限。超越这种界限,亦即令人无法理解地说话,即是变得不可理解,并且在说话中无法达到目的。当说话者抱有某种意图,但是却又无法以可理解的方式表达出来时,就会产生眼下讨论的这种错误。可以说明的错误即是可以理解的错误——亦即我们通常在解释过程中通过辨明说话者的意图从而予以修正的那种错误。包含着用以说明错误和使之变得可理解的那种假设的翻译拓展了可理解的界限——拓展至它们所能到达的范围。戴维森的不可能性论证关乎可理解性的界限:在可理解的范围之外,不可能存在一种可以辨识的语言。但是,如果我们没有慷慨地将那种可理解的范围拓展至包含更少可理解性的地方,我们就无法到达可理解性的界限,亦即,如果这里没有关于错误的假定,那么它就是不可理解的。而且,这些关于错误的假定必然依赖于信念网络中的其他部分已经是可理解的。诚如我们所见,这是我们断言宏观错误是不可理解的基础:它之所以是不可理解的,是因为宏观错误的假定相当于否定了关于那种可以说明的错误解释的构件,后者乃是构造这些解释所必需的材料。为了说明一个船员无法从回退中稳住船体这一错误,我们就需要假定他知道船体是什么,能正确地感知风向,知道帆和舵是干什么用的,等等。这些均涉及戴维森所谓的对应准则。如果我们否认这些"假定"(它们当然未被体验为一种有关定义或公理的形式几何的活动,而是作为一个心理学的问题,它们隶属于一种有关我们观察到航海活动这一情形的移情作用),那么我们对他的行为的解释就走向了如下这种非情感的、盲目的假设:他与火星人进行交流;他体验风和大海的方式和我们不同,是以某种未知的方式进行的。这便开始冲击那种

162

可理解性的界限,因为它们本身就是一种立足于可理解性的关于错误的解释,或者至少就目前对我们而言,它是不可理解的。

这一概念占有的图景不同于这样一幅图景。在此图景中,错误并非是一个可理解的谬误,并非是一个对语词的可修正的误用(诚如听众期望他们所采取的那种使用),而是对一些天生具有某种外部结构的规则的违背——未能接受某种约束。然而,这是一幅关于错误的掐头去尾打了折扣的奇怪图景,因为它忽略了意向问题——一个关于行动或语言活动之意图的问题。它假定,犯了错的人以某种方式获得了那外在的制约——它们作用于人们的语言或行动。这正是布兰顿言及约定的要点所在。如果缺乏这些背景,没有接受了那些规则的说话者,那么"错误"就仅仅是一个出自观察者之眼的错误。"2+2=5"是一个错误吗?如果是在一种打字练习中,并且目标是正确地复制出这个表达式,那么它就不是一种错误。戴维森的策略是将这一有关意向的问题嫁接到关于解释本身的问题上。对他而言,解释是一种验证假说的认识过程,其中,我们运用有关自身以及自身信念的知识来说明别人的对他们的行为而言是合理的那些信念。行为的明证即是我们所拥有的一切,以及所有我们想要解释的东西,尽管为了给出这种解释,我们或会使用一些非行为的词项,比如"信念"这个词。错误,就我们能够错误地定位信念这一意义而言,它是该验证假说的过程本身所固有的,在此情形中,我们无法预测别人以与我们假设的那种信念归属相一致的方式会做什么,或者会说什么。但是,这里并非仅仅是一种单纯的预测。我们同样想将那些信念理解为一种信念——使它们成为可理解的。让我们用一种稍后会有所助益的方式来表达这个要点,即我们想要理解别人,想要理解他们的论证。但这并不能脱离那种一开始的信念定位,所以正规而言,它还算不上一个问题。

那种关于概念的掌握或占有的模型,以及关于规则的问题,究竟在哪一点上与这种有关错误的说明相一致?[①] 对其他文化的解释表明,这些事情并非是第一位的。我们无法先掌握其他人的概念,然后再去解释他们的话语方式。不过,那个占有模型强烈地青睐下述这种构型:如果我们正在使用一个概念,那是因为我们已经掌握了隐含在它背后的那种规则。这种掌握是一个预设,它是"真正地"使用这个概念的一个必要条件。这是布兰顿《使之清晰》(1994)一书的第一章关于回退问题的杰出讨论的一个要点所在。对于布兰顿而言,真正地使用语言就相当于能够为这种使用给出可靠的理由。这一辩护的链条必须在某处终止。因为辩护是规范的,所以它必定终止于某种规范的事项。布兰顿认为它终止于语言的规范性,后者进而通过我们对那种着眼于有关错误的社会调节的绩评体系的承诺来确立某种规范。

戴维森那里并不具有这种机制。为什么? 问题的答案与他同样缺乏那种"布兰顿—麦克道威尔"式的约束构想的理由密切相关。对于戴维森而言,可理解性的问题不仅始于翻译的过程(类似于假设的验证)并在其中得到解决,而且它还终结于此。规则的遵守、概念的占有模型处理某种更为根本的东西(对于很多关于戴维森的解释和反驳而言,它是普遍的),这一主张有赖于表明它们一开始就是必需的。但对戴维森而言,它们并不是。着手处理行为的明证不仅足够,而且这是所能做的一切。整个那种概念占有的模型并非与这种明证的要点毫不相关(毕竟,它也是一种对其做出说明的努力),仿佛对于说明它而言是可有可无的。一旦那些信念得到识别,这种说明就已经完成了。关于这些信念,并不存在某种更高形式的知识,后者源于对一个概念的"掌握"或者一种对这些信念的规范承诺的获得,等等。我们所拥有的唯一技能就是这种假设的验证——就像知识一样。

规范论者倾向于认为,这对于异质文化而言也是说得通的。我

---

[①]  一个关于谈及错误问题的更详细的说明可参阅 Paul Roth (2003)。

们无法参透他们的内在生活、他们的规范承诺、他们的理由空间。我们只能做出一些假设，提供一些错误解释，等等。但是对于我们自身的文化而言，我们则处于一个截然不同的情形里。我们关于其他文化的断言有可能是行为主义的和解释性的。诚如劳斯（Joseph Rouse）所论证的，对我们自身而言，他们是一群"表现主义者"（2002，194）。那种理由就是我们的理由；那种规范承诺也是我们的；我们拥有接近它们的特权。戴维森那里也没有这样的想法。《论概念图式》（"The Very Idea"）的一个最显著的结果是，它消除了那种文化之间假定的区分——包括在我们的概念与他们的概念之间、在我们的合理性与他们的合理性之间的区分。这种差异是语言，它被以一种去神秘性的方式加以对待，而非被当作是关于共享前提的一种神秘秩序。但是，关于"他们的"信念的其他任何解释都借助了某种方式——那些关于错误的——它同样适用于处于我们自身文化中的并且说着我们自己语言的那些人。因此，并不存在一个与"他们的"相伴随的"我们的"。在他们的信念背后，并不存在一种共享概念资源的集体事实，因为在戴维森那里，并不存在那种康德意义上的关于概念占有的事实。

164

这一推论的全部内容均出自《一个关于陈词滥调的不错的精神紊乱》一文，这篇文章将"错误"这一概念的使用拓展至日常的语言活动（Davidson 1986）。当我们应付其他群体里的人时，我们一直所做的恰恰就是人类学家所做的：我们解释他们的行为，抱着使之合理的目的修正我们的解释，将信念归于他们。这些归属经常包含错误假设。除了这些，我们就无法像一个语言使用者或像一个人那样发挥作用。使之变得可理解是一个持续的过程。关于某人想要意味之物的那些推论是普遍的并隶属于一切人类交流活动，无论它们是否是真诚的、反讽的、隐喻地表达的或是错误的。进一步，这一过程在逻辑上是根本的，并且或许在个体发生学意义上也是根本性的：逻辑地讲，为了这一掌握的模型具有合理性，就需要一个包含两个步骤的过程,其中语言学习者首先需识别出某种在以后充分掌握的东西——作为意向并关乎某物的言语。

学习,包括语言的学习,使得这一占有模型面临某种困境。对于布兰顿而言,对关于合理性的那些推论的相互依赖性的拥护,连带着关于意义的那种植根于通过"约定"而得以确立的规范性辩护活动的观念,迫使他采取了这样一个奇怪的立场:主张那种前语言的个体并不具有真正的意向,而这又引发了他们何以拥有真正的约定这一问题。戴维森则通过回避集体占有这一模型从而规避了这个问题。那么,他是否坠入了另一种形式?

## 不涉及集体占有而行事:这是否可能?

考虑一下布兰顿在《使之清晰》中所给出的说明所包含的那些要求和复杂性。意义不是某种居于相互交流的变化中的东西,而是植根于一种关于规范的绩评活动的复杂而庞大的隐秘系统,在填充那种日常言语的三段论省略式的过程中,我们逐渐接近了这一系统,尤其是在辩护的情形中。我们以及处于我们语言共同体中的人均各自承诺了这一系统并且借助了一种集体的口吻,诚如塞拉斯的集体意向性这一概念。这种承诺必定是我们的前语言并因此是前意向的自我所开出的一种空白支票。我们承诺了这样一种系统,其中,个体以某种类似于分有柏拉图理念的方式分有这一系统,亦即一种部分地拥有,因为没有人能够拥有构成该系统的那些概念的所有意义和推论。布兰顿那个著名的回退论证的要点在于确立如下这一点:辩护必定在某处终止,但它所终止之处必须是规范的,并且因此每个规则的背后都是一个规范的终点,后者即是对于那种系统的一个承诺。

对戴维森而言,这一关于一组固定不变的规范活动(它们在日常辩护活动中所使用的三段论省略式中显露了出来)的整个机制仅仅是一种画蛇添足。我们并不拥有特权来接近那种意义,后者我们能够在某种表现主义的意义上加以明述，因为压根就没有这种要接近的东西——并不存在一个关于规范活动的宏大结构。相反，我们试图理解自己的同类以及他们的推理和行动，包括他们的言说：我们使他们变得可理解。不同于某种有关预测科学的规范机制，我们拥有一种使其成为可能的工具，即我们自身的合理性。合理性是规范的，但是并不是麦克道威尔所说的那种意义上的。它不是某种约束的合理性。唯一制约我们的乃是我们实现可理解性的能力的限度。在我们能够识别为意向的和有意义的东西与我们能够使其变得可理解的东西（我们可以理解的、包含着可理解的错误的东西）之间并不具有难以跨越的鸿沟。辩护，并不具有布兰顿所认为的那种特殊的地位。它仅仅是行为的一个方面：小孩子学习在说"为什么，妈妈，为什么"时获得一种反馈。渐渐地，小孩领会了那些答案，将其变成自己可理解的，并且在被问及时给出了这些答案。但是除了领会或使其可理解的问题外，这一提供答案和询问问题的活动并不包含任何超出这一行为事实的东西。

　　对规范论者而言，这一回应犯了一个致命的错误：它坠回到他们自己立场的某种变体中，即规范的合理性是"必要的"。那种戴维森在别处——在解释的中介者（the interpreting agent）那里——予以定位的规范性事实将退回到对先天综合的承认，后者必定是这些规范性约束的根源。但这比他们自己的解释要糟糕，因为它是神秘的、无根基的、独断的。更进一步，他们会说，戴维森忽略了对那种普遍地被认为是规范的规范性给出说明——遵守规则、2＋2＝4，等等。

　　对于这些问题的无稽之谈，戴维森会如何应对呢？他谈到了某些关于合理性及其规范特征的，但规范论者却不愿听到的东西。对于规范论者而言，合理性本身就是一种占有，一种诸如一个概念那样的获得，但却更加基本，更加普遍。而可理解性则立足于其他的东西——那种我们必须把握住别人思想的能力。那种孩子玩的游戏，"脚把裂缝踩，妈妈背折断"，是可理解的——或许是一种有关世界之因果结构的可理解的错误,但是想着通过脚踩一个被禁止的裂缝从而折断了某人的背,这同样表现了一种我们与原始人,并且的确与所有人共享的推理形式。而且,关于这种推理,要构造一种可以使它变得合理的"理论"则似乎是一件很困难的事。

但是,对于人类的推理要构造某种经验理论同样也是很困难的。"经验"的合理性在于,我们是如何实际地进行推理的,而非如何规范地进行推理。更糟糕的是,经验的理论化令人困惑地依赖于合理性的规范理论,这种规范理论作为经验理论是虚假的。这便是戴维森在 20 世纪 50 年代进行决策论的实验研究时所学到的东西。决策论在此著作中通常被称作是一种规范理论,它作为一种有关合理性的经验理论是虚假的。① 人们并不是按照规范的决策论所规定的那种合理的方式来做出决策的。但是,诚如已经指出的,"规范的"决策论至少在下述意义上是不可或缺的:为了研究实际的决策确定,我们就需要让它作为一个起始点。偏见和错误唯有以它为镜才是偏见和错误。而且这里似乎别无他途。没有诸如"偏见"这样的概念,我们就无法描述实际的决策制订。并不存在一种关于决策制订的作为规范性解释之替代者的"经验理论";只存在一种以这种奇怪的方式依赖于那种规范理论的经验理论。

规范论者会论证说这是一个关于先天真理的个案。规范论者将不可或缺的解读为必要的,而必要的则被视作一种先天综合真理。但眼下这一个案并不适用于这一模式。就经验意义而言,它根本不是一种真理。但是,它似乎适用于其他的一些情形。在这些情形中,该理论是如此地植根于我们经验解释的构造中,以至于我们既不能用其他理论代替它,也无法忽略它。戴维森指出,对于这一点,测度理论(measurement theory)是一个很好的例示:它也是一个被经典地得到理解的经验理论,但是作为一个经验理论,它无疑也是一种虚

---

① Kahneman and Tversky (1974,1981).

构。这种奇特性在考察相对论的文献中已经得到了某种标示：测量按照那种相对性欲以取代的理论得以构造，而不是借助于一些相对论的术语（Layman 1988）。确立这一理论的乃是在对旧的测度论的使用中出现的那些错误。但是这并非取代了旧的测度论，后者始终符合牛顿的学说。

在合理性的情形中，存在一个类似的问题。我们所拥有的关于合理性的那些理论和那种有关人类决策论的经验理论一样是虚构的，这一事实使得我们没有理由把它们当作一种规范理论加以抛弃，或者不再将它们视作对我们的理论的甚至是实践的目的而言是不可或缺的。毕竟，它们隶属于可理解性的领域。但是这种不可或缺性并未赋予它们某种形而上学的地位，较之任何有关规范的（作为某种特殊的理想领域，它等同于经验的实在并与之相互共存）形而上学的必然性的主张，它的底气要弱得多。的确，合理性包含一些关乎使之可理解这一要务的特性，后者在一个截然不同的向度上被提了出来。

这一不同的向度在于承认那种相关的合理性的多样性。所需要的那种合理性是"基本的"（Davidson 1985），而那种合理信念的观念则是"灵活的"［Davidson（1994）2005，121］——非常之灵活。① 戴维森以下述方式指出了这种灵活性：

> 问题不在于是否我们都赞同合理性的规范是什么；毋宁说，重点在于我们都拥有这些规范，并且我们不能将之视作一种过于天马行空的思维现象。说得更准确一点：那种过于天马行空的东西并非是思想。唯当我们能够借自己的视野（我们能够以可理解的方式完全将思想归因于它）将某种造物（或"对象"）视作是极为合理的，或者通过言及其终点和信念来解释它的行为时，它才是一种思想。（2004,97-98）

---

① 对于戴维森关于这些主题的复杂的拓展，我已经在另一处即将出版的文本中给予了更为广泛的讨论。

　　这种对照表明对戴维森而言,合理性概念是多么的灵活。如果我们能够将某种东西识别为思想,那么它在相关的意义上就是"合理的"。将某物识别为合理的即是一个能够领会某人的思想的问题——能够足够相似地模仿他的想法以至于个体之间的那些差异可被当作是正常的或者是可加以解释的,并且因此使之变得可理解,就像错误一样。规范的因素并非是严格固定的、不容置疑的,甚或不受下述冲突的影响:这种冲突存在于各种我们可以领会但却仍然彼此冲突的推论之间。这并不是布兰顿和麦克道威尔所思考的那种提供了某种约束和最终辩护根基的合理性。唯一的限制存在于个体之间:在理解中,我们受制于自己所能领会的限度;而在交流中,我们受制于别人所能领会的限度;并且在可将什么算作思想时,我们受制于对某些东西而言可被识别为思想的那些要求,它必定是某种认识者可以领会的东西。

168 　　我在此称作"领会(following)"的东西在戴维森那里被当作一种想象活动(1985,92)。这是某种不同于"概念占有"的东西。直截了当地说,领会的实质是心理学的,而非如布兰顿、麦克道威尔,或者那些遵守规则的文献所言的是规范的。或许,对其最好的理解方式是借助认知科学的那种模拟(simulation)的概念。正是这一概念充分地说明了我们能够理解别人的能力,说明了那种有别于正确性信念的可理解性。这正是那些有关遵守规则的文献的失策之处:它无法区分掌握一个与别人共享的规则和领会别人的思想。这是一个部分关乎下述例子的问题:领会"加2"这一观念以及掌握那种制约着它的隐秘规则(如果真的存在这种东西的话)是同一件事;然而,翻译和掌握却不同。戴维森本可以简单地指出这一点,较之二者,领会是更基本的、更充分的。我们学习"加2"规则的能力即是我们领会老师的能力,并且这里并不存在任何额外附加的神秘性。为了解释那些行为事实,我们并不需要某种关于掌握隐秘事物的附加概念。我们同样不需要某种关于一条规则的内在规范性的观念,一个约定的观念,或任何对共同体的涉及。这个概念是"社会",但仅仅是在相互作用意义上的社会,而非一个集体观念,那种共享某些构型的观念。作为个体,我们领会别人的意思,从相互交流中获得某种反馈,这些相互作用确保我们为了理解别人而充分地领会了他们的思想,但是在相互作用的过程中,那种我们不断地加以调整和再调整的信念网络是属于我们的,它不是一个外在的受到限制的集体事实。模拟同样不是一个因果观念——在某种特定的不同于布兰顿和麦克道威尔的意义上它是"规范的",但它却与主体自身的能力紧密相连。

这些能力均是可以自然化的,但这不是在那种将可理解性还原为原因或规定的意义上而言的,也不是在消除可理解性的意义上而言的,而是就"祛魅"的意义而言的。领会的能力即是一种拥有包含着各种神经元的大脑的存在者的机能,或许,在此情形中,即是那种镜像神经元或镜像系统,而不是那种分有理念的灵魂,或是那种存在被雕刻其上的石板。"领会"的一部分在于领会别人关于世间之物的思想和表达;因此,世界已经显现于领会之中了。"表象(representing)"以及类似的神秘的哲学活动在认识到如下一点时被改变了:表象是一种相互作用的活动,它是某人为别人所做的事情,包含着后者所能领会的限度,而非心灵与实在之间所订立的某种抽象契约。而且,正是这些限度,也唯有这些限度,乃是理性自身的界限。

169

## 明见性与三段论省略式(*Evidenz* and enthymemes)

诚如我所引述的,戴维森并未主张"合理性"的获得对于解释和理解而言是充分的。但是他拒绝某种我们用来理解别人的普遍调节系统的机制。对规范论者而言,这引出了一个重要的问题。如果不存在一种普遍的调节机制,那么这种调节如何实施?确保如下一点旨在何为:当我们听到或看到某物时别人也听到或看到了同样的事物,以及当我们使用语言有意义地说话时别人从我的话语里得到了同样的意义？我们可以借助一种冗长的形式来表述这种异议。

脱离合理性以及普遍的和局部的调节系统来评估可理解性，这一策略并未改变任何东西——对于可理解性而言，没有什么不出自合理性。这便是康德的全部教诲！可理解性意味着辩护，辩护要求合理性，而合理性则同时要求一种普遍的规范的调节系统。当然，辩护的观念导致了有关回退的问题，而我们则可以不去计较这一回退的终点以及这种回退关乎什么。但是，这个终点必定是得到辩护的，因而就是规范的，并且不是因果的。诸如"领会别人的思想"和"移情"这样的观念并不能提供什么帮助。它们依赖于意向概念，而意向则立足于合理性，亦即那种关乎意向与行动之关联的合理性，并因此不可避免地是规范的。忽视这一点即是陷入了一种心理主义，而心理学的事实是无法予以辩护的。当然，人们有可能无法满足合理性的约束，存在意志上的虚弱，等等。意向之外不存在任何理解：意向是无法避免的。它不是一个折衷理论，而是"理解"这一概念本身的一个组成部分，并且它是规范的。甚至诸如韦伯所说的主观意义这样的"社会学的"替代者也要求意义概念，后者不仅是规范的，而且还包含某种赋予事物意义的规范系统。承认这些乃是达至客观性和真理的唯一途径，二者都是规范概念，并且都为某种假定的"替代"说明提供了基础——这种说明旨在寻求客观性和真理，如果它真的是一种科学的话。终止回退的要求意味着这些回退必须要终止于某处，而且为了使一切断言的结果都是客观的，它们必须终止于某种普遍的、规范的结构或调节系统，并且它们必须是规范的，以便为一切事物提供辩护，甚至为一个经验的断言赋予有效性。

170　　对此，是否存在一个有意义的回应？

有这样一种回应，它可以借由两个哲学概念给出，而这两个概念均在社会科学传统中的一个显著的地方得到了刻画，即那种关于韦

伯的《经济与社会》[(1968)1978]的方法论的介绍。这两个概念即是
"移情"和"明见性"。明见性,在绝大多数时刻(但并非涵盖了一切情
况)可以翻译为明显性。两个词都没有什么好名声。移情常常被视
作是一种认识上的干瘪,它无法为那些有关别人心里的真陈述提供
保障。它被贬为一种内在的感觉,而非一种对有关其他人的实际事
实的恰当体验。它是一个通向因果关系的蹩脚的向导,就像内省所
是的那样。与此同时,对于任何规范的或合理的事物而言(它们必须
被理解为是某种脱离了主观领域的东西),它都是可有可无的并且与
它们毫不相关。不过,在某种意义上,以及在与领会相关联的意义
上,移情是很难摒除的:为了理解或者学习某人,亦即在领会其推理
的意义上,似乎某种移情作用(在某种拥有相同的思想和将其他人的
思想识别为与自己一样的思想的意义上而言)是不可或缺的。

明见性作为一个哲学概念,源于那个笛卡尔式的自明性概念。
那些明证概念的一个特征是它们是推论的要素,但是它们并非是从
自身中推断出来的任何东西。一般地,并且在颇有问题的笛卡尔的
情形中,自明性是一种向作为一个个体的我的明证。这一观念的现
代形式来源于布伦塔诺,他以截然不同的方式塑造了这个概念,而那
种差异就体现在那种与移情相关的意义上。他的明见性概念包含两
个要素:(1)它是明见的,并且同时对他人也是明见的;(2)成为明见
的即是成为某种无法再加以分析的东西——自然地可以得出,它是
显见的。由于这种不可分析性的特征,明见性在哲学上显得问题重
重:对于明见的事项无法再进行更深入的规定。它无法从任何其他
事物中导出,同时也无法被摒弃和取代。不过,同样的属性确保了它
的不可消除性。对于存在某种明见性事项的否定将使我们坠入一个
恶性循环——这种否定本身是否是明见的? 如果它是明见的,那么
它同时也就驳倒了那种否认;如果不是,那么我们就面临一种回退,
而在此回退中的每一个节点,我们都要问关于这种否定的基础是否
是明见的。为了证明必定存在某种作为明见性的事项或者反驳假定

某物是明见的这一主张，要么存在某些上述否定建基其上的那些断言，要么存在某种在此论证中的那些断言之间的逻辑关系的有效性，这些断言与那个否定的陈述是对立的。①

171      明见性在 20 世纪哲学中的这种坏名声源于弗雷格(Frege)和胡塞尔(Husserl)对心理主义的批判，以及他们对某种更为坚实的根基的可能性的坚持——在胡塞尔那里，康德的不容置疑的确定性包含着"关于它们的必然性的意识"[(1786) 2004,4:468]。弗雷格则给出了这样的论证：在真理(诸如数学和逻辑的真理)与采纳为真的(taking to be true)——这正是明见性所关切的——之间存在一种区分。对他来说，这一区分与下述区分有关，即人们所做的与他们应当做的(关乎规范性)之间的区分。算术在他眼里是一门规范科学。人们对自然数的信念无关乎关于它们的真理。甚至一个算术使用者所构成的共同体有可能做出错误的加法，或者错误地使用它们：没有什么依赖于他们头脑中的东西或他们所做的事情。直截了当地说，明见性是一个心理学的事实，一个关乎人们以及他们的"采纳"的事实。这些事实符合布伦塔诺的描述心理学的范畴，它是一种不包含先验论证的现象学，按照这种先验论证的观点，存在一个关于那种描述心理学所描述的经验的固定的、可被发现的前设结构。

弗雷格将这种方式视为一种谬误，一种心理主义的谬误。心理主义是一个含糊不清的概念，它被用来称谓一种人人都会犯的不易澄清的谬误，但是，批判心理主义的核心在于这样一个观念：诸如关乎什么可被采纳为真的这类心理学的事实并不是真理的根据，甚至更一般地说，心理学的事实与辩护无关。传统的哲学观点认为，这里存在两类不同的事实：关于逻辑和理由的规范事实，它们的确是辩护的；心理学的因果事实，它们是非辩护的，并且不为任何事物提供保证。辩护和保证是一种规范联系而非因果联系。心理学的事实属于

---

① 关于一个有用的讨论，可见 http://de.wikipedia.org/wiki/Evidenz。

包含着因果关系的因果事实。心理主义的谬误在于混淆了"真"和"采纳为真"这一心理学的事实。而成真无关乎采纳为真。因此,诚如弗雷格所言:

> 因此,如果成真无关乎某人或其他人的承认,那么那些真理的法则就不是心理学的法则:它们作为一种永恒的根基充当着某种界碑,我们的思想可以没过他,但无法移除它。[(1893)1964,13,sec. xvi]

弗雷格自己未能解决那个回退问题。就像他承认的,逻辑的基本法则是不可辩护的。当我们到达这些法则时,逻辑的辩护便终止了。主张我们的本性或构造迫使我们遵守那些逻辑的法则就不再是一个逻辑的辩护,而是将逻辑的主题转换为心理学的主题,或转换为生物学的考虑。[Kusch 2007;Frege(1893)1964,sec. xvi-xvii;参见 Kusch 1995,30-41]。因此在这种意义上,布伦塔诺的论点是站得住脚的——并不存在某种摒弃明见性或类似这样的事情,因为即使在弗雷格的解释中,我们也必须将这些法则视为是明见的。

更糟糕的是,甚至是弗雷格在对概念的讨论中也必须借助心理学的语言[(1893)1967]。为了理解和使用它们,人们必须要以某种方式和这些概念关联起来。因此,他使用了一个在分析传统中一再出现的词项:把握。这个词是心理学术语的一个替代品,但它是得到了规定的:当且仅当存在某种被把握的东西时,它才是有意义的。但是,除了实现韦伯和布伦塔诺所描述的那种明见性,我们很难看清这个词还构成了别的什么东西。如果唯一的区别在于"把握"暗示了存在某种被把握的东西,那么这种使用就是一种误导:它借助概念是一种外部的和貌似客观的这一观念,先行决定了有关概念以及概念体验之本性的问题。如果我们退回到那个这一理智捷径尚未开通的节点,那么显而易见,把握和明见性是彼此密切相关的观念——或许实际上还是无法区分的(尽管我们将会在与真理的关系中看到截然不同的含义)。而这种明显的不可区分性指出了一组可能性。布伦塔

172

诺对回退问题的解决在于让它止于某种并非隐秘的而是明见的东西：比如一组并不属于日常算术实践的算术前提。①

如果我们将明见性理解为是"对我明见的"，那么采纳为真和成真是不同的这一反对意见就是有道理的——某些东西对我是明见的但仍然是错误的。"错误"意味着某人可以是正确的。但是，布伦塔诺却排除了这种可能性。他指出：

> 人们通常说"这是明显的"，但并不会说"这对我而言是明显的"。这或许是出于这样的一种信念：对我而言明显的东西对所有人都是明显的。[（1930）1966,126]

他还说：

> 真理与那种正确地做出判断的人所做的判断有关——关乎一些判断，给出这些判断的人以下述这样的方式判断一个事物，其中任何做出明见判断的人将会对同样的事物做出判断；因此，它关乎某人的这种判断，他坚持那些给出明见判断的人同样会坚持的东西。[（1930）1966，122]

173　　　因此，明见性就是对"任何做出明见判断的人会判断的东西"的判断。简言之，这是一个有关人将会思考什么的主张——一种移情主张。如果它是正确的，那么它将排除弗雷格的批评所借助的那种可能性——它也是诸如与克里普克对那些共同体中的每个人都可能会误用的（也许存在某种关于每个人都会出错的规范的东西）规则所做的含糊评论相关的类似论证所依赖的救生圈。如果没有人会另寻

---

① 对于这一回退问题，布伦塔诺给予了大量的例证（Brentano [1930]1966,123）。

"试考虑……当我们希望知道或明确地判断'A 之所是'时所面临的那种无限回退（regressus ad infinitum）。他无法明确地确认或承认 A，除非他也能明确地确认或承认 A 的'存在'。"[Brentano（1930）1966,85-86]

"这是谈及'A 的存在的存在'时所产生某种潜在回退的第一步，A 的存在的存在的存在，诸如此类。布伦塔诺给出的解决思路是，某人'明确地'认可如下一点：承认 A 的存在就是对'A 之所是'的一个辩护，而'A 之所是'就等于是承认了 A 的存在。"[Brentano（1930）1966,86]

他途,那么就不存在这种可以实现的可能性。

## 隶属于社会科学并作为一个科学主题的移情: 从行为数据到移情事实

"明见性"与"移情"同时出现于韦伯经典的《经济与社会》[(1968)1978]一书前几页的关键段落里,在那里,韦伯讨论了关于解释社会活动的要求,他通过"有意义的"这一定义业已规定了这种解释。①

　　所有对意义的解释,比如所有的科学观察,均致力于获得清晰而可靠精确的洞见与理解(明见性)。理解中的确定性的基础,要么是合理的,它可以再被分解为逻辑的和数学的,要么是一种在情感上互通或在艺术上有鉴赏力的品质。当我们对于那些行动要素在它们扩展了的意义背景中获得一种完全清晰的理解时,行动就在一种合理的意义上明显是关键的。当我们通过同情的参与,能够充分地掌握行动发生其中的情感背景时,我们便获得一种移情的或鉴赏的确定性。在下述这样的情形中便可达到合理性的理解的最高程度:其中,包含着在逻辑或数学上与命题相关的那些意义,而它们的意义则可以迅速地毫不含糊地得到理解。当某人使用 $2 \times 2 = 4$ 这个命题或在推理论证中使用毕达哥拉斯定理时,或者当某人根据我们所认可的思考模式开始一个推理的逻辑训练时,我们极为清楚地理解这意味着什么。以同样的方式,我们也能理解当他试图基于特定情形的事实通

---

① 诚如韦伯所使用的那样,"有意义的"密切地关联于(如果不是等于的话)布伦塔诺的意向性概念[参见 Brentano(1874)1973,88]。韦伯并未将意义当作是一个自主的事实领域,而是视其为一个有意义性的领域,就像布伦塔诺并未言及意向这样的事项,而是将类似的东西当作一种意向联系。为了避免学院派赋予这个词的那些含义,布伦塔诺后来转变了他的用法(参见 Apeigelberg 1971,40)。

过选择合适的方式以实现某种目的时他究竟在做什么，就像经验促使我们习惯于去解释它们。由于对策略选择的理解，这种对合理的有目的的活动的解释便获得了最高程度的可证实的确定性。然而，借助一种低程度的对绝大多数解释的目的是充分的确定性，我们可以理解错误，包括某些我们自己容易混淆的问题，或我们通过同情的自我分析能够探查的某种根源。[（1968）1978,5]

174　　这与布伦塔诺有所不同，后者并未将明见性当作一种有关程度的问题。但它是一种对"Verstehen"（理解）这个词的社会学用法的经典的清晰表达。通过移情的方式，它被当作是一种"错误"——一个催生了移情作用的可理解的错误，亦即这样一种错误：我们可以在某种意义上将其领会为一种错误。

对于诉诸任何一种移情的某种显见的反对在于如下：

移情并不是一个通向任何事物的可靠向导。的确如此，对于这个世界或其他人而言，它压根就不是一个事实。它仅仅对某人自己的精神生活或反应而言才是一个事实。我们对于移情经常是误用的。仅仅在一些简单的情形中，移情才能产生一些包含明见性的结果，比如韦伯所提到的那个有关樵夫的例子。而且甚至这些移情的归因也是容易出错的。因此，那种隐藏在移情作用的普遍化背后的、整个解释建基其上的假定——亦即移情乃是知识的一个自主的源泉——纯粹是虚假的。

在眼下的讨论中，我试图通过下述方式将移情以及移情作用的普遍化从真理和客观性中分离出来，即主张虽然导向主体间认同的移情作用的普遍化对于真理和客观性而言是足够的，但移情作用的普遍化仍然是一个更广泛的现象；它适用于其他人能够领会的任何事物。这一构想颠倒了之前提到的关于明见性与真理之间的关系：明见性并非是真理的一个有问题的子类，就像先前的那幅图像所描画的那样。它是一种相互推理的特征，这种推理或许可以达到真理，或许达不到。比如,对于印度世袭等级制度而言,我们通过它的污秽和腐化的概念就可以理解它,而无需去信仰它。无论如何,这些信念较之它们的成分更加复杂,比如那个可以理解的腐化概念,而正是这些信念,比如仪式净化的概念,我们可以将其当作一个可理解的错误而加以拒斥。因此,较之诸如真理、理由、合理性等,移情作用的普遍化更适用于可理解性。真的、规范意义上合理的,以及正当理由(Right Reason)均是可理解性的派生范畴,而可理解性则是某种可以同情地加以理解的东西。这导致了有关移情作用的普遍化的一幅不同的图景——不是作为一种关于"确定的"或明见的陈述的可接受性的标准,而是作为日常人类交流的一个普通的、重要的部分。

如果移情易于出错,那么它在确立基本事实的过程中何以能够发挥任何有意义的作用? 这是一种让人联想到弗雷格和胡塞尔的反驳。这里,对移情的批评是对错参半的:移情并非是产生真理的一种机械手段。但它同样不能仅仅被框定为一种"方法"。韦伯再次给出了如下这一重要观点:

> 或许存在两种理解。其一,是一种对一个如此这般给定的活动所具有的主观意义的直接的、观察性的理解,包括语言的使用。因而在此情形中,当我们听到或读到 $2 \times 2 = 4$ 这个命题时,我们通过直接的观察就可以理解它的意义。这是一个直接的理性的理解某些观念的例子。我们也可以通过面部表情、大呼小叫,或不理智的举动来理解一种愤怒的爆发。这便是对非理性的情感反应的一种直接的观察性的理解。通过类似的观察方式,我们也可以理解一个樵夫的活动,或某人伸手握住把手关门或某人枪口对准一只动物等这类活动。这是关于行动的一种理性的观察性的理解。[(1968) 1978,8]

直接的理解是非推论性的,是无需根据的(ungroundable)。这是一个关于明见性的问题。但是,在直接的理解中发生了某些有趣的事情:资料是行为性的——樵夫被观察到正在砍柴,但是樵夫的

"意图"却并不是"可观察的"。即便如此,我们理解这个活动具有意义,并且将这种意义归于樵夫。某人或许在这里会使用关于意向的语言,但诉诸这一关于心灵的折衷理论在眼下的要点中并非是必要的。他将这一行为事实理解为是有意义的活动。行为主义反对这一点,将其视作是一个有关在理论内容中进行偷运的问题——一种需要独立确立的心灵理论。因此,行为主义会否定这种直接理解的可能性。对移情的批评将会引证这种理解所具有的易错特性。这种颇有问题的理解在为推理性的理解——韦伯称之为解释性的理解——提供要素的过程中是必要的。这将包含这样的一些情形,我们在那些直接观察到的活动中推断出这些活动之间的某种联系,比如选择一个工具或犯下某个错误的情形。

## 移情作用的普遍化:为布伦塔诺的信念提供辩护

布伦塔诺谈到这一假定——其他人将会把那种我们视为明见的事物也当作是明见的——是一个关乎信念的问题。但是,在移情的地位发生戏剧性转折的那些年月里,发生了一些非常有意思的事情:人们在猴子中发现了镜像神经元并且在后来的对移情作用以及人类镜像系统的探究中得到了发展。镜像神经元在活动的实施和感知中都发挥着作用。它们使得大脑作为某种双重使用的基础而发挥作用,由此,神经元不仅可被用于活动,而且也可以用于那种韦伯所说的关于一个有意义的活动的直接的观察性的体验,比如砍柴这类活动。我们或许生来就具有这种机能,它们使得婴儿能够用微笑对微笑做出反应,能够区分人类有意图的触摸和机器人手臂的碰触,就像第二章里所讨论的那个实验,而且更一般地,能够识别意向行为。该系统的这种双重作用的特性表明了"我们可以认识别人的活动,因为我们可以通过运用镜像神经元来激活我们自身的内在活动的各种表征"(Keysers et al. 2003,634)。但是我们并未控制任何事物——这

176

是大脑的任务。但是它这样做乃是基于我们自身所具有的能够实施类似活动的那些能力,尤其源于"在我们计划并实行自我创造的活动的那些日子里所积攒下来的庞大的经验"(Blake and Shiffrar 2007,56)。舞蹈家可以看到某些关于舞步的东西,但其他人却看不到(Cross et al. 2006),男女芭蕾舞演员能够更好地洞察到与自己性别相符的那些典型的特定性别的舞步(Calvo-Merino et al. 2006,1907)。而且,人们还研究了那些将动作和情绪统一起来的视觉信号。这项研究表明,该系统所需要的这些信号是极其恰到好处的,而有关知觉的前意识的工作在很大程度上是通过知觉者的下述活动完成的:将那些关于整个活动的知觉建立在极为有限的输入的基础上。比如,即使是一组非常细小的视觉信号也可以使某人将某种动作与情绪统一起来(Tomasello and Carpentier,2005,141;Loula et al. 2005;Blake and Shiffrar 2007)。[①]

简言之,大脑玩着被韦伯归为直接的观察性理解的把戏——将行为的信号转换成行动的识别,以及转换成有意义的行动。而在大脑中获得一个位置则改变了移情作用的地位——它不再是一个受制于那种流俗的易错的意向性语言的理智过程,而是变成了一个包含着一组位于科学神经过程中的可探究的特征的科学事实。更进一步,正是这些过程在处理主观的意义(就这个术语可加以识别的意义上)。这些过程,无论是否是易错的,均完全坠入了事实的领域,并且是一种非规范的事实。我们的行动机能为解释塑造了一个自然的基础,并且作为一种默认状态发挥着作用,它受制于矫改或修正,其作用的方式类似于合理性的假设和相同的对应准则,并且类似于戴维森的那种关于解释宽容作用的默认状态。

---

① 关于这些问题,有着相当数量的文献,包括认知科学哲学(如:Hurley and Chater 2005)、社会理论(Lizardo 2007;Turner 2007b),以及许多其他与此交织的学说(Lanzoni and Brain,即将出版)。它们最终对本章所涉及的那些问题中的一些做了扩展性的讨论(Turner 2008)。

177 　　诚如我们所见,戴维森在这些上下文中对规范以及规范性的使用略微有点特殊。与其他规范论者不同,他并未用这些词项来指谓约束着个体,并且这些个体服从于它的某种固定的、自主的、规范的结构。但是,那种包含着镜像作用的认知机械论则根本不是规范的,并且在一种前意向的、前语言的层面上做着相同的事情。而且它们作用的方式为意义问题提供了很好的思路。移情作用的普遍化——这一当我们将樵夫视作一个樵夫而非一组行为的数据时所施行的计划指出了某种有关我们必须要构造一个理论并且在其中引出作为一个理论术语的意向概念的东西——并非是有缺陷的形而上学假设,而是一种在回馈中得到改善的默认的回应,我们对于这种回馈的获得源于社会交流以及我们与世界本身的相互反应,比如那个有关婴儿黏黏的手套的例子。我们"知道"或"认定"某人正在砍柴,因为在某种程度上,我们能够依赖那种关于移情投射的默认装置。这里,"知道"和"认定"均是一些误导人的词——我们尚未处于辩护的背景中。但是,在说某人正在砍柴之即便是一种言语化的表达,或表达着某种植根于这一反应过程中的事物,并且因此这种陈述或多或少密切地符合于某种事物,后者隶属于某种人类相互作用的基本模式,这种模式出现于人类发展的那些最早阶段。

　　这些过程是如此之基本,这一事实告诉了我们一些事情,后者关乎规范论的那些热点问题。我们先考虑一下布伦塔诺的那个著名的论证:心灵或思想的标志在于它关乎某种事物,即那种将我们对人的理解从对事物的理解中区分出来的东西。如果我们承认这一点,我们也就可以主张我们的那种关乎相关性的移情作用同样也是一种开始使用心理词项所需要的一种最低限度的东西。而且它对于使用这些词项而言也是充分的——我们知道它关乎什么,因为我们可以在移情的意义上成功地实施这种相关性。对于塞拉斯有关意义的规范性与集体意向性的论证而言,相关性是一个关键概念,而且它是戴维森使用规范语汇的场所之一——亦即他对对应准则的言及。于是,这便引发了这样一个问题：这里是否需要提及任何一种规范？辨识一个手势所意味的东西乃是一种移情作用的运作。那种统辖意义的"规范"，以及那些运用于世界的语词的意义，或许在非规范的词项中很容易得到理解：就像那些移情作用，它们通过与其他人的相互作用而得到了确认、巩固、修正，以及改进。

这一同样获得了很好理解的社会相互作用的过程，一种借助移情作用获得的理解，使得我们能够赋予那种旨在澄清那些表现主义者所使用的语词之意义的说话者所具有的权威性以意义——这是一个关于某种代表一个群体，在克里普克那里有所提及的，并且在塞拉斯有关"应当"的说明中占据核心地位的"权利"的含糊不清的事情。对于表现主义者来说，说话者解释一种意义即是澄清某些被遮蔽起来的东西：意义系统、规则、绩评体系、集体意向，以及在规范论者眼里暗藏在有意义的言语背后，并且通过调整意义和决定何种表达正确从而使言语成为可能的那种支撑框架（whatnot）。移情主义者可以提出一些与此相平行的，但却更好的主张：那种某人说出他所意味的东西时所具有的权威乃是其移情作用通过相互反应所确立的产物——一个充满了潜在漏洞、繁琐冗余等诸如此类的过程，并且受制于使自身得以理解的那种约束。

很多时候，我们的移情错误通过回馈而得到了修正：如果我们以为我们理解了算术老师，但是却并没有理解，那么我们就可能无法解释需要解释的东西。问题在于，移情加反馈——包括当哈格兰德提及一致性时所想的那种社会的反馈——是否足够？或者换句话讲，是否存在某种可获得的其他的东西？在"＋2"的例子中，需要任何其他的东西是令人可疑的。存在一些异类，他们无法根据其老师和同学那样使用"＋2"，在这种意义上，就有可能存在一种关于理解别人或完成数学任务的更严重的、更具说服力的问题。克里普克和弗雷格均诉诸这种异类。在此情形中，基于移情加反馈的相互理解所产生的那种主体间性产生了这一情形所包含的那种"客观性"。而普遍

178

的主体间的认同——一种字面上的认同而非那种处于表面认同背后的类推的认同——包含着同样多的客观性。但是不止一种可理解的推论符合那些事实,并且那些事实或许无法充分保证我们的判断,而且,还要考虑到在一个特定的情形中有不止一种可理解的替代方案。

但是,将移情作用的普遍化限定在那些哲学的核心例子里是一种误导人的做法。移情的普遍化并不受制于明见性、显见性或是逻辑真理,并且这一观念所包含的那些含义超越了这些问题。事实上,移情作用能够用以说明大量的实际行为和社会反应。这是韦伯以及后来舒兹[Alfred Schutz,(1932) 1967]所提出的一个要点。一个世纪前,社会学家库利(Charles Horton Cooley)提出了镜像自我的概念,该观点认为我们通过借助他者来反映自身的方式构造出了我们的自我(1902)。同样的观念可用于诸如意义这样的事项:我们生活在一个镜像世界里,而我们所意味的就是通过镜像作用为我们所确立的东西,这种镜像作用构成了我们的社会生活和语言生活。这些相互作用为修正那种关于诸如意义这类事项的移情错误提供了一个极其优越的工具。

与明见性一样,移情作为社会反应的一个部分以及对社会反应的解释,是无法消除的。当我们考虑那些移情失效的情形时——其中我们的理解能力受到了挑战,或者我们一开始无论是在移情的意义上还是在合理性的意义上均无法理解眼下问题里的行为者究竟在意味什么——这一点就会变得很清楚。如果我们想要解释某种印度教的净化仪式——比如禁止触摸这样的事情,它从一开始看上去就很奇怪,甚至对我们来说是难以置信的——那么我们就要给出在某种意义上使之正常化的解释,而使之正常化就相当于使之变成可理解的。而在眼下的语境中,使它成为可理解的就等于使它承受这样的一些事实,它们促使我们以一种移情的方式描述它。触摸会造成玷污这一观念作为我们自己思想的一个部分已经得到了理解。我们已经知晓了包含在这一关于触摸会造成玷污的观念中的那种思想,

179

并且觉识到它是可理解的——它有着形形色色的来源，从诸如使徒传统的按手礼到小孩子玩的谚语游戏。因此，那个有关我们使那个印度教的实践变得可理解的问题最终取决于我们自己的下述操作，即以这样的方式填充其余的背景——我们能够促使它们与我们所理解的东西相一致。

这里，可理解性的回归不是在一个关于合理性的理论中，而是在一个有关移情联系的实际要务中。腐化的思维似乎是普遍的，并因而是普遍可理解的。但是腐化推理（contagion inferences）并非是"必然的"：我们可以领会它们而同时不必接受它们。最终说来，它们是无需根据的。或许，它们植根于那种关于触摸的非机械效果的原始的镜式体验，这种体验为触摸产生非机械的转变这一观念提供了一个样板。但是，我们没有理由认为这种推论永远都是正确的。正如韦伯立足于推论对行动的间接理解的讨论，我们需要巩固某些腐化推理，如果它们是一些关于实际因果联系的推理的话，比如，如果它们考虑疾病的话。但是，它们是否在预测什么则是一个从我们是否能够领会它们这一问题衍生出来的问题。最终，就不存在一个更深入的解释这一意义而言，领会就是一种移情作用。有人会说，腐化推理本身在下述意义上就是一个关乎明见性的问题：在它那里，不存在一种额外的辩护。不过，它当然在它是必要地或必然地为"真"的意义上不是明见的。我们可以完全清晰地理解我们所加以拒斥的推论。

180

## 最终的判词？

解释规范的问题使得我们面临一个严峻的抉择：一方面是一种规范论，它处于永无止境的变化中，依赖于大量问题重重的论证和虚假的事实，比如那些即刻生成的假设、前意向的约定、共同体成员关系、基础规范等；另一方面则是一种"自然主义的"解释，它立足于或者至少指向了真正的认知机械论,后者以非规范的方式解释那些事实。这些规范论的论证面临大量的困境。存在一个古怪的问题,即它承认存在一类不同寻常的事实,它们回退到了那个在科学以前未加祛魅的世界,并且包含着某种实体,后者在实际的因果世界与日常经验的世界之间建立起了某种奇怪的联系。存在一个关于描述的问题,亦即对于那些要求借助这些不寻常的事实来予以说明的事项,关于它们的某些特定的描述需要坚持一种唯一的有效性。存在很多这种不同寻常的机制,它们对于该论证是不可或缺的:这是一个有关构造这些事实本身的问题,它们由一些类比构成——包括一些并未在日常生活中清晰地呈现出来的隐秘的规则;比如那种非空间意义上的理由的空间;那些在实际上并未得到假定的假设,比如在欧几里得那里,而是一些有关规范性事实之可能性的条件,出于解释它们的目的,它们在一种回顾分析的意义上被构造了起来;一些诸如为了绩评体系所做的约定,它们被人们予以承诺,比如婴儿,根据眼下所讨论的那个特定的规范理论,他们是前语言的并因此是前意向性的——这份清单可以无限制地继续下去。存在一种对最终被证明为是某种循环的观念的持续的依赖,诸如像诉诸共同体这样的观念,比如一个理性存在者的共同体,它之所以成为一个共同体仅仅是就下述意义而言的:它是由那些遵守如下规则的人组成的——应当为共同体这一事实给予某种解释。存在一种对某些先验论证的依赖,以便提出一些相当于因果论断的主张——比如,一种关乎我们何以要区分正确与错误的论断。存在一个从实际的有效中分离出规范的问题,比如在有意义地言说的情形中;并且存在一种有关下述观念的坚持,即这必定涉及某种奇特的规范实体,比如那些在未来永远加以承诺的意义,而不是某种日常的有关人类相互作用和反馈的事实,后者似乎也可以用以解释实际的语言行为。对于这些被当作某种解释而给出的规范事实,存在一个在经验上不可通达的问题,它似乎不受那些与其竞争的包含着替代解释的非规范论主张的影响。而且,存在一些解释的障碍；通过对道德与规范之多样性的消解而产生的那个问题，似乎无关乎那种被规范论者所推崇的特定规范性主张的真理；以及在解释下述问题时必然会产生的问题，即某人无法对如下这个问题给出解释并不是什么大不了的事情——历史上和现如今的大多数人何以能够处于一种规范错误之中？

对于规范论而言，它所给予解释的那些东西，比如那种被理解为事实或合理性的法律的有效性，是无法规避的，或者被任何假定的替代项所替代，比如那种被当作一个自然事实的合法性或合理性。规范论坚称不存在关于这些事实的把握了它们意义的任何替代的描述，并且因此不可避免地要承认那些规范的前提，为了变得可理解，这些事物需要这些前提。这些主张构成了一个包裹。我们无法将规范论当作仅仅是另一种理论。它必定断言规范论是无法被替代的。这一计划依赖于先验论证，亦即这样一种论证：为了眼下所讨论的东西，它预先设定了某些前提。断言存在一个替代的解释就等于是说它们并非是必需的。这就是为什么对那种要求这些前提的描述赋予某种优先性对于该论证而言是非常关键的。那些替代性解释总是有用的，它们并不要求这些前提假设。因此它们对规范论的如下主张尤其有用——那种假定的替代项"使自身习惯于"诸如规范论者所描述的那些事实，并且不可避免地要这么做。

一般而言，规范论乃是对世界之祛魅的一种反应，也是对借助心理学和社会学而实施的特定祛魅活动的反应。弗雷格和胡塞尔拒斥"心理主义"。而事实上，他们所拒斥的乃是布伦塔诺的一种无害的主张，后者讨论了明见性及其特性，并且它的不可或缺性并未提供他们所渴望的那种额外的辩护效力和必然性。凯尔森出于同样的动机拒绝韦伯的法律社会学：他想为法律的有效性提供某种说明而不仅仅立足于人类的信念。基础主义者退回到承认任何事物的多样性——除了错误之外，他们还坚称实际的多样性并未暗含任何有关那些替代解释之真理的东西。他们同样无法接受那种有关道德的实际的多样性借助数据可作为理论非充分决定性的一个例子,这或许是因为他们将这种承认视作不可抑制的,并将其视作迈向相对主义的一大步。但他们最大的问题就在于将这种社会科学的主张运用于他们自身的观点。

与这种社会科学的解释有关的一个传统的问题在于这样一种考虑:将这些主张用于规范论者自己的观点,即规范论者对普遍性的那些主张将通过把它们相对化为特定环境、文化背景以及历史阶段而被彻底地瓦解了。对此,规范论者或许会回应说一个观念的根源无关乎其有效性或其普遍合理性。然而,最终的图景却不尽相同:过去关于规范性的一切形式的哲学反思最终被证明是某些"有效的"或明确限定的(并且经常是奇特的)道德意识形态,比如摩尔(G. E. Moore)所说的在爱德华时代的布卢姆斯伯里(Bloomsbury)的那种小圈子范围内的道德,或是诸如莱基(W. E. H. Lecky)这样的直觉主义者的维多利亚式的道德,他坚称诸如贞操是一种基本的善这类直觉的普遍有效性,或者在罗尔斯那里所提到的在 20 世纪 70 年代的哈佛地区普遍流行的那种政治意识形态。诚如麦金泰尔所论证的,这些关于规范性的反思通过哲学的抽象业已得到了解决,而在那些社会变革(其实施与当时被认可的道德相一致)的年月里有关人们生活的那些具体的道德困境不再产生同样的结果了。① 但是问题要比这深刻得多。规范论者用以解释规范论的那些机制——充斥在规范

① 参见麦金泰尔的《伦理学简史》(*A Short History of Ethics*,1966)。关于这一点的一个"方法论上的"理由在于,沉思或反思必须要处理某组质料——比如道德直觉——这些质料出现在有关眼下问题的那种历史境遇里。那些与历史中任何一个给定的片段均有关联的直觉,典型地,其范围很小,而伦理学则关心那些被特定时代的道德问题所忽略的问题。科学哲学作用于科学并处理那些被同时代的科学以及科学史所忽略的问题。伦理学也一样。因此,沉思者有任何一种忌惮社会科学的解释或历史解释的理由,这种解释识别出了那些遗漏、偏见、文化假设、排外等这类事情,它们限定了那种反思予以处理的质料的内容。的确,伦理学中给出了某种有关本位主义(parochialism)的历史记录,它是一种历史的虚无——并且是毫无根据的——旨在声明人在这些限定中获得一种自由的自我性,并且能够从理性本身的根源中提出这些问题。

论中的那些奇怪的结构——很难与那些在"本土的"解释中得到刻画的虚构区分开来——*hau*、物神崇拜等。它们同样包含如下这些特性：奇特性、隐秘性、经验的不可通达性等。

我们从移情论者那里所获得那幅替代图像是这样的：那种有关心理和概念的日常语言并不具有特殊的有效性——它是高度分化的，并且只能含糊地与大脑的那种实在性关联起来。回退无处不在，并最终归于尽头。但是它们并非止于某些类推的事实，比如认可或假设。没有什么是隐而不彰的。它们终止于这样的节点，在那里人们发现他们可以彼此领会，而他们的推理步骤是显见的。明见性——在其中每一个参与者均知晓自己将步向何处的某个节点时回退戛然而止——是不可或缺的。在这种机制中，看似明见的与变成明见的是一回事。成为明见的意味着对任何人都是明见的——受制于有关神志正常的、处于相同境遇的（等等诸如此类的）"每个人"的那种通常的限制。但是，成为明见的并不是一个硬性的规定，因此它并不为真理提供保障。看似明见的可以最终落实为明见的，就像欧几里得空间最终被当作是明见的。而"处于相同境遇的"并非等同于"分享同一个结构"。它仅仅是指在这些相同事物之间可以发挥移情的作用。我们所拥有的关于成功移情的唯一证据是间接的——有赖于我们成功的相互交流。但它不可还原为这些相互交流，或任何的证据。不过，经验的确改进了我们的移情能力。诚如韦伯所言，我们"理解一个人在做什么……基于关于处境的那些事实，就像经验促使我们习惯于对它们给予解释"［(1968) 1978，5］。我们的经验，并因此也包括我们的移情能力，是按照个体而不断变化的。而我们体验什么以及如何体验，其本身部分地就是这种变化不定的解释能力的产物。我们能够移情，这一事实并不源于任何比如一个前提这样的东西并且需要加以辩护。① 这是一个自然事实,它缘于那个镜像系统并在物理上可加以现实化。否定它就等于是否定了关于学习诸如语言这样的事物、交流以及其他更多事情的那些因果条件中的一个。

麦金泰尔揶揄道,"这样的一个意图——告诉人类学家们禁忌乃是对某种非自然品质的称谓——对于任何一个阅读过摩尔著作的波利尼西亚人而言都是过于强烈的"(1970,68)。麦金泰尔的要点在于,这对摩尔是一个问题,但对一个波利尼西亚人则不是:它不受那些有关善好(源自反驳)的主张的影响,但同时却为摩尔拒绝 tabu 消除了根据。因此,它创造了一种相对主义的巴别塔,因为他们的非自然的品质并不是他的。如果我们将 tabu 视为一个折衷理论,我们将获得一个更好的立场。我们可以出于虚假并因此变坏的原因而拒斥它,但可以承认它服务于某种善好,比如那种调节的目的。规范论者可以提出一种与此平行的分析。将那种 tabu 理论吸纳进规范论者所推崇的那种理论是轻而易举的事情:tabu 乃是那种无处不在的规范性的一个典型例证。那种对 tabu 的规范论的辩护者可以通过下述操作来改变这个 tabu 理论:即通过减弱其在经验上的可通达性以及减少其对可理解性和经验上可修正性的开放,为其增加某种能够增强其免疫力的哲学机制。但是增强一个折衷理论的免疫力并非是将其转换为一种优越的理论。tabu 的规范性依赖于信念。信念是可理解的。但它是虚构的,就像规范论本身,并且出于很多同样的理由:它仅仅出现于解释中。

显然,这幅素描图像并非是达至这一实在的唯一可能的途径,它

---

① 有关这一领域的文献受到了某些考虑的深刻影响,布伦塔诺借助其描述心理学的观念绕过了这些考虑,尤其是这样的一个观念:存在某种更加基本的事实,而那种通过移情作用而发挥功用的心理学事实则能够"发源(derived)"于它们。这个词在文献中一再地出现。比如,在古德曼(Alvin Goldman)的一个批评中,它被问及"一个发源于内省的概念如何能够给予我们一个能够以可理解的方式运用于别人的经验概念?"(Child 2002,27)布伦塔诺有可能会认为"起源(derivation)"在这里是无关紧要的,因为这里并不存在任何与其自身相独立的发源而来的事物。

也并不意味着任何超越明见性的东西,借助后者可以构造出对规范
论的某种经验向度上的替代品,并且是为"理性本身"的主题所构造
的,而没有陷入任何的矛盾之中。但是,诚如我们所见,规范论必定
要否定存在某种可理解的替代解释。规范论的论证是一种先验论
证。就我们被迫接受它的程度而言,我们必须要承认它,因为除此再
无任何可理解的替代解释。对于规范论者而言,承认存在某种可理
解的替代解释等于是缴械投降。的确,规范论者诉诸某种令人着迷
的东西,即这样一些观念:通过先验论证,人们可以以某种方式从实
际的日常的合法的法律秩序的事实中获得真正的合法律性;通过某
种特殊的分析方法,人们可以发现某种思想的基础,这些思想较之那
种对所有人都显见的思想而言更显得令人注目并且更具有必然性;
人们可以从纯粹的可理解性中萃取出关于规范合理性的一个单一的
标准,并且可将之用作一个判断的标准。诚如内格尔所说的,这些计
划均源于那种可理解的、对最终判词的诉求。然而,有关这些计划的
记录均是一种失败,即我们无法与某个通过转向日常解释之流之外
的用法,以及那些使得这些计划免遭批评与攻击的机制而得到理解
的世界保持一致。这并不是一个值得我们泰然处之的结果。

184

结 语
## 历史视角的讨论

　　规范论始于这样一个宏大的观念：存在某些科学无法解释的世俗的、不可否认的事物，比如我们话语的意义或我们所说东西之间的逻辑联系。这一主张经常被当作是一个明显的真理并且无需辩护。用以支持这一主张的所需要的全部东西在于认识到其他一些明显的事实：我们区分承诺和期许，依据惯例行动并且遵从法律；我们使用规范语言并且将某些有关规范主题的主张视为真的；对于语词的使用存在正确或错误的用法；……有关承诺、法律，以及正确用法的主张都是得到辩护的。但是，科学并不能帮助我们发现这些辩护根据。

　　存在一个与此类似的回应。在承诺与期许、惯例与法律等之间也许存在某种区分。但是，当人们做出承诺、遵从法律、正确地言说等时，我们能够解释他们的这些活动，而不必确定一个承诺是否有效、一条法律是否名副其实，或者对语词的使用是否真的正确。为了解释人们实际的行为，我们只需要诉诸人们关于什么是正确的、什么是真实的等之类的那些信念。对于解释者而言，做出判断并不是必需的。关于承诺、法律以及被认可的用法——人们实际的所作所为——是完全可加以解释的，而无需诉诸有关真正的有效性或正确性的那些考虑。在事实领域中，不存在任何超出日常解释的东西。

这两种解释之间的问题最终在于：是否存在一个特殊的事实领域，它超越日常解释之流，并且只能通过某种特殊的方式才能理解和把握？"规范论"是一个标示那些关于存在这样一类特殊事实的学说的合成词。（它很少依赖"事实"这个词，尽管在本书中它被广泛地加以使用。）不同形式的规范论主张存在不同的超越科学与解释的东西。比如，在区分惯例与法律的情形中，这一主张表达为：存在某种法律有效性这样的事项，它仅仅关联于真正的法律。任何有关人们法律信念的东西都不能使法律变得有效。有效性是一个自成一类的特殊事实。

处理那些关于有效性断言的一种方式是将其视作一个与解释无关的问题。比如，对一条法律之有效性的判断可纯粹被视为一个规范问题，通过规范性考虑可对其给予某种有效的回应。无论对于这些考虑我们是否能够达成一致，甚或它们是否合理，均无关乎解释人们实际之所为的问题。亦即，关于解释的问题和关于评价的问题是不同思想领域内的事情。解释从来都无需借助于那个由"有效性、正确性等"加以标识的思想领域，除非是要评价解释本身——但解释乃是一种有别于解释之评价的事项。

规范论者拒绝这一思路。比如对于法律规范论者而言，人们无法脱离法律的规范属性而解释法律。忽视这一点就等于是逃向某种不同于"法律"的主题。解释必须成为某种充分地被加以描述的东西。要充分地描述它就不能忽略它的核心特性——其有效性。解释关于法律的某些替代事实——比如法律行为——乃是一种逃避行为。那种需要解释的东西本质上就是规范的。这一点在着眼于某种像"合理性"这样的事项时甚至会变得更加明显。并不存在一个非规范的合理性概念。无论如何，规范性的确立有赖于对诸如"信念"、"意向"等词项的使用，因此，任何诉诸这些词项的解释就已经是规范的了。

# 如何平息这一争论

规范论者对于如何平息这场争论有一套标准的论证。反规范论者总是在撒谎,而且当指出他在撒谎时便陷入了迷失。在眼下的语境中,撒谎即是指在使用规范语言但同时又假装在避免它们,改变主题,拒绝承认一切推理所包含的规范特性。而反规范论者则认为规范论者同样也在撒谎。规范论者撒谎的方式是一种循环论证;假装不理解语词的规范意义与非规范意义之间的区别;而且最重要的是,诉诸某种伪造的事物——那种假定的规范性事实和那种假定的与之结合的事实,比如集体意向性或约定。这些并未解释任何东西:它们是一些虚构,在世界中毫无立足之处,除了为某种规范的使用提供辩护,而这些用法本身要么是伪造的,要么仅仅作为一种观点而非事实才具有意义。有时候,就连规范论者也承认规范论要求人们适应某些奇怪的观念。但是规范论者会说"克服掉它",而反规范论者则认为这是无法克服的。在反规范论者眼里,问题在于,规范论及其先贤们以人为的方式制造了眼下所讨论的那些事实,并且通过诉诸某种包含规范性的解释,为一个人为虚构的问题提供了某种人为的解决方案。

如果将这一点置于某种历史的视角下并且转译为一些不同的表述,那么它就会变得更加容易理解。20 世纪早期,沉浸在新康德主义传统中的卡西尔借助表象和意义构造了这个一般的论证:"正是表象和意义的象征作用首次提供了达至客观实在性的通道,在这种实在性中,我们通过言及实质联系和因果关系从而得到了辩护。"(1957,101)简言之,规范性作为一个逻辑问题是首要的。原因预设了因果关系这一范畴。确立一种立足于因果调节的心理学将是一个自相矛盾的计划,因为在它对因果性这一概念本身的使用中已经预设了一种不同的、包含冲突的心理学,一门借由先验的哲学推理而得到显示的,并且唯有通过这一推理才能触及的心理学。在这个作为替代的精神世界中,思想和知觉的对象是通过某些前提——诸如因果性这一构造的观念本身——而被构造出来的。

　　然而,因果世界——或至少是非精神事项的世界——始终在那里,甚至对规范论者而言也是如此,并且与那种通过先验推理而显示出来的世界保持着某种特殊的关系。那些需要解释的事物能够被纳入日常解释之流而不再诉诸一个规范的领域,这一点是否可能? 对此,规范论断言“不能”。因果世界对于解释那种通过先验论证而得以显示的世界——在卡西尔那里即指精神世界和那些象征性关系的秩序——并不是充分的。新康德主义自己发现这种主张存在一个问题。作为其所处时代的康德主义代表,哈特曼(Nikolai Hartmann)对下述事实深感困惑:存在一些与精神领域中的事件相平行的物理事实。哈特曼只能将此视为一个神秘的难题。他断言在物理领域与精神领域之间存在某种非理性的鸿沟。他论证说唯有通过寻求一种普遍的根源才能克服这种断裂。但是,由于通过科学在经验的领域中不可能获得这种根源,因为科学预设了那种精神领域,因此,诚如卡西尔所解释的,它必定存在于那种“先验的领域——而这就暗示着我们不可能在严格的意义上知道它,而只能通过臆测来获得或最好将其当作一个假设”(1957,97)。

　　较之康德或时下的康德主义和塞拉斯主义,这是一个关于先验论证之结果的更加独立的观念。它反映了新康德主义的某种经验:先验哲学并不导向一种暗含在“必然性”这个词中的那些意义明确的结果,而仅仅导向这样一个主张:为了实施确立有效性和提供根据这一必然要务,在先验领域中就必须存在某种事物。后来的规范论者遗忘了这一经验,并且说服自己相信他们能够识别出有关这种或那种事物的真正的先验条件。他们迅速地重构了某种晚近新康德主义的巴别塔,伽达默尔(Gadamer)称之为“新康德主义的瓦解”,并最终导向了海德格尔和卡尔纳普。

哈特曼重构了规范论的核心论证:科学无法解释某些事实,而有关这些事实的唯一解释——以及那种逻辑的、心理的、合理的事实,或关于大量无法否认的事实的那些规范条件,包括科学现象本身——必须要到一个先验领域中去寻求。对于人们在先验论证中会获得什么,卡西尔则显得温和许多。不过,基本的推论是相同的。规范论仍然运用那种有关解释失效的主张。存在一个特殊事实的领域(尽管没有什么东西过分地依赖对"事实"这个词的使用或回避),无法通过科学来解释它,但是我们的一切思考以及科学本身均预设了它的存在。诚如用海德格尔式的措辞所表述的,这种预设的事项"向来已在那里",它是无法消除的,并且也是不可或缺的。"规范的"这个词用以标示那种围绕合理性、意向语言、信念等诸如此类事项的差异,就像那种关于正确性与评估的语言,以及逻辑必然性的观念,它们均被认为是不可还原为科学的,并且无法通过科学而得到说明。

这些论证的变体遍及时下有关规范性的文献。那些基本结构重塑了自身。对布兰顿而言,规范性事实与其他种类的事实之间的关系在于如下一点:"规范的领域包含实际的领域,因此事实仅仅作为某种可要求的内容才是可理解的。"(1997,197)这预设了我在第一章作为题词的那个主张:"规范事实(例如某人忠于某事)仅仅是众多事实中的一类。规范事实的陈述仅可通过规范语汇(比较:物理语汇)而可能。"(Brandom 1997,197n6)对于海德格尔主义者而言,这种构造向来已在那里了。这里的推论很简单:存在规范语言,因而存在规范事实。如果存在一种关于法律规范性(或意义、义务)的语言,那么就必定存在某种符合这种语言的事物,并促使其成为真的或有意义的。

坦白地讲,关于该论证的那种海德格尔式的形式与那种科学的解释相对立,后者乃是一种强夺存在之真理的错误企图。存在是某种通过"向来已在那里"而达至的东西,而非相反。相反,那种深受盎格鲁-美国哲学影响的规范论的版本典型地试图调和科学并且回避

190

那些有关精神世界的特殊存在的主张，但他们同时也反对任何一种将规范事项向非规范事项的"还原"。关于这一论证的那种简明的、争论的形式包含着这样的主张：那些眼下所讨论的事实（或主张）、那些关于我们对别人的理解或关于那些推理联系的事实，不能还原为有关因果规律的那些事实。对于解释这些事物这一问题的解决，在于确立某种科学和思想均一般地建基其上的规范领域——即一个理由的空间。

但是，这些论证究竟真正确立了什么？那里存在一些事实吗？是否存在一个这样的事实，存在一些意义和义务？或者是否仅仅存在这样一个事实，人们彼此理解并且他们拥有关于义务的信念，或者（断定义务乃是一个处于我们文化和时代里的局部观念）我们可以将其解释为关于义务的存在？规范论者将这些问题视作一种怀疑主义，并将怀疑主义本身当作一种自我瓦解的主张。如果我们意味一些事物，提出一些我们期望它们受制于其他论证的推论，等等，那么，按照规范论的想法，我们就已经承认了规范性。回避这一点，或是对其任何的质疑，都只能是一种自相矛盾。

那种消除或忽视"人们理解他人"和"人们通过共享的意义而理解他人"之间差异的过程与此类似，它是如此相似，以至于我们倾向于忽视从意味某物到存在某种作为一个"意义"的事项，或从断言某人应当做某事到断言存在某些"义务"之间的转变。这种转变或许并不被视作过程中的一个步骤。但是在蒯因那里它的确被视为一个步骤，并且存在一个与此相关的哲学传统。在某种意义上，人们保守地对待这一步骤——被视为有关诸如解释我们理解他人这一事实的问题的一种贫乏的回应，但它并不是一种完满的解决思路。它使得那种意味某物的现象以及那种按照促使我们任其自然地对待万物的方式——将我们的日常使用视作关于某物的存在，这种事物仅仅隐藏在我们的日常使用背后并且或多或少与这些使用相一致——来体验某种义务的现象获得了一席之地。

191

　　这一解决思路甚至还提供了一个重要的资源。存在某些真正的意义,这一观念帮助我们解释了某些非常普遍的用法——比如那些涉及正确性的用法、对一个词的正确使用或什么可算作是实现了一项义务。正确性,真正的正确性,存在于某个理想领域中,其中,包含理解上的错误和缺陷的实际行为被加以对比和判定。不过,这一解决只在上面所描述的那种推论的一个方面起作用:那种前提假设的方面。而那种解释的方面则仍然隐而不彰。

　　当我们追问义务和意义之所是时,该解决方案所包含的困境便会一目了然。无论它们是什么,它们都不会是那种均质的干货(mediumsized dry goods),即那种我们通常当作事物之典型的东西。将我们所知的东西称作"事实"同样会面临麻烦:它们不是那种与日常事实相关的事物。也不是科学所理解的那个世界。它们存在于某个下层的世界,如果它们存在的话。而如果存在一个下层世界的话,我们就马上面临一种需要赋予其可理解意义的异质的本体论。但是赋予其意义则将我们抛入更深刻的困境中。

　　我们知道,哲学史向来受到领会这个世界的摆弄——从柏拉图主义及其理念论到黑格尔主义的世界精神、弗雷格的概念以及刘易斯-塞拉斯-布兰顿的推理主义。这里,这一观念——存在一个融贯的领域或空间——受到那个关于解释它的那些企图的特殊多样性这一事实的挑战。然而,所有这些旨在构造这一作为替代的理想世界的企图或多或少包含某种共通的东西。它们涉及那些始于某种事实或毋宁说始于某种描述的回退论证,并且一系列的辩护步骤确立了一个最终的辩护者。

　　那么,这种回退论证究竟将我们带向何处?带向了各种各样的地方,这取决于谁在实施这种回退:它将我们带向了理性,带向了一些只有拥有某种迄今未解的疯狂形式的人才会否认的基本的逻辑法则,带向了维特根斯坦言及"亮出我的底牌"的地方,带向了现象学的确定性,带向了那些构成眼下推论的概念,带向了基础规范,带向了

一类实践(它们在一个由约定和绩评体系所支撑的巨大的隐秘结构
中受制于与他人的关系)。这些答案的十足的多样性造成了其自身
的问题。每一个解释都具有强烈的趋向性,即趋向于这样一个观
念——在我们的思想背后存在一个隐秘的制约结构,后者为思想提
供根据或辩护。但这种关乎辩护终点的巨大的多样性,以及在它们
之间做出决定或缕清其相互衍生关系的困难,表明了并不存在诸如
混沌那样如此之多的隐秘秩序。

　　如果我们认定这些终点仅仅是一个与我们的那些变化多样的隐
秘约定相关的问题,那么我们似乎就放弃了那个我们由以展开的辩
护观念,断言那种关于我们的某个推论的最终根据在于我们对它的
隐秘的承诺,这是毫无意义的陈词。这就是为什么一个隐秘的结构
对于这种分析而言是举足轻重的原因所在。这里,在作为辩护的源
泉的我们和辩护行为本身之间需要某种媒介,否则它根本就不是一
种辩护。但是,意图达到大量隐秘的结构——达到那种隐含在每个
推论或词项背后的结构——这一做法本身就瓦解了这个关于结构的
观念本身。新康德主义以自己的方式发现了这一点,它导致了这样
一个观念:较之那些仅仅作为预设的构造范畴,这些结构要更加深
刻,而这一观念则又导向了胡塞尔和海德格尔,以及弗雷格,当然也
包括时下诸如布兰顿和麦克道威尔这样的规范论者。然而,诚如新
康德主义本身的宿命,这一策略最终将导向大量的死胡同,除非他们
发现了那种深刻的结构。

## 真正的解释

　　还有另外一个问题。在某种程度上,需要某种转换的过程,借
此,一个原本不是辩护的事项成为一个辩护。关于这一点的一个典
型案例就是那种从个体意志向集体意志的转换,后者随即开始制约
那些隶属于该集体的个体。我们可以将这点转译成有关约定的表述

并断言这里没什么可奇怪的,因为约定本身就已经是规范的,或者诚如我们所见,人们可以借此玩出其他的一些花样。但是,那个基本的问题依然不变:某种规范的事项不得不源自某种非规范的事项。对此,一个貌似不错的应对方案是回避这一包含着集体结构问题的问题,因为对于那种集体结构在解释上的必要性,人们可以给出一个看似有理的例证。不过,在某种程度上,我们需要去直面这个问题。

对于规范性困惑的这些所有的解答均忽略了这个关键的问题。无论借助何种方式,我们都必须要在那里获得那种被当作是理所当然的、作为思想之先天条件的东西。但更重要的,那种理所当然并非是一蹴而就的,它从一种无法思想的环境进入到可以思想的个体中,并借助诸如学习这样的解释机制实现了这一点。我们对于产生那种理所当然的这个过程可予以理论化的探究,尽管它并未借以"规律"来确立自己的必然性。而这种社会理论的或社会学的说明在这里并不吃香,其理由在于这些说明并未给任何东西提供根据或辩护。

但是,是否存在某种精神领域或一个理由的空间?心理学和其他相关科学无法解释这些事情,这是一个比看上去要更加直接的问题。在它们的那种争辩模式里,规范论者乐意在因果规律和规范事实之间划出泾渭分明的界线,并且简单地将有关这些规范事实的科学解释斥为在原则上就是不可能的。但是,许多科学解释均显示为某些形式,而非诉诸某种因果规律。在其他一些时刻,为了避免成为非理性主义的反科学者,规范论者做出了一些重要的妥协。其中一个让步就是不太情愿地承认那种"向来已在"并非总是向来已在。诚如我们所见,麦克道威尔不得不承认我们的理性能力乃是某种进化的产物。但是在更为一般的意义上,这一点对于思想的那些条件而言是真的。作为一个隶属于其解释的特定历史的某种产物,这种向来已在就存在于那里。

立足于这一"精神性的"理解方式,规范性就与某种同样被我所重视的东西相冲突:即科学,或至少那种关于世界的科学图景。许多后康德的哲学已经考虑到了这一冲突。这一冲突的那些根源（它们在新康德主义以及新康德主义对此问题的构造中仍然是显而易见的）存在于精神主义和物理主义之间的冲突中，它启发了稍后的后康德主义者，以及德国观念论者。但是，自新康德主义以降，该问题则涉及一个不同的东西，即一种与不断兴起的关于心灵与社会（不管能否科学地予以解释）的科学之间的抗争。然而，那种存在于先验哲学和心理学之间的冲突，以及逻辑学与心理学之间的冲突，仍然是抽象的。那种弗雷格和胡塞尔所考虑的"心理主义"是布伦塔诺意义上的，而非那种实际的心理学学科。

如下这些主张——心理学无法解释某组重要的事实，以及因果解释本身预设了一个因果性的范畴或概念——乃是关于规范性的那些核心问题的一种模板。那种一般性的主张是这样的：存在一些常规的解释无法解释的事物或事实。这些前提假设就存在于这些事物或事实之间，后者居于那组重要的事实中。我们必须要对这些前提假设做出说明。但是这种说明是以某种溢出常规解释界限的特殊方式展开的。这正是伯格豪森在描述那种"貌似既不能消除也不能化约"的"意义特性"，并且主张"或许是时候必须学会承受这一事实"（1989,548）时所意味的东西。规范论是通过下述想法得到规定的：我们必须要承认一种非常规的、某种超出常规解释界限的东西，它符合我们的规范性语言——符合那种语义规范性情形中的"正确性"，后者正是伯格豪森在这一段所考虑的重点。

在此推论中是否存在一条出路，它与我们对规范语言的使用相一致，并使得一门作为规范学说的哲学成为可能？能否不借助规范性来做出规范性讨论？弗里德曼在讨论那种关于科学社会学所提供的科学信念的因果解释时给出了一条出路：那种关于优秀科学或科学真理之特性的哲学主张无需与科学的因果解释相冲突，如果我们将科学哲学的使命归于对某种规范棱镜的创制，通过这种棱镜我们就可以探查那种在日常世界里确定无疑的并且受制于常规解释的活

194

动。立足于这种理解，我们就可以将科学家们的规范信念与其他信念归于同样的解释之流——无论是解释者还是被解释者。这些规范信念并不具有一种特殊的、别样的地位。

规范论者肯定会反对这种解决思路，他们会声称这种解释根本就是不可能的，因为常规的解释预设了某种规范的事项——因果性范畴本身，以及那些解释主张所依赖的那些解释标准。因此，这就貌似退回到了同样的问题。但这里似乎存在一种对规范论者的回应：那种假定的标准本身受制于常规的解释，并且它们并非是什么反常的东西。关于科学的整个常规解释声称出于自身的考虑，从而将科学的信念纳入常规解释之流。后者包含那些有关好的解释的标准。对于这些标准的常规解释本身就是融贯一致的。这些常规标准是否是正确的标准，毫无疑问，这是一个规范问题。不过有人也许会这样回应：它是一个属于如下这类人的问题，他们是一些在创制某种规范棱镜的人，一些科学哲学家，而不是一个有关解释本身的问题。

195 　　信念和假设向常规解释开放，这一观念并未得到早期后康德主义者们的关注。在哈特曼的时代，的确存在某种威胁，但它是可以被忽视的。他所关心的那种"科学"是一种精神物理学。足够明显的一点是，精神（Geist）并不是一种可通过韦伯-费希纳定律（Weber-Fechner law）来解释的东西。但是，随着社会科学的兴起，即那种社会科学（Geisteswissenschaften），事情开始起了变化。随着韦伯及其继承者（比如曼海姆）的社会学进路的蓬勃发展，包括涂尔干主义的兴起——他们通过着眼于宗教和原始宗教，将道德的根源解释为一种在其中上帝被社会（一种原始群体实际上依赖的先验实体）所替代的错误信念，从而将道德的原则社会化——社会科学和历史变成了一种有意义的替代者。

在某种关键的意义上，这是一种不同的竞争。它无关乎某种精神领域的实在性，也无关乎诸如因果律在原则上能否在任何时候都能解释某些现象——比如必然性或意识——这种抽象的问题。它关

乎描述的那些细微差别。规范论者必定主张——事实上的确给出了
这种主张——社会科学的解释者们所使用的那些描述是有缺陷的。
但是,这一有关描述的问题显得有些奇怪。这种缺陷并不是说那些
被加以描述的东西包含某种不足,或者并非是存在某些逃离了科学
客观性认识的事物,或者并非是说规范的使用者在学习和掌握那些
规范的过程中所获得的东西存在某种不足。它是某种存在于规范的
那种特定的规范性成分——即那种赋予其约束力并因此使其成为一
个真正规范的东西——中的不足。

通过凯尔森,我们首次以这种形式来看待这个问题。他出色地
意识到,对于法律以及法律史的解释无需涉及那个规范主张,即法律
实际上是约束性的,的确如此;而诚如韦伯指出的,有关合法性以及
适应法律秩序的基础在于信念、习惯、趣味的多样性,以及依照便利
行事的前意识选择,还有惩罚所具有的那种可靠的震慑,而非任何一
种强迫人们遵从其命令的集体强力。不过,他认为,法律权力的真实
世界并不解释特定的法律:真正的合法律性本身是规范的。

这些建设性的观点或假设是规范的,这一观念又纳入了早先的
那些冲突。这一不同的来源涉及一个关乎我曾称之为局部规范性的
问题。那些逻辑法则,以及现象学所关切的那些意识结构均被当作
是普遍的。但是也存在一些其他的法则,它们同样具有约束力,规定
了义务,并且的确是诸如"规则"这些概念的一个范型:那些处于法典
中的被法庭所执行的法律。这些法律多种多样——不同的国家或法
律体系拥有不同的法律,不同的文化拥有不同的义务和实践,不同的
语言拥有不同的意义。局部的约束性将规范论置于一个与有关法
律、宗教信仰、规范以及文化和意义的人类学的和社会学的说明直接
对立的地步。

对于局部的规范性而言,哈特曼的下述观点具有某种讽刺意味
的预言性:心理和精神的一般根源需要通过先验论证来寻求。无论
是社会科学的主脉,还是时下规范论的那些哲学先驱,均诉诸同样的

196

来源：即那种集体心理结构的观念。这一观念的许多变体——源于那种共享的世界观（Weltanschauungen）、思想共同体（Denkgemein-schaften）、集体意识（Consciences Collectif）、核心价值体系以及所有范式路径——都或多或少作为一个来源而发挥着作用。社会科学与时下那种以塞拉斯为渊薮的规范论之间的区别在于两种不同的目标。社会科学并未将自身视作是普遍规范的；规范论则亟须回避集体心灵的观念所具有的那种形而上学的内涵。

二者不可能保持完全的分离。集体结构的观念必定包含某种实际的实质内容——甚至对规范论而言也是如此。如果没有这种联系，那么规范论就会在弗里德曼的解决方案中彻底破产了，即规范性只能通过那种规范棱镜才能得以显示，而非通过那种被使用的解释性棱镜。对塞拉斯而言，这便是集体意向性的观念。对于温奇而言，它就是那种借由（隐秘的）规则而获得理解的概念通过彼此联结的"占有"所构建起来的社会。对布兰顿而言，它是集体的相互作用。这些解释将规范性与实际的社会世界关联起来，不过这是一种抽象的操作。但是，总的来说，它们也可算作是一个替代的实质的社会理论。

# 循环以及那种通过规范论而得到解释的附加事实

通过哈特曼，这一问题看起来很简单：一门包含某种精神物理学的有限机能的科学能够解释精神吗？答案很明显是否定的，而其解决的思路在于承认精神乃是一种只能通过先验哲学才能触及的不可还原的神秘之物，而且，由于精神物理学从未试图去解释精神和韦伯—费希纳定律，先验哲学就不得不担负起解释二者的重担——或者至少为精神世界和物理与精神物理的世界提供一个共同的基础。然而，借助凯尔森和韦伯之手，这个问题被颠倒了。有关那种无法通过社会学或历史科学加以说明的法律的唯一事实即是法律有效性这一"事实"。但是,在凯尔森的时代,这一"事实"业已处于这样一种批评之下,即哈格施托姆斥之为一种迷信思想。哈格施托姆是斯堪的纳维亚法律实在论的创始人,他正试图摆脱新康德主义的束缚[Hägerström(1929)1964]。因此,社会科学的解释所遗留下来的并非是某种不可否认的、毫无争议的东西,而是某种在解释中似乎无足轻重的东西、某种依赖于诸如"有效的"这类关于法律的优先描述的东西、某种仅仅重述关于法律科学的那些独断假设的东西。规范性的辩护者即是关于那种被视为一则法律神话的东西的辩护者。

因此,对于规范论者而言,描述就显得异常重要,并且至少就眼下这一核心背景而言,关于规范论的论证浓缩为一个关于在描述所把握的法律之根本特性的主张,这些描述包含那种有别于"相信"法律有效性这一观念的真正的法律有效性的观念,并且还包含这样的主张,即以这种正确的或完全充分的方式加以描述的法律不能被解释为隶属于常规解释之流,而是要求一种先验推论,一种回退,后者导向一个规范的坚实的事实,而这一事实本身则溢出了那种常规的解释之流。

如下这一论证是规范论的一个标准样板:那种优选的描述保证了某种优选的解释,而后者则又反过来确保了这种优选的描述把握了真正的事物。我们由此进入了一个僵局。对于社会科学所提供的那种描述,规范论者可以斥之为是"改变了主题",因此它根本就算不上一个真正的对手。这样做对那种先验论证的把戏花样显得至关重要。如果存在某种可能的非先验的替代性解释,那么就没有任何一个先验解释是那种被解释者之可能性的必要的因而是普遍的条件。因此,保证那种优选描述是任何规范论论证的关键所在。而这种做法会导致循环论证这一情况就可以得到消除——循环可以被承认为是这些论证的一个必然特征,甚至在诸如自身平衡这样的名义下,它还是让人欢欣的。

# 相对主义与合理性

　　诚如社会科学家以及公众在很大程度上所知晓的,这些论证的问题在于,人类的实践、信念、习惯、道德标准与定义、何为正确的观念等是相当多样化的。那种反身意义上的自主肯定和自我确立向所有不同的世界观开放。1892—1893 年的哥伦比亚世界博览会上所举办的万国宗教会议很好地表明了这一点。诸如斯瓦米·韦委卡南达(Swami Vivekananda)这样的发言人取得了巨大的成功,他使得印度教不再只是被当作一种可悲的迷信,而是被视为某种更具意义的能给西方带来教益的替代者。他说:"宗派主义、盲从,及其带来的可怕的狂热主义,长久地裹挟着这颗美丽的星球。它们在地球上灌注了暴力,使之浸透着人类的鲜血,摧毁了文明,并且使整个国家濒临崩溃。倘若没有这些可怕的魔鬼,人类社会将会比现在先进得多。"(1893)基督教代表通过主张其他宗教都是健康良好的来回应这些成就,但认为基督教仍然是最好的,因为只有基督教通过耶稣基督而给人以救赎。

　　这里包含的教益无需赘言。每一个传统都拥有自己的资源用以解释为什么自己的立场是对的,而所有其他的立场都是错的、低级的、存在缺陷,等等。而这些不同文化、不同宗教,以及不同道德标准的存在向我们自身的确定性提出了挑战。比如,如果我们相信某种特定的性别结合或联姻是"正常的",我们就很快会发现存在很多的替代项,每一种较之其他都存在自己的优势。那些显然并非没有道理的替代项的存在为先验辩护提出了一个问题——它们不能被当作是某种事物的(它自身就是必需的)必要的前提条件,因为那些辩护的操作本身并非是必需的。就像基督徒在万国宗教会议上的那种回应,它们被还原为这样的一些循环,即只有它们自己的立场才能为它们的立场提供辩护。

　　慈悲的斯瓦米确立了印度教是一个可理解的替代项。它是一种不同的信仰,并且因此其结论也不同,依据不同于《圣经》的文献,等等;但是这些差异可以以某种多少有点常规的方式加以讨论,将其视作在某种高度不确定的背景下信仰之间的差异,在此背景中,那些信仰的差异本身是可理解的。基督徒们在那种回应中所做的只不过是宣扬他们自己的那种为其优越性提供辩护的宗教理论:一种空泛的自我恭维。但是,其他一些更为理性的人则会看到那种替代项的确拥有某种可取之处,而他们自己的那些与那种替代项相冲突的观点所存在问题是可以澄清的。基督教神学家们则深陷这样一种诱惑:断言他们自己的观点具有全球性的优越性。在此语境中,显而易见,这为什么是一种循环和丧失理性——并且也可以看到"反思"所能提供的帮助是何其有限。为什么下述这种类似的企图——认为人们可以诉诸理性的律令,它同样源于自我反思,并在面对同样符合相关数据的替代项时,为其自己的伦理的、科学的、哲学的观点提供根据——不是同样荒谬的?

199

　　其中一个理由在于:我在可理解性与合理性之间所做的那种区分通常可以通过这样的方式加以克服,亦即将任何可理解的但是错误的原则当作非理性的而非简单地斥之为一种谬误。关于此,一个简单的例子就是伯纳德·威廉姆斯对纳粹主义和平等主义所采取的态度。在威廉姆斯看来,纳粹的罪恶在于这样的一个矛盾:他们声称反对平等,但是他们的论证则表明了他们承认平等是一种道德原则,但是却拒绝将其运用于那些受压迫的群体。因此,那种原则是普遍理性的,而纳粹则是非理性的。他们未能遵从理性的律令来行事,后者规定了这项原则。不过,这导致了这样的结论:纳粹在某种神秘的意义上是非理性的,而他们的那些原则是不可理解的。但是,纳粹的那些原则的确是可理解的,尽管它们是虚假的,并且令人厌恶。为了使其变得可理解,我们识别出他们的那些种族理论的谬误所在,借助这些理论,他们为那些自己所承认的例外原则提供辩护。就此而言,没有什么是和他们的观点相冲突的。理性的律令对此无法提供帮助。为了将纳粹谴责为是非理性的,我们就必须要默认这样的一种主张:他们关于被其压迫者的劣等性这一实质的信念同样也是非理性的。这或许是真的,但这关乎一个需要通过以他们达至这些虚假理论的方式来显示其谬误所在才得以可能的情形。

规范论者试图运用这一结论来断言"这里又是一种语词的谬误——一个规范词项"。并且旨在得出这样的结论:"最终,它回归到了合理性的普遍原则。"毕竟,对于那些作为信念基础的推论所做的评判是一种关于合理性的判断。但是,我们最终将通往何处? 假设我们最终获得了一些不同的推论,每一个都是可理解的,并且每一个均导向不同的实质信念,又该如何是好? 这就是那个有关基督徒们回应斯瓦米的情形。对他们来说,来自《圣经》的允诺就是一个足够充分的推论根基。而且,这一点是可理解的。我们可以给出大量的好的理由来拒绝对作为一个普遍的推理方式的《圣经》的依赖。不过,在正常的信仰和推论的世界里这些就是基石——在此世界中,包含某些可理解的反对意见,并且在很多情形中我们通过一些新的事实,通过以某种方式对思考和推论的那些具有优势的结果予以例示,等等诸如此类,从而使其得以安置。的确,斯瓦米自己就做了一些吸收。在西方,自然科学可以克服这种对《圣经》的依赖,但是它并未通过加在某种更合理的东西之上的普遍规整来做到这一点。

使得这一"理性律令"的模型具有诱惑力的是这样一个事实:存在这样的可能,我们貌似并不拥有那种可理解的替代项。这似乎暗示了至少存在某种普遍的合理性原则。如果这些可被用于判断,那么我们就可以希望为我们自己的那些一般观点提供根据——关于伦理、科学、政治,等等——就像那些唯一符合这些普遍原则的观念。戴维森表明了我们所能表达的每一个观点都是虚构的,而我们所能理解的每一个观点的确向来已经是合理的。这意味着,将某个原则"判定"为非理性的,即是表明它是不可理解的,并因此即是判定它根本就不是一个原则或一个句子。面对这一点,前面所刻画的那种策略归于破产：不存在这样的情形，在其中我们可以断言"接下来的这个观点是可理解的，但是当它被置于理性法庭的面前时，它必须被判定为是非理性的。"为了一开始就达至这一法庭，它们必须是可理解的，并因此是合理的。

# 终　点

然而，下述观念看上去是正确的：存在某个辩护的终点，并且这关乎合理性、正确性或者理解。而且在这里，这一观念——该终点凭借诸如理解、数学的正确性以及合理性成为一个隐秘的结构——开始具有了一定的道理。而有问题的则是那些用来构想这些隐秘结构的方式。

可通过下述方式来重述这个问题。关于这些事项存在某种需要解释的东西，而诉诸那些最基本的解释项并不能简单地或明了地解释它，比如因果输入或通过反馈的学习。这一问题类似于康德对休谟的回应。对它的那种极端的（康德式的）解决就是把那种解释项从日常解释之流中解放出来，将它从这样的一种义务中解放出来——为那种处于日常解释之流中的需要解释的东西赋予意义。基本的解决方案在于断言存在某种先天的要素，后者使得我们能够解释想要解释的东西，要么是直接地加以解释，要么与那种隶属于日常解释之流的东西结成联盟，比如那种通过回馈而被要求的习俗。但是，这种对日常解释界限的突破变成了一种循环论证的欢欣，并且要求虚构一种理论化的实体，其作用在于为那种错失了的、未加以解释的要素提供说明，即那种"规范的"，一个意义含糊并且极其消极的词。该范畴包含哈特曼的精神，但那是在一种更加狭隘的意义上而言的，亦即局限于那种借助其语言功能而得到解释的"概念内容"。这多少关联于那些隶属人类相互作用的部分，后者被当作是某种遗留下来的、未得到解释的东西。

对于要解释的那些规范事项的描述在此想法中变得异常重要，

201

因为它为解释提供了唯一真实的限制:先验的"解决"可以在摆脱与任何处于日常解释之流中的事物的关系的情况下产生,并且它们的确就是这样产生的。这些解决方案涵盖了从那种固定不变的关于理性律令的主张到大卫·刘易斯的这一观点——前提假设总是在产生,无论我们何时需要它们。这些是未被任何诸如有关学习的心理学机制这样的"自然的"事项所束缚的东西,虽然在面对良知之时人们也许会承认,就像麦克道威尔那样,应当存在某种不断发展的解释,后者将良知部分地拉回到日常解释之流,但是同时也承认了被解释者的那种特殊的、虚构的、规范的特性。这些良知的苦闷反映了哈特曼所认识的那个真理:存在一些日常过程,它们伴随着一切我们在此称之为"规范的"那些事物。因此,解释充分性的问题从未得到消解。存在一些对立的解释,而它们实际上是否不够充分的问题被再次提出。要与这些竞争的对手相抗衡,我们就要通过坚持那些排除了常规解释的规范描述来重述那种虚构的、特殊的规范特性。

规范论者承认,这种方式的规范理解存在某种神秘性。他们可以敦促我们只需要去学会适应忍受这种神秘性。另一种方案则是找出一种方法,它既可以保存那种特殊的规范性,同时又能剔除掉那种神秘性。这些意图趋于制造某些新的神话,比如诉诸集体意向这样的事项,后者乃是某种处于日常解释之流之外但同时又模仿日常解释之特性的理论对象。通过诉诸"实践"来将其作为规范的基础,这可以被理解为是通过去除其神秘性而保存规范性的另一种企图。哈贝马斯通过赞同下述这一观念来解读布兰顿。规范的事项"暗含于实践中";并且他附加了这样一个想法:"一些观念通过那种理想化的前提假设而进入社会现实性中,这些前提天生处于日常实践中,并且不声不响地获得了那种坚实的社会事实的品质。"(2006,413)这导致了他所谓的那种"去先验化了的理性,那种被纳入社会实践的规范内涵"(2006,423)。这种二元结构在下述这些构想中仍然存在:存在人们的所作所为,存在某种隐秘的规范结构,在此情形中它暗含在某种其他的结构里，亦即那些实践的结构。实践本身就是社会理论的对象，并且或多或少是自然的。但是在那种去先验化的进程中的每一步都将此理论密切地关联于日常解释。

基于解释的立场，对于这些二元结构存在一种标准的回应。韦伯着眼于中世纪的世界观这一观念，从而提出了他的构想。这是一种理想化，仅仅被错误地视为是真的或增加了任何解释性的东西。在关于中世纪的人们实际上思考或信仰什么，以及如何思考和信仰的那些事实中我们可以发现这种解释。一个中世纪的世界观这一观念就是对这些事实的一种理想化——一种对历史目的有用的虚构，而当人们忘记了它是一种虚构时它就会成为一个问题。当戴维森否认存在我们通常所设想的那种作为一种语言的事项时，他表达了类似的要点。存在某种人们加以言说和理解的东西——我们将其理想化为一种"语言"。这是一个有用的虚构，但它仍然是一种虚构。① 规范论者对此会回应说，如果不诉诸那种隐秘的结构，那么就会存在某些无法解释的东西。

但是，那种残留下来的未解释的东西究竟是什么？是否存在某些有用的方式来对这些未解释的残留物给出说明，至少是在其实际发生的层面上存在的那些事物，包括人们关于诸如正确性这类事项实际所信仰的、所说的、所做的，而未诉诸某种隐秘的结构？回到那种无法否认的事实：它们真的是无法否认的吗？或者，它们是否是一些以某种偏向于"规范的"方式被加以刻画的事实，这种方式并未像

--------

① 同样的关于二元结构的问题产生于有关实践的那种自然主义的社会理论中。通过这一理论的集体版本，它假定存在这样一些在某种意义上"外在的"实践，而个体需要掌握它们，吸纳它们或是相反去下载它们，由此，它们就在个体中内在地得到了重构，在那里，它们可以引导行动、信念、情感等。关于这种解释的不可能性构成了我其他一些著作的主题，尤其是《实践社会理论》(*The Social Theory of Practices*, 1994)，以及在许多地方已经以不同方式提起过的一些著作，包括《大脑、实践与相对主义》(*Brains/Practices/Relativism*, 2002)，它包含关于规范论的其他方面的一些讨论。在其中的一章里，以及在《实践相对主义》("Practice Relativism", 2007b)一文中，我讨论了与相对主义有关的问题。

经验的完整性和具体性那样添加任何东西，而仅仅是加入了那种呈现为不可化约的和不可消除的特性？对于诸如法律有效性这样的事项而言，答案是明确的："真正的"有效性并不是该法律与生固有的，而需要加以解释的关于信念、行为，甚至法律活动之意义的所有事项均可以借助参与者对这些事项的信念而做出说明，并且那种实际发挥作用的正确性和法律有效性的观念能够从那些繁琐的实际决策和行动（它们的施行有赖于关于有效性和正确性的信念）中抽象出来。韦伯对那些评估过去法律决策的法律史学家们给予了这样的看法：关于有效性（它可以被强加于过去或从过去的法律材料中构造出来）的那种社会学的理解和规范理论的辩护是两种不同的努力。对于真正的法律有效性而言，不存在那些"不可否认的事实"，无论在早期凯尔森那里多么频繁地提及它们的存在。最终说来存在这样的事实，这一观念是一个（问题重重）的规范理论，一种法律实践的参与者也有可能会秉持的理论，不过，较之一个信徒所坚持的那些神学理论，它并不具有更重要的或不同寻常的地位。在这些情形中，我们可以暂时悬置我们对这些理论的支持而仍然能够理解到底是怎么一回事——尽管在神学的情形中，与法律情形一样，将会有这样一些人，他们坚称只有真正的信仰者才能获得那种完满的理解。

那种貌似有别于合理性、推论、意义等诸如此类事项的东西，就在于这一选择（旨在获得一种无需支持就可达至的理解）是向我们遮蔽起来的。理解基本的算术就是看到它是真的或正确的。意义同样如此。理解一个词或一个句子就是获得一种赞成，就像奥克肖特（Oakeshott）所说的那样。而这似乎就要求那种规范论者所依赖的隐秘的规范结构。因为对于规范论者而言，不存在那种在《爱丽丝漫游奇境记》里傻蛋给出的那种选项：

　　——"我每用一个词"，傻蛋略带傲慢地说："它不多不少，就是我需要的意思。"

　　——"问题是"，爱丽丝说："你能否让语词意指如此多的不同的东西。"

　　——"问题是",傻蛋说:"哪一个是主要的——这就够了。"
(L. Carroll 1872,72)

　　我可以赋予语词我所需要的那种意思。但是交流或劝说的过程则要求更多。它要求语词能被别人所理解。而这一点对推论、理由等同样有效。但是,理解我所意味的就是理解我试图要说的。这是否要求退回到那种我们同样赞成的意义的隐秘结构?不。如果你理解我试图所说的东西,你就理解了我的意思。而对于这种理解的说明可通过某些更直接、更简单的方式,而无需借助于那种隐秘的规范结构、隐藏在实践中的那些规范,等等。

　　在理解别人思想的意义上,移情作用解释了必须要加以解释的东西。作为讨论的一个补充,移情是重要的,因为它超越了那种关于学习的传统休谟式的输入和手段。就我们拥有(并且实际上运用于日常的相互作用)某种原初的领会别人思想的能力而言——"原初"意味着我们可以领会别人的思想而不必构造某种理论或诉诸某些前提——我们拥有一个对那种先天内容(康德认为这正是休谟所缺乏的)的替代者,一个不包含先验哲学之神秘性的替代者。这是一个多大程度上的替代者?那种需要解释的东西,其内容并未得到明确的指定,虽然它依赖于对那些关于不可化约性和不可消除性的主张所给予的那些论证。这种不可化约的和不可消除的东西是这样一些事实,它们通过一些有问题的方式而得到刻画,并且可以被重新描述而不丧失其经验的内容。关于移情以及类似移情能力的解释性关联是广泛的:老师在教授基础算术时希望孩子能够获得的那种理解,以及赋予别人的谈话和行动以意义(这似乎是刘易斯在讨论那种无论何时需要都会产生的前提假设时所想的东西),这二者都是借助这些能力创造心理学意义的例子。

　　诚如我们所见,数学推理拥有不同的特性:理解就是赞同。这点能否以某种方式得到说明?为了回答这个问题,我们就需要返回到

204

那个明见性变成争论的一个主题的时刻。回退不得不终止于某处。辩护要求辩护的终点是某种辩护者和被辩护者都予以认可的东西。辩护终结于被当作是明见的东西那里。那里并没有抛弃明见性——亦即在那里理解获得了认可。在 20 世纪末,受到质疑的乃是这种明见性的本性。由于笛卡尔,传统学说主张自明性整个地是个体性的,并且可以去质疑世界以及他人的存在、他们的具心性(mindedness),等等诸如此类的事项,它们同样是非自明的。但是,自明性是主观的。布伦塔诺的同时代人选择那种清除了主观性的理论,他们诉诸某种客观的事物来解释诸如数学这类事项的明证特性,从而意图实现这一点,那种客观事物保证了明见性的意义但同时它自身又是客观的,它即是某种隐秘结构。

205　　　布伦塔诺的策略在于恢复这种明见性。而他的批评者,比如石里克(Schlick),则消除了明见性,因为它仅仅是一种“感觉”。这也正是“Einfühlung”这个词的字面意义,该词被翻译为“移情”——它是一种通感。根据某种传统的解释,感觉是主观的。类似地,自明性也是一个主观事实——一种对我而言的自明性。但是,通过将明见性定义为对每个人而言都是自明的,布伦塔诺为那种理解等同于赞成的情形提供了一种解释思路。理解就是别人所获得的那种理解:对于有意义的事实,以及基础数学或一个证明中的明确步骤而言,这就是终点。在此,回退无法再更进一步。但这里并不需要任何关于明见性的那种借助隐秘结构的解释。移情所做的解释工作即是布伦塔诺的那些对手借由隐秘的前提假设所要做的。关于移情致力于某种普遍明见性的理由在于其背后存在一个自然的过程:无论是那种实际运用的效仿能力或对别人思想的领会,还是那种产生于实际社会作用的反馈。这些均是社会理论的(也是神经科学的)事实。这种社会理论并不涉及集体事实,比如实践、集体意向或者集体反应,就像在布兰顿和哈贝马斯那里那样。但是,它有力地对“理性”进行了去先验化的操作。

# 参考文献

[1] Anscombe, G. E. M. [(1976) 1981]. The question of linguistic idealism. In *Collected Philosophical Papers: From Parmenides to Wittgenstein* (pp. 112-133). Oxford: Blackwell Publishing.

[2] Austin, J. L. (1962). *How to Do Things with Words*. Cambridge, Mass.: Harvard University Press.

[3] Bennett, M. R., and Hacker, P. M. S. (2008). *History of Cognitive Neuroscience*. Malden, Mass.: Wiley-Blackwell.

[4] Bergson, H. (1935). *The Two Sources of Morality and Religion*. (R. Ashley Audra and C. Brereton, trans., with W. H. Carter). New York: H. Holt & Co.

[5] Blake, R., and Shiffrar, M. (2007). Perception of human motion. *Annual Review of Psychology* 58, 47-73.

[6] Bloor, D. [(1976) 1991]. *Knowledge and Social Imagery*. 2nd edn. Chicago: The University of Chicago Press.

[7] Bloor, D. (1981). The strengths of the strong programme in

the sociology of knowledge. *Philosophy of the Social Sciences* 11,199-213.

[8] Bloor, D. (1996). The question of linguistic idealism revisited. In H. D. Sluga and D. G. Stern(eds. ). *The Cambridge Companion to Wittgenstein* (pp. 354-382). Cambridge: Cambridge University Press.

[9] Bobbio, N. (1981). Max Weber e Hans Kelsen. *Sociologia del Diritto* 8 (1),135-154.

[10] Boghossian, P. A. (1989). The rule-following considerations. *Mind* 98 (392),507-549.

[11] Bosman, W. [(1704) 1967]. *A New and Accurate Description of the Coast of Guinea: Divided into the Gold, the Slave, and the Ivory Coasts.* New York:Barnes & Noble.

[12] Bouglé, C. (1926). *The Evolution of Values: Studies in Sociology with Special Applications to Teaching* ( H. S. Sellars, trans. ). New York: Henry Holt.

[13] Boyd, R. , and Richerson, P. J. (1985). *Culture and the Evolutionary Process.* Chicago: The University of Chicago Press.

[14] Brandom, R. (1979). Freedom and constraint by norms. *American Philosophical Quarterly* 16 (3), 187-196.

[15] Brandom, R. (1994). *Making It Explicit: Reasoning, Representing & Discursive Commitment.* Cambridge, Mass. : Harvard University Press.

[16] Brandom, R. (1997). Replies. *Philosophy and Phenomenological Research* 57(1), 189-204.

[17] Brentano, F. [(1930) 1966]. *The True and the Evident* (ed. O. Kraus; R. M. Chisholm, I. Politzer, and K. R. Fischer,

trans. ). London: Routledge & Kegan Paul.

[18] Brown, J. R. (2001). *Who Rules in Science: An Opinionated Guide to the Wars*. Cambridge, Mass. : Harvard University Press.

[19] Bruun, H. H. (2007). *Science, Values and Politics in Max Weber's Methodology*. Ashgate Publishing.

[20] Calvin, J. [(1536) 1960]. *Institutes of the Christian Religion* (ed. J. T. McNeill; F. L. Battles, trans. ). Philadelphia: Westminster Press.

[21] Calvo-Merino, B. , Grèzes, J. , Glaser, D. E. , Passingham, R. E. , and Haggard, P. (2006). Seeing or doing? Influence of visual and motor familiarity in action observation. *Current Biology* 16, 1905-1910.

[22] Carrithers, M. , Collins, S. , and Lukes, S. (1985). *The Category of the Person*. Cambridge: Cambridge University Press.

[23] Cassidy, J. (2008). Economics: which way for Obama? (Review of *Nudge: Improving Decisions About Health, Wealth, and Happiness* by R. H. Thaler and C. R. Sunstein, Yale University Press). *New York Review of Books* 55 (no. 10; June 12), 32.

[24] Cassirer, E. (1970). *The Philosophy of Symbolic Forms. Volume 3: The Phenomenology of Knowledge* (R. Manheim, trans. ). New Haven, Conn. : Yale University Press.

[25] Cassirer, E. (1996). *The Philosophy of Symbolic Forms. Volume 4: The Metaphysics of Symbolic Forms* (eds. J. M. Krois and D. P. Verene; J. M. Krois, trans. ). New Haven, Conn. : Yale University Press.

[26] Cassirer,E. (2000). *The Logic of the Cultural Sciences* (S. G. Loftus, trans. ). New Haven, Conn. : Yale University Press.

[27] Child, W. (2002). Reply to Alvin I. Goldman. In Dokic, J. , and Proust, J. (eds. ). *Simulation and Knowledge of Action* (pp. 21-31). Amsterdam: John Benjamins Publishing Company.

[28] Collingwood, R. G. (1939). *An Autobiography*. Oxford: Oxford University Press.

[29] Cooley,C. H. (1902). *Human Nature and the Social Order*. New York: Scribner's.

[30] Cross,E. S. , Antonia f. de C. H. , and Grafton, S. (2006). Building a motor simulation de novo: observation of dance by dancers. *NeuroImage* 31, 1257-1267.

[31] Cummins,D. (2005) Dominance, status, and social hierarchies. In Buss,D. M. (ed. ). *The Handbook of Evolutionary Psychology* (pp. 676-695). Hoboken,N. J. : John Wiley and Sons.

[32] Davidson,D. [(1970) 1980]. Mental events. In *Essays on Actions and Events* (pp. 207-227). Oxford: Clarendon Press.

[33] Davidson,D. [(1972) 2005]. The third man. In *Truth, Language, and History* (pp. 159-166). Oxford: Oxford University Press.

[34] Davidson,D. [(1973-1974) 1984]. On the very idea of a conceptual scheme. In *Inquiries into Truth and Interpretation* (pp. 183-198). Oxford: Clarendon Press.

[35] Davidson,D. [(1976) 1980]. Hempel on explaining action. In *Essays on Actions and Events* (pp. 261-276). Oxford: Oxford University Press.

[36] Davidson,D. (1985). A new basis for decision theory. *Theory and Decision* 18,87-98.

[37] Davidson,D. [(1986) 2005]. A nice derangement of epitaphs. In E. LePore (ed.). *Truth and Interpretation: Perspectives on the Philosophy of Donald Davidson* (pp. 89-108). Cambridge: Basil Blackwell.

[38] Davidson,D. [(1994) 2005]. The social aspect of language. In *Truth, Language, and History* (pp. 109-126). Oxford: Oxford University Press.

[39] Davidson,D. (1999). Reply to Pascal Engel. In L. Hahn (ed.). *The Philosophy of Donald Davidson* (pp. 460-463). Chicago: Open Court Press.

[40] Davidson,D. (2004) Representation and interpretation. In *Problems of Rationality* (pp. 87-100). Oxford: Clarendon Press.

[41] De Vries, W. (2005). *Wilfrid Sellars*. Chesham, Bucks, UK: Acumen Publishing.

[42] Dodds,E. R. (1951). *The Greeks and the Irrational*. Berkeley: University of California Press.

[43] Dumont, L. [(1966) 1970]. *Homo Hierarchicus: An Essay on the Caste System* (M. Sainsbury, trans.). Chicago: The University of Chicago Press.

[44] Dumont, L. (1994). *German Ideology: From France to Germany and Back*. Chicago: The University of Chicago Press.

[45] Durkheim,É. [(1893) 1933]. *The Division of Labor in Society* (G. Simpson,trans.). New York: Free Press.

[46] Durkheim,É. (1920). Introduction à la morale. *Revue philosophique* 89, 79-97.

[47] Ellwood,C. (1899a). I. Prologomena to social psychology: The need of the study of social psychology. *American Journal of Sociology* 4 (5), 656-665.

[48] Ellwood,C. (1899b). II. Prologomena to social psychology: The fundamental fact in social psychology. *American Journal of Sociology* 5 (1), 807-822.

[49] Ellwood,C. (1899c). III. Prologomena to social psychology: The nature and task of social psychology. *American Journal of Sociology* 5 (2), 98-109.

[50] Ellwood,C. (1899d). IV. Prologomena to social psychology: The concept of social mind. *American Journal of Sociology* 5 (2), 220-227.

[51] Ellwood,C. A. (1901). The theory of imitation in social psychology. *American Journal of Sociology* 6, 721-741.

[52] Emmet,D. (1986). Foreword. In B. Hallen and S. J. Olubi (eds.). *Knowledge, Belief and Witchcraft: Analytic Experiments in African Philosophy* (pp. 1-4). London: Ethnographica. Evans-Pritchard,E. P. (1937). *Witchcraft, Oracles and Magic Among the Azande.* Oxford: Oxford University Press.

[53] Fehr,E., and Fischbacher, U. (2004). Social norms and human cooperation. *TRENDS in Cognitive Science* 8 (4), 185-190.

[54] Fingarette, H. (1972). *Confucius: The Secular as Sacred.* New York: Harper & Row.

[55] Finnis, J. (1980). *Natural Law and Natural Rights.* Oxford: Oxford University Press.

[56] Freyer, H. (1998). *Theory of Objective Mind: An Introduc-*

*tion to the Philosophy of Culture* (S. Grosby, trans.). Athens: Ohio University Press.

[57] Friedman, M. (1998). On the sociology of scientific knowledge and its philosophical agenda. *Studies in the History and Philosophy of Science* 29 (2), 239-271.

[58] Friedman, M. (1999). *Reconsidering Logical Positivism.* Cambridge: Cambridge University Press.

[59] Friedman, M. (2000). *A Parting of the Ways: Carnap, Cassirer, and Heidegger.* Chicago: Open Court Publishing Company.

[60] Garfinkel, H. (1991). Respecification: evidence for locally produced, naturally accountable phenomena of order, logic, reason, meaning, method, etc. in and as of the essential haecceity of immortal ordinary society (I)—an announcement of studies. In G. Button (ed.). *Ethnomethodology and the Human Sciences* (pp. 10-20). London: Routledge.

[61] Gawande, A. (2008). The itch: Its mysterious power may be a clue to a new theory about brains and bodies. *The New Yorker*, June 30, 2008. Accessed January 27, 2009. http://www.newyorker.com/reporting/2008/06/30/080630fa_fact_gawande.

[62] Gennap, A. van. (1960). *The Rites of Passage.* Chicago: The University of Chicago Press.

[63] Gewirth, A. (1978). *Reason and Morality.* Chicago: The University of Chicago Press.

[64] Gierke, O. von. [(1880) 1939]. *The Development of Political Theory* (B. Freyd, trans.). New York: W. W. Norton & Company.

[65] Gilbert, M. (1989). *On Social Facts*. London & New York: Routledge.

[66] Gilbert, M. (1990). Walking together: A paradigmatic social phenomenon. *Midwest Studies in Philosophy* 6, 1-14.

[67] Gilbert, M. (1996). *Living Together: Rationality, Sociality, and Obligation*. Lanham, Mass. : Rowman and Littlefield Publishers.

[68] Gopnik, A. (2008). Babies and the sticky mitten test: How babies of only three months can learn to have a theory of mind. *Times Literary Supplement*, September 3. http://entertainment. timesonline. co. uk/tol/arts_and_entertain-ment/the_tls/article4666842. ece. Accessed January 27, 2009.

[69] Guttman,B. (1926). *Das Recht der Chagga*. Munich:Beck.

[70] Habermas, J. [(1981) 1984-1987]. *The Theory of Communicative Action*(T. McCarthy, trans. ). Boston: Beacon Press.

[71] Hägerström, A. (1953). *Inquiries into the Nature of Law and Morals*. Uppsala:Almqvist & Wiksells.

[72] Hägerström, A. [(1911) 1971]. On the truth of moral ideas (T. Mautner, trans. ). Canberra: Department of Philosophy, The Australian National University.

[73] Hägerström, A. [(1929) 1964] A summary of my philosophy. In *Philosophy and Religion*(pp. 33-76; R. T. Sandin, trans. ). London: George Allen & Unwin.

[74] Hallen,B. , and Olubi, S. J. (eds. ) (1986). *Knowledge, Belief and Witchcraft:Analytic Experiments in African Philosophy*. London: Ethnographica.

[75] Hamlin, J. K. , Hallinan,E. , and Woodward, A. (2008). Do as I do: 7-month-old infants selectively reproduce others'

goals. *Developmental Science* 11 (4),487-494.

[76] Hansen,C. (2007). Philosophy of language in classical China. Chuang Tzu (Zhuangzi) http://www. hku. hk/philodep/ch/lang. htm. Accessed January 27, 2009.

[77] Hart, H. L. A. (1961). *The Concept of Law*. Oxford: Clarendon Press.

[78] Haugeland, J. (1998). *Having Thought: Essays in the Metaphysics of Mind*. Cambridge, Mass. : Harvard University Press.

[79] Hempel,C. G. (1961-1962). Rational action. *Proceedings and Addresses of the American Philosophical Association* 35, 5-23.

[80] Hempel,C. G. (1965). *Aspects of Scientific Explanation: And Other Essays in the Philosophy of Science*. New York: The Free Press.

[81] Henderson,D. (2002). Norms, normative principles, and explanation. *Philosophy of the Social Sciences* 32, 329-364.

[82] Holt, M. P. (1995). *The French Wars of Religion, 1562-1629*. Cambridge:Cambridge University Press.

[83] Howard, D. (1990). Einstein and Duhem. *Synthese* 83, 363-384.

[84] Howard,D. (2003). Two left turns make a right: On the curious political career of North American philosophy of science at midcentury. In G. Hardcastle and A. W. Richardson (eds. ). *Minnesota Studies in the Philosophy of Science*, vol. 18 (pp. 23-93). Minneapolis: University of Minnesota Press.

[85] Huff,D. and Turner, S. (1981). Rationalizations and the application of causal explanations of human action. *American*

*Philosophical Quarterly* 18,213-220.

[86] Hunter, I. (2005). Kant's religion and Prussian religious policy. *Modern Intellectual History* 2 (1), 1-27.

[87] Hurley, S. and Chater, N. (eds.). (2005). *Perspectives on Imitation: From Neuroscience to Social Science.* Cambridge, Mass. : MIT Press.

[88] Ihering, R. [(1872) 1915]. *The Struggle for Law* (J. J. Lawlor, trans, of the 5th German ed. , *Der kampf ums recht*). Chicago: Callaghan.

[89] Ihering, R. [(1877-1883) 1924]. *Law as Means to an End* (E. Husik, trans, of the 4th German ed. , *Der Zweck im Recht*). New York: Macmillan.

[90] Kalampalikis, N. , Delouvée, S. , and Pétard, J.-P. (2006). Historical spaces of social psychology. *History of Human Sciences* 19 (2), 23-43.

[91] Kant, I. (1968). *Critique of Judgment* (J. H. Bernard, trans. ). New York: Hafner Publishing.

[92] Kelly,D. , and Stich, S. (2007). Two theories about the cognitive architecture underlying morality. In P. Carruthers, S. Laurence, and S. Stich (eds. ). *The Innate Mind* (pp. 348-367). Vol. 3, Foundations and the Future. http://www. rci. rutgers. edu/~stich/Publications/publications2. htm. Accessed January 28,2009.

[93] Kelsen, H. [(1925) 2006]. *General Theory of Law and State* (*Allgemeine Staatslehre*) (A. Wedberg, trans. ). New-Brunswick,N. J. :Transaction Publishers.

[94] Kelsen, H. [(1934) 2002]. *Introduction to the Problems of Legal Theory* (*Reine Rechtslehre*, 1st ed. ), (B. Paulson and

S. Paulson, trans. ). Oxford: Clarendon Press.

[95] Kelsen, H. (1946). *Society and Nature: A Sociological Inquiry*. London: K. Paul, Trench, Trubner & Co.

[96] Kelsen, H. [(1960) 1967]. *Pure Theory of Law (Reine Rechtslehre*, 2nd ed. ), (M. Knight, trans. ). Berkeley: University of California Press.

[97] Kelsen, H. [(1979) 1991]. *General Theory of Norms* (M. Hartney, trans. ). Oxford: Clarendon Press.

[98] Keysers,C. , Kohler,E. , Umiltà, M. A. , Nanetti, L. , Fogassi, L. , and Gallese, V. (2003). Audiovisual motor neurons and action recognition. *Experimental Brain Research* 153,628-636.

[99] Korsgaard,C. (ed. ). (1996). *The Sources of Normativity*. Oxford: Oxford University Press.

[100] Kripke, S. (1982). *Wittgenstein on Rules and Private Language: An Elementary Exposition*. Cambridge, Mass. : Harvard University Press.

[101] Kurzban, R. , and Neuberg, S. (2005). Managing ingroup and outgroup relationships. In D. M. Buss (ed. ). *The Handbook of Evolutionary Psychology* (pp. 653-669 ). Hoboken, N. J. : John Wiley and Sons.

[102] Kusch, M. (2006). *A Sceptical Guide to Meaning and Rules: Defending Kripke's Wittgenstein*. Chesham, Bucks, UK: Acumen.

[103] Lacey, N. (2004). *A Life of H. L. A. Hart: The Nightmare and the Noble Dream*. Oxford: Oxford University Press.

[104] Lanzoni, S. , and Brain, R. (forthcoming). *Varieties of*

*Empathy in Science, Art, and Culture.*

[105] Lask, E. (1907). *Rechtsphilosophie.* In *Die Philosophie im Beginn des zwanzigsten Jahrhunderts: Festschrift fur Kuno Fischer*, 2nd ed. (pp. 269-320). Heidelberg: C. Winter.

[106] Levy-Bruhl, L. [(1922) 1923]. *Primitive Mentality* (L. Clare, trans. ). London: George Allen &. Unwin.

[107] Lewis, D. (1969). *Convention: A Philosophical Study.* Cambridge, Mass. : Harvard University Press.

[108] Lewis, D. (1979). Scorekeeping in a language game. *Journal of Philosophical Logic* 8, 339-359.

[109] Lillehammer, H. (2008). In hope of an answer (Review of *Oughts and Thoughts: Rule-following and the Normativity of Content* by Anandi Hattiangadi, Clarendon Press, Oxford; and *The Nature of Normativity* by Ralph Wedgewood, Clarendon Press, Oxford). *Times Literary Supplement* 5482 (April 25), 11.

[110] Lizardo, O. (2007). "Mirror neurons," collective objects and the problem of transmission: reconsidering Stephen Turner's critique of practice theory. *Journal for the Theory of Social Behaviour* 37, 319-350.

[111] Loula, F. , Prasad, S. , Harber, K. , and Shiffrar, M. (2005). Recognizing people from their movement. *Journal of Experimental Psychology* 31(1), 210-220.

[112] Lukes, S. (2000). Different cultures, different rationalities? *History of the Human Sciences* 13 (1), 5-18.

[113] Lukes, S. (2008) *Moral Relativism.* New York: Picador.

[114] Luria, A. [(1974) 1976]. *Cognitive Development: Its Cultural and Social Foundations.* Cambridge, Mass. : Harvard

University Press.

[115] MacIntyre, A. (1962). A mistake about causality in social science. In P. Laslett and W. G. Runciman (eds.). *Philosophy, Politics, and Society* (pp. 48-70). Oxford: Basil Blackwell.

[116] MacIntyre, A. (1966). *A Short History of Ethics*. New York: Macmillan.

[117] MacIntyre, A. (1970). Is understanding religion compatible with believing? In B. R. Wilson (ed.). *Rationality*(pp. 62-77). New York: Harper & Row.

[118] Mackie, J. L. (1977). *Ethics: Inventing Right and Wrong*. Harmondsworth:Penguin Books.

[119] Mandelbaum, M. (1938). *The Problem of Historical Knowledge: An Answer to Relativism*. New York: Liveright Publishing.

[120] Mauss, M. [(1925) 1967]. *The Gift: Forms and Functions of Exchange in Archaic Societies* (I. Cunnison, trans.). New York: W. W. Norton. Originally published in *L'Année Sociologique*, n. s. 1: 30-186.

[121] Mauss, M. [(1938) 1985]. A category of the human mind: The notion of person: the notion of self (W. D. Halls, trans.). In M. Carrithers, S. Collins, and S. Lukes(eds.). *The Category of the Person: Anthropology, Philosophy, History* (pp. 1-25). Cambridge: Cambridge University Press.

[122] McDowell, J. [(1984) 2002]. Wittgenstein on following a rule. In A. Miller and C. Wright (eds.). *Rule-Following and Meaning* (pp. 45-80). Chesham, Bucks, UK: Acumen

Publishing.

[123] McDowell, J. (1996). *Mind and World*. Cambridge, Mass. : Harvard University Press.

[124] Mead, M. (1928). *Coming of Age in Samoa : A Psychological Study of Primitive Youth for Western Civilization*. New York: W. Morrow.

[125] Miller, A. , and Wright,C. (eds. ). (2002). *Rule-Following and Meaning*. Chesham, Bucks, UK: Acumen Publishing.

[126] Mises, L. von (1960). *Epistemological Problems of Economics*. Princeton, N. J. : Van Nostrand.

[127] Mommsen, W. [(1959) 1984]. *Max Weber and German Politics 1890-1920* (M. S. Steinberg, trans. ). Chicago: The University of Chicago Press.

[128] Nagel, T. (1986). *The View from Nowhere*. New York: Oxford University Press.

[129] Nagel, T. (1991). *Equality and Partiality*. New York: Oxford University Press.

[130] Nagel, T. (1997). *The Last Word*. Oxford: Oxford University Press.

[131] Nandan, Y. (ed. )(1980). *Émile Durkheim : Contributions to L'Année Sociologique*. New York: The Free Press.

[132] Needham, R. (1972). *Belief, Language, and Experience*. Chicago: The University of Chicago Press.

[133] O'Neill, O. (1996). Introduction. In C. Korsgaard(ed. ). *The Sources Normativity* (pp. xi-xv). Oxford: Oxford University Press.

[134] Pareto, V. (1935). *The Mind and Society*. New York: Harcourt Brace.

[135] Parfit, D. (1984). *Reasons and Persons*. Oxford: Clarendon Press.

[136] Patterson, E. W. (1950). Introduction. In *The Legal Philosophies of Lask, Radbruch, and Dabin* (K. Wilk, trans.; pp. xxvii-xxxix). Cambridge, Mass.: Harvard University Press.

[137] Paulson, S. [(1934) 2002]. Introduction. In H. Kelsen, *Introduction to the Problems of Legal Theory* (B. Paulson and S. Paulson, trans.; pp. xvii-xlii). Oxford: Clarendon Press.

[138] Paulson, S. (1997). On the Kelsen—Kant problematic. In E. G. Valdés, E. Garzón, W. Krawietz, W. Werner, G. H. von Wright, and R. Zimmerling (eds.). *Normative Systems in Legal and Moral Theory. Festschrift for Carlos E. Alchourrón and Eugenio Bulygin* (pp. 197-213). Berlin: Duncker & Humblot.

[139] Pettit, P. (1990a). Affirming the reality of rule-following. *Mind* 99, 433-439.

[140] Pettit, P. (1990b). The reality of rule-following. In A. Miller and C. Wright (eds.). *Rule-Following and Meaning* (pp. 188-208). Chesham, Bucks, UK: Acumen Press.

[141] Pettit, P. (1996). *The Common Mind: An Essay on Psychology, Society, and Politics*. 2nd ed. Oxford: Oxford University Press.

[142] Pettit, P. (1997). *Republicanism: A Theory of Freedom and Government*. Oxford: Oxford University Press.

[143] Postema, G. J. (1987). The normativity of law. In R. Gavison (ed.). *Issues in Contemporary Legal Philosophy*:

*The Influence of H. L. A. Hart* (pp. 81-104). Oxford: Clarendon Press.

[144] Pound, R. (1911-1912). The scope and purpose of sociological jurisprudence. *Harvard Law Review* 24 (June), 591-619; 24(December), 140-168; 25 (April 1912), 489-516.

[145] Pound, R. [(1958) 2002]. Later forms of juristic realism. In *The Ideal Element in Law* (pp. 288-320). Indianapolis: The Liberty Fund.

[146] Pufendorf, S. von. [(1688) 1964]. *On the Law of Nature and Nations* (C. H. Oldfather and W. A. Oldfather, trans.). London: Wiley & Sons.

[147] Quine, W. V. O. (1980). Sellars on behaviorism, language and meaning. *Pacific Philosophical Quarterly* 61 (1&2), 26-30.

[148] Railton, P. (2000). Normative force and normative freedom: Hume and Kant. In J. Dancy (ed.). *Normativity.* Oxford: Blackwell Publishers.

[149] Raz, J. (1999). Explaining normativity: reason and the will. In *Engaging Reason: On the Theory of Value and Action* (pp. 90-117). Oxford: Oxford University Press.

[150] Raz, J. (2009). Reasons: Explanatory and normative. In C. Sandis (ed.). *New Essays on the Explanation of Action.* New York: Palgrave/McMillan. http://josephnraz.googlepages.com/publicationlist. Accessed January 28, 2009.

[151] Rokeach, M. (1964). *The Three Christs of Ypsilanti: A Psychological Study.* New York: Alfred A. Knopf.

[152] Roth, P. A. (2003). Mistakes. Synthese 136, 389-408.

[153] Rouse, J. (2002) Two concepts of practices. In T. Schatzki,

K. Knorr-Cetina, and J. von Rouse, *How Scientific Practices Matter: Reclaiming Philosophical Naturalism*. Chicago: The University of Chicago Press.

[154] Rouse, J. (2007). Social practices and normativity. *Philosophy of the Social Sciences* 37, 46-56.

[155] Sacks, O. (1995). An anthropologist on Mars. In *An Anthropologist on Mars* (pp. 244-296). New York: Alfred A. Knopf.

[156] Saji, M. (2009). The division between reason and unreason in Kant. *Human Studies* 32, 201-223.

[157] Savigny, E. (ed.). *The Practice Turn in Contemporary Theory*, London: Routledge.

[158] Schmaus, W. (2007). Categories and classification in the social sciences. In S. P. Turner and M. W. Risjord (eds.). *Handbook of the Philosophy of Anthropology and Sociology* (pp. 429-458). Amsterdam: Elsevier.

[159] Schuhmann, K., and Smith, B. (1993). Two idealisms: Lask and Husserl. *Kant-Studien* 82, 448-466.

[160] Schutz, A. [(1932) 1967]. *The Phenomenology of the Social World* (G. Walsh and F. Lehnert, trans.). Evanston, Ill.: Northwestern University Press.

[161] Searle, J. (1990). Collective intentionality and action. In P. R. Cohen, J. Morgan, and M. E. Pollack(eds.). *Intentions in Communications* (pp. 401-416). Cambridge, Mass.: MIT Press.

[162] Searle, J. (1995). *The Construction of Social Reality*. New York: The Free Press.

[163] Sellars, W. [(1956) 1963]. Imperatives, intentions, and the

logic of "ought." In H.-N. Castañeda and G. Nakhnikian (eds.). *Morality and the Language of Conduct* (pp. 159-214). Detroit, Mich.: Wayne State University Press.

[164] Sellars, W. [(1956) 1997]. *Empiricism and the Philosophy of Mind* (R. Brandom, ed.). Cambridge, Mass.: Harvard University Press.

[165] Sellars, W. (1967) *Philosophical Perspectives*. Springfield, IL: Charles C. Thomas.

[166] Sellars, W. (1968). *Science and Metaphysics: Variations on Kantian Themes*. London: Routledge & Kegan Paul; New York: Humanities Press.

[167] Sellars, W. (1980). Behaviorism, language and meaning. *Pacific Philosophical Quarterly* 61 (1&2), 3-25.

[168] Seyfarth, R. M., and Cheney, D. L. (1984). Grooming, alliances, and reciprocal altruisms in vervet monkeys. *Nature* 308 (April 5), 541-542.

[169] Simmel, G. [(1908) 1964]. The Sociology of Georg Simmel (K. H. Wolff, trans., ed.). New York: The Free Press.

[170] Sommerville, J., Woodward, A., and Needham, A. (2005). Action experience alters 3-month-old infants' perception of others' actions, *Cognition*, 96, B1-B11.

[171] Spiegelberg, H. (1971) Franz Brentano (1838-1917): Forerunner of the phenomenological movement. In *The Phenomenological Movement: A Historical Introduction*. 2nd ed., vol. 1 (pp. 26-52). The Hague: M. Nijhoff.

[172] Steiner, F. B. [(1954) 1999]. Chagga law and Chagga truth. In J. Adler and R. Fardon (eds.). *Taboo, Truth and Religion: Franz Baermann Steiner Selected Writings*, vol.

1 (pp. 235-250). Oxford: Berghahn.

[173] Thomas, W. I., and Znaneicki, F. [(1918-1920) 1958]. *The Polish Peasant in Europe and America : Monograph of an Immigrant Group*. 2nd ed. New York: Dover Publications.

[174] Thornton, T. (2004). *John McDowell*. Montreal: McGill-Queen's University Press.

[175] Tilly,C. (2006). *Why?* Princeton, N. J. : Princeton University Press.

[176] Tomasello, M., and Carpenter, M. (2005). Intention reading and imitative learning. In S. Hurley and N. Chater (eds. ). *Perspectives on Imitation : From Neuroscience to Social Science*, vol. 1 (pp. 134-148). Cambridge, Mass. : The MIT Press.

[177] Tuomela, R. (2005). We-intentions revisited. *Philosophical Studies* 125,327-369.

[178] Turner, S. (1979). Translating ritual beliefs. *Philosophy of the Social Sciences* 9, 401-423.

[179] Turner, S. (1980). *Sociological Explanation as Translation*. Rose Monograph Series of the American Sociological Association. New York and Cambridge: Cambridge University Press.

[180] Turner, S. (1981). Interpretive charity, Durkheim, and the "Strong Programme" in the sociology of science. *Philosophy of the Social Sciences* 11,231-243.

[181] Turner, S. (1989). Depoliticizing power (Review of Joseph Rouse, *Knowledge and Power : Toward a Political Philosophy of Science* and Barry Barnes, *The Nature of Power* ),

*Social Studies of Science* 19, 533-560.

[182] Turner, S. (1994). *The Social Theory of Practices: Tradition, Tacit Knowledge, and Presuppositions*. Oxford: Polity Press; Chicago: University of Chicago Press.

[183] Turner, S. (2002). *Brains/Practices/Relativism*. Chicago: The University of Chicago Press.

[184] Turner, S. (2003). What do we mean by "we"? *Protosociology: An International Journal of Interdisciplinary Research* 18-19,139-162. http://www. protosociology. de/Volumes/Volume18. html Accessed January 28, 2009.

[185] Turner, S. (2004). The new collectivism (Review of Keith Graham, *Practical Reasoning in a Social World: How We Act Together*). *History and Theory*,43 386-399.

[186] Turner, S. (2005a). Normative all the way down. *Studies in History and Philosophy of Science* 36, 419-429.

[187] Turner, S. (2005b). Attitudes. *Dictionnaire de la pensee sociologique* (pp. 40-43). Paris: Presses Universitaire de France.

[188] Turner, S. (2007a). Explaining normativity. *Philosophy of the Social Sciences* 37(1), 57-73.

[189] Turner, S. (2007b). Mirror neurons and practices: A response to Lizardo. *Journal for the Theory of Social Behaviour* 37, 351-371.

[190] Turner, S. (2007c). The continued relevance of Weber's philosophy of science. *Max Weber Studies* 7 (1), 37-62.

[191] Turner, S. (2007d). Practice relativism. *Crítica, Revista Hispanoamericana de Filosofía* 39(115), 3-27.

[192] Turner, S. (forthcoming). Davidson's normativity. In J.

Malpas (ed.). *Dialogues with Davidson: On the Contemporary Significance of His Thought*. Cambridge, Mass.: MIT Press.

[193] Turner, S. (2008). Following the thought of another: Normative or naturalizable? In S. Lanzoni and R. Brain (eds.). *Varieties of Empathy in Science, Art, and Culture*.

[194] Turner, S., and Factor, R. (1984). *Max Weber and the Dispute Over Reason and Value: A Study in Philosophy, Ethics, and Politics*. London: Routledge & Kegan Paul.

[195] Turner, S., and Factor, R. A. (1994). *Max Weber: The Lawyer as Social Thinker*. London: Routledge. Turner, V. [(1966) 1977]. *The Ritual Process: Structure and Anti-Structure*. Ithaca, N. Y.: Cornell University Press.

[196] Tversky, A., and Kahneman, D. (1974). Judgment under uncertainty: heuristics and biases. *Science* 185 (September 27), 1124-1131.

[197] Tversky, A., and Kahneman, D. (1981). The flaming of decisions and the psy-chology of choice. *Science* 211 (January 30), 453-458.

[198] Vaihinger, H. [(1911) 1935]. *Philosophy of "As If": A System of the Theoretical, Practical and Religious Fictions of Mankind* (C. K. Ogden, trans.). London: Routledge & Kegan Paul.

[199] Velleman, J. D. (1997). How to share an intention. *Philosophy and Phenomenological Research* 57, 29-50.

[200] Vivekananda, S. (1893). Opening Welcome Address at the World Parliament of Religions. Chicago.

[201] Weber, M. [(1904) 1949]. Objectivity in social science and social policy. In *Methodology of the Social Sciences* (E. Shils and H. A. Finch, trans. , eds. ; pp. 49-112). Glencoe, Ill: Free Press.

[202] Weber, M. [(1907) 1977]. *Critique of Stammler* (G. Oakes, trans. ). New York: The Free Press.

[203] Weber, M. (1949). *The Methodology of the Social Sciences* (E. A. Shils and H. A. Finch, trans, eds. ). New York: The Free Press.

[204] Weber, M. [(1968) 1978]. *Economy and Society: An Outline of Interpretive Sociology*, 3 vols. (G. Roth and C. Wittich, eds. ). Berkeley and Los Angeles: University of California Press.

[205] Weber, M. (2000). On legal theory and sociology. In A. J. Jacobson and B. Schlink (eds. ). *Weimar: A Jurisprudence of Crisis* (B. Cooper, trans. , pp. 50-65). Berkeley: University of California Press.

[206] Williams, B. (1973). The idea of equality. In *Problems of the Self: Philosophical Papers 1956-1972* (pp. 230-249). Cambridge: Cambridge University Press.

[207] Wimsatt, W. C. (2007). *Re-engineering Philosophy for Limited Beings: Piecewise Approximations to Reality*. Cambridge, Mass. : Harvard University Press.

[208] Winch, P. (1958) *The Idea of a Social Science and Its Relation to Philosophy*. London: Routledge & Kegan Paul.

[209] Winch, P. [(1964) 1974]. Understanding a primitive society. In B. R. Wilson (ed. ). *Rationality* (pp. 78-111). Oxford: Blackwell.

[210] Wittgenstein, L. [(1953) 1958]. *Philosophical Investigations*. 3rd ed. (G. E. M. Anscombe, trans.). Englewood Cliffs, N. J.: Prentice Hall.

[211] Woodward, A. (1998a). Infants' encoding of grasping by humans vs. machines. *Infant Behavior and Child Development* 21(April), 766.

[212] Woodward, A. (1998b). Infants selectively encode the goal object of an actor's reach. *Cognition* 69, 1-34.

[213] Wright, C. (1986). Does *Philosophical Investigations* I. 258-60 suggest a cogent argument against private language? In J. McDowell and J.-P. Petit (eds.). *Subject, Thought, and Context*(pp. 210-266). Oxford: Clarendon Press.

# 索　引

（条目后的数字为原书页码，即本书边码）

**图书在版编目(CIP)数据**

解释规范/(美)斯蒂芬·P.特纳(Stephen P. Turner)
著;贺敏年译.—杭州:浙江大学出版社,2016.8(2019.11重印)
(社会科学方法论:跨学科的理论与实践译丛/应奇
主编)
书名原文:Explaining the Normative
ISBN 978-7-308-15911-1

Ⅰ.①解… Ⅱ.①斯… ②贺… Ⅲ.①法律规范—研
究 Ⅳ.①D90

中国版本图书馆 CIP 数据核字(2016)第 116249 号

浙江省版权局著作权合同登记图字:11-2016-137 号

**解释规范**

[美]斯蒂芬·P.特纳 著 贺敏年 译

| | |
|---|---|
| **丛书策划** | 王长刚 |
| **责任编辑** | 吴伟伟 weiweiwu@zju.edu.cn |
| **责任校对** | 董 唯 |
| **封面设计** | 卓义云天 |
| **出版发行** | 浙江大学出版社 |
| | (杭州市天目山路 148 号 邮政编码 310007) |
| | (网址:http://www.zjupress.com) |
| **排 版** | 浙江时代出版服务有限公司 |
| **印 刷** | 浙江海虹彩色印务有限公司 |
| **开 本** | 710mm×1000mm 1/16 |
| **印 张** | 18.75 |
| **字 数** | 252 千 |
| **版 印 次** | 2016 年 8 月第 1 版 2019 年 11 月第 2 次印刷 |
| **书 号** | ISBN 978-7-308-15911-1 |
| **定 价** | 68.00 元 |